本书得到以下项目资助：

1. 江苏省社会科学基金项目"基于家校社协同的江苏青少年身体活动促进机制研究"（项目号：21TYD002）

2. 南京工程学院高质量专著专项项目（项目号：ZZKJ202207）

3. 南京工程学院产学研前瞻性项目"学生在线学习获得感提升机制研究"（项目号：CXY202011）

新媒体时代学校体育教育生态研究

陈红星◎著

·北京·

图书在版编目（CIP）数据

新媒体时代学校体育教育生态研究 / 陈红星著. —北京：科学技术文献出版社，2022.12
　ISBN 978-7-5189-9689-6

Ⅰ.①新… Ⅱ.①陈… Ⅲ.①篮球运动—体育教学—教学改革—高等学校 Ⅳ.① G841.2

中国版本图书馆 CIP 数据核字（2022）第 193804 号

新媒体时代学校体育教育生态研究

策划编辑：梅　玲　责任编辑：赵　斌　责任校对：王瑞瑞　责任出版：张志平

出　版　者	科学技术文献出版社
地　　　址	北京市复兴路15号　邮编 100038
编　务　部	（010）58882938，58882087（传真）
发　行　部	（010）58882868，58882870（传真）
邮　购　部	（010）58882873
官方网址	www.stdp.com.cn
发　行　者	科学技术文献出版社发行　全国各地新华书店经销
印　刷　者	北京虎彩文化传播有限公司
版　　　次	2022 年 12 月第 1 版　2022 年 12 月第 1 次印刷
开　　　本	710×960　1/16
字　　　数	201千
印　　　张	14.25
书　　　号	ISBN 978-7-5189-9689-6
定　　　价	52.00元

版权所有　违法必究

购买本社图书，凡字迹不清、缺页、倒页、脱页者，本社发行部负责调换

前 言

伴随 AI、VR、AR 等技术的持续进步，新媒体领域呈现出前所未有的迭代变迁，信息传播方式有了颠覆性变革，虚拟社交、移动新闻、在线学习成为一种常态，整个社会已经进入移动全媒体时代。在这个快节奏与屏幕化的时代，体育锻炼"知而不行""行而不足"的困境明显，导致学生身心健康问题尤其突出。而数字化的新媒体时代为体育育人价值的实现打开了新视野。高校体育教育应清楚地认识与把握新媒体的变化趋势与发展特点，在课堂教学改革、课外锻炼治理中充分地运用新技术，提升学校体育教学质量，优化学校体育教育生态，发挥好体育在学生全面发展中的育人效能。

本书以新媒体时代为背景，聚焦学校体育教育的两个关键问题：一是新媒体时代学校体育不同主体和场域如何形成良好教育生态？二是新媒体时代学校"以体育人"良好教育生态形成的路径是怎样的？

本书共分 11 个章节。第一章导论部分从问题的提出、新媒体与新媒体时代、学校体育教育内涵及理论发展、新媒体时代学校体育教育面临的机遇与挑战等方面分析了新媒体时代学校体育教育生态构建的现实背景与理论基础，认为我国学校体育育人思想依次经历了"育体""健康第一""体教融合"等多重转向叠合，展现出体育在五育并举中的强大育人支架效应和"全人教育"功能。第二章和第三章主要阐述了新媒体时代学校体育教育的价值生态、生态圈层及其功能,为学校体育教育价值实现的最优机制和创新路径分析提供机制。第四章至第九章的主要内容为学校体育教育生态的优化管理与实践路径,提出了新媒体时代学校体育教育生态优化管理的依据、原则与路径,内容包括体育课堂教学生态的形成、体育教育的生活化推进、体育教育的文化传播、体育育人共同体的构建、体育教育的数字化转型等。最后两章主要从学校身体活动教育促进的实证分析以及结论与展望等方面探讨,内容包括研究设计、数据分析、结论及学校身体活动教育促进的建议,以及本书的主要结论、不足与展望等。

"完全人格,首在体育"。只有身心健康才能有效实现五育并举,体育则是五育中的底座,没有体育的教育是不完整的。体育教育本身包括了技能训练与品格培养的多重价值,因而形成了内外循环的育人价值生态。学校体育教育生态的内循环主要在于体育课堂的生态化、体育教育的生活化;外循环主要在于体育教育的文化传播、体育育人共同体的形成以及体育教育的沉浸化等。实质上,内外循环结构均蕴含了交叉融合要素。学校体育教育内外生态的互动循环实现了体育教育生态的"以体化人"内在功能和体育文化传承与发展的外在功能。其中,新媒体技术对学生参与体育运动起着重要的引导作用,为体育教学与体育评价提供了多元工具与体验方式,拓展了交往教学理念与实践。

本书创新性地提出了新媒体时代学校体育教育一体化生态发展思想,即将家庭教育、学校课堂、社区支持、文化传播等要素

前言

纳入学校体育教育生态化结构，搭建家校社协同的教育机制，将学校体育育人实践由散点式单一化转向综合性一体化发展，延展体育教育生态学思维和体育生活化理念。本书提出了新媒体时代体育交往实践效能的提升策略，主要包括体育活动多重益处的认知助推策略，如强化学生认同体育文化；体育活动资源的开放共享策略，如引进社会体育俱乐部资源；体育活动的情感体验策略，如展示性体育互动环节、个性化的课间活动计划；体育活动的社交驱动策略，如布置有趣的体育作业、媒介化体育休闲，促进学生减少久坐行为与屏幕前行为，促进学生产生运动效能感和运动信念，形成快乐体育与终身体育的思想。同时，创新性地提出了运用新媒体技术促进学校体育教育的数字化转型，包括体育学科数字资源建设，搭建"备课助手、教学助手、作业辅导助手"数字教学服务平台；体育文化数字化传播，做好体育教育内容的推送与宣传，优化体育学习的沉浸互动形式；充分利用运动穿戴设备与社交APP，实现多元有效的体育评价与监测。

总之，本书运用文献研究法、案例研究法、比较分析法等，以联系的、互动的、整体的社会生态学思想为基础，从内外综合性生态层面探索学校体育教育生态化机制与路径，提出了内外循环的生态结构思想，提出了新媒体时代优化学校体育教育的基础生态、中间生态、上层生态的机制与策略，推进学校体育教育社交化和生命化，丰富体育生活化理念，具有很好的学术价值与实践参考价值，希望给各位读者带来一些思考与启示。

陈红星

2022年于南京龙江

目 录

第一章 导 论 ... 1
第一节 问题的提出 ... 1
一、体育锻炼不足的风险 ... 2
二、体育具有"全人教育"功能 ... 2
三、五育并举教育生态中体育之效应 ... 3
四、学校体育的育人地位 ... 4
第二节 新媒体与新媒体时代 ... 5
一、新媒体的概念 ... 5
二、新媒体传播的特征 ... 6
第三节 学校体育教育内涵及理论发展 ... 8
一、学校体育教育内涵的发展 ... 9
二、学校体育教育的理论基础 ... 13
第四节 新媒体时代学校体育教育面临的机遇与挑战 ... 22
一、新媒体时代体育教育面临的机遇 ... 22
二、新媒体时代学校体育教育面临的挑战 ... 24

第二章 新媒体时代学校体育教育的价值生态 ... 27
第一节 新媒体时代人才培养中的身体素养 ... 27
一、身体素养的内涵 ... 27
二、身体素养与核心素养的互构 ... 28
第二节 基于身体素养的体育教育价值结构生态 ... 30
一、学校体育教育的多元智力价值 ... 31
二、学校体育教育的主体个性价值 ... 32
三、学校体育教育的开放共融价值 ... 33

第三节 基于身体素养的体育教育价值逻辑生态 35
 一、在实践学习中实现育人价值 35
 二、在具身体验中实现育人价值 36
 三、在互动仪式中实现育人价值 37
 四、在品格迁移中实现育人价值 38

第三章 新媒体时代学校体育教育的生态圈层及其功能 39
第一节 学校体育教育的外生态 39
 一、体育教育的自然生态环境 39
 二、体育教育的社会生态环境 42
 三、体育教育的规范生态环境 47
第二节 学校体育教育的内生态 49
 一、体育教育的上层生态 50
 二、体育教育的中间生态 51
 三、体育教育的基础生态 51
第三节 学校体育教育生态的功能 53
 一、体育教育生态的内在功能 53
 二、体育教育生态的外在功能 54

第四章 新媒体时代学校体育教育生态的优化管理 56
第一节 教育生态管理的概念及意义 56
 一、教育生态管理的概念 56
 二、教育生态管理的意义 57
第二节 学校体育教育生态的优化管理 58
 一、学校体育教育生态优化管理的依据与原则 58
 二、学校体育教育自然生态环境的有效利用 60
 三、学校体育教育社会生态环境的积极营造 62
 四、学校体育教育规范生态环境的合理构建 65

第五章 新媒体时代学校体育课堂的生态化教学 68
第一节 体育课堂的教育教学生态 68

一、教学生态与生态化教学..68
　　二、体育课堂的教育生态学特征..70
　第二节　体育课堂教学生态化的缺失、变革方向与实践创新......73
　　一、体育课堂教学生态化的缺失..73
　　二、体育课堂教学生态化的变革方向...................................75
　　三、体育课堂教学生态化的实践创新...................................85

第六章　新媒体时代体育教育的生活化推进.............................93
　第一节　生活体育理念的内涵及价值表征...................................94
　　一、生活体育聚焦体育与生活的融合...................................94
　　二、生活体育提升人类共同体精神......................................96
　　三、生活体育促进经济社会发展..96
　第二节　新媒体时代生活体育的实践..97
　　一、日常生活中的体育要素得到增强...................................98
　　二、体育参与更为具身化...99
　　三、体育与经济社会发展的互动融合效应明显...................100
　第三节　新媒体时代学校体育生活化推进路径........................101
　　一、推进体育运动多重益处的理解与认可.........................101
　　二、推进体育教育跨领域跨部门的协同治理.....................103
　　三、推进学生体育参与的规范化与科学化.........................105

第七章　新媒体时代学校体育教育的传播生态........................107
　第一节　奥运精神的传播与教育...107
　　一、奥运精神与国家形象...109
　　二、奥林匹克的教育意蕴...112
　　三、奥林匹克教育的优化路径...114
　第二节　学生网络体育社交的健康发展...................................116
　　一、互联网+体育社交...117
　　二、网络体育社交的特点...119
　　三、网络体育社交的意义...123
　　四、发挥网络体育社交育人功能.......................................124

第三节 校园休闲体育文化的建构	126
一、休闲体育及其特征	126
二、休闲体育兴起的文化意义	130
三、休闲体育教育的传播路径	132

第八章 新媒体时代家校社体育育人共同体的构建 …… 136

第一节 家校社体育育人共同体的要素	137
一、体育育人共同体目标的一致性	138
二、体育育人共同体主体的交互性	140
三、体育育人共同体的集体协同性	141
第二节 家校社体育育人共同体的实践路径	142
一、推进以家庭为基础的生活化教育活动	145
二、推进以学校为主导的课程化体育教育活动	146
三、推进以社会为支持的基地化教育形式	149

第九章 新媒体时代学校体育教育的数字化生态 …… 151

第一节 学校体育教育服务的智慧化	152
一、数字技术赋能体育课堂的有效性	152
二、数字技术赋能体育教育评价的科学化	153
第二节 学校体育学习体验的沉浸化	155
一、体育学习的沉浸化内涵	155
二、沉浸化体育学习路径	157

第十章 学校身体活动教育促进的实证分析 …… 160

第一节 研究设计	161
一、相关理论及其研究	161
二、概念操作化及研究数据	165
第二节 数据分析	169
一、描述统计及方差分析	169
二、多群组结构模型分析	176
第三节 结论及学校身体活动教育促进的建议	179

一、大学生身体活动表现特征……179
　　二、大学生身体活动参与影响因素……180
　　三、学校身体活动教育促进建议……181

第十一章　结论与展望……185
第一节　主要结论……185
　　一、体育在五育并举中具有育人支架效应……185
　　二、建构新媒体时代学校体育教育内外循环的生态结构……187
　　三、新媒体技术拓展了学校体育教育的沉浸化……188
第二节　不足与展望……190
　　一、主要不足……190
　　二、研究展望……190

附　录……192
　　附录Ⅰ　大学生身体活动参与情况调查问卷……192
　　附录Ⅱ　青少年身体活动与手机使用情况调查问卷……196

参考文献……200
　　中文文献……200
　　英文文献……211

致　谢……215

第一章 导 论

第一节 问题的提出

体育强则中国强,国运兴则体育兴。习近平总书记提出:"我们要坚持以增强人民体质、提高全民族身体素质和生活质量为目标,高度重视并充分发挥体育在促进人的全面发展中的重要作用。""健康第一"和"全面发展"的体育育人思想,以及体教融合、五育并举、体育课程思政等学校体育育人思想在新时代有了新发展。"体育是真正的人的教育。体教融合的特质是育人。"[1]新媒体时代还催生了线上体育教育实践,Keep、乐刻、超级猩猩等健身品牌在新冠肺炎疫情之初即推出线上直播计划;《本草纲目》健身操已成为线上健身的代名词;政府与体育服务企业合作启动了全民健身线上运动会;电竞作为数字与体育结合的新形态成为亚运会项目。随着全民健身意识的高涨和网络信息技术的发展,在职业体育赛事 IP 之外,以亲民性、社交性为特征的大众体育赛事 IP 迅速获得年轻人的喜爱。以大众体育赛事的典型 IP "路人王"篮球赛为例,该赛事以季度为单位,每个月举办 12 场城市赛和 1 场选拔性质的冠军排位赛。赛事以篮球为核心,以单挑为模式,在规则和赛制上附加泛娱乐性玩法,目前已有超 5000 万个全网新媒体粉丝。可见,体育和互联网、粉丝、平台之间分别有了更为密切的融合,如何创新体育育

---

[1] 李爱群,吕万刚,漆昌柱,等.理念·方法·路径:体教融合的理论阐释与实践探讨——"体教融合:理念·方法·路径"学术研讨会述评[J].武汉体育学院学报,2020,54(7):5-12.

人方式，如何拓展体育育人载体，如何开发新体育课程，既是一个理论问题，也是一个现实问题。

一、体育锻炼不足的风险

世界卫生组织指出，身体活动不足已成为21世纪面临的最大公共卫生问题。理性的运动认知和良好的体育锻炼环境是促进运动参与的重要干预措施。然而，在快节奏的"屏幕时代"，体育锻炼处在"知而不行"困境之中，因体育锻炼不足导致的学生身心健康问题尤其突出。《2020年全国未成年人互联网使用情况研究报告》显示，2020年我国未成年网民规模达到1.83亿人，未成年人的互联网普及率为94.9%，听音乐和玩游戏仍是未成年人主要的网上休闲娱乐活动，占比分别为64.8%和62.5%。而网络沉迷、不良内容侵蚀、过度消费等负面影响继续存在。另外，《2022年全球身体活动状况报告》表明，目前有81%的青少年学生未能达到世卫组织建议的身体活动水平，这不仅会影响其个人及家人的一生，而且会影响卫生服务和整个社会。因为运动锻炼的不足是身心疾病、心理抑郁、学业拖延的重要影响因素，还可能因此产生高额的治疗费用，所以提升学生对体育健康效益的认知，促进学生体验感知体育锻炼的美好，培养学生良好的运动锻炼习惯是当前体育育人的重要方面。

二、体育具有"全人教育"功能

体育是教育的重要组成部分。教育的目的通常分为社会本位与个人本位两种基本价值取向。全人教育整合"以社会为本"与"以人为本"两种教育价值取向，认为教育不能只注重知识的传承与技能的训练，还要重视人的精神品格的养成，比如情感、创造力、好奇心、同情心、想象力等。而体育恰恰是通过基于身体的教育来实现体育的"全人教育"功能。马克思认为，"我们把教育理解为以下三件事：第一，智育；第二，体育，即体育学校和军事训练所传播的那种东西；第三，技术教育，这种教育要使儿童和少年了解生产中各个过程的基本原理，同时使他们获得运用各种生产中最简单的工具的技能"。关于体育在整个教育中的地位问题,在马克思主义经典著作中也有许多极为宝贵的见解,如恩格斯在《欧洲能否裁军》一文中指出,体育对青年的精神发展,对学生智慧眼界的扩展有相当重要的意义。体育属于教育的范畴,是教育不可缺少的组成部分,教育功能是体育的本质属性之一;体育不仅能促进人类形态的生长和机能的发育,形成健康而美丽的体格,而且能通过身体教育促进体力、智力、情感、意志的发展,形成健全的人格,是促进肉体和心灵双重发展的重要而关键的中介和桥梁。

三、五育并举教育生态中体育之效应

体育是一切教育的前提和基础。就人的自然性而言,体育是人身心发展的前提条件。体育利用人自身的肉体器官所进行的运动并不是目的,促进人的自然属性的发展和健全,达到个体身体理想发展模式才是目的。就人的社会属性而言,体育是实现人的本质力量之感性显现和人类存在之终极目的的必不可少的中介。人的本质力量体现在生产力与生产关系中。"作为生产关系的人的发展是指个体表现为人的思想、道德、情感、意志、性格的发展。发展生产力表现在个体身上,主要是指发展人的体力和智力。所以说,健全的体魄不仅是作为劳动生产力的人的首要条件,而且也是社会知识经济形态下人的才能获得多方面发展的基础。"[①] 在体育与其他各育的关系上,遵循从具体到抽象的理论方法论,教育目标的基础层次是促进身心和谐发展的体育。"身体活动性"与"教育性"是体育的本质属性,基于身体活动的生理发展是其他各育的基础,而体育又内在地包含"德、智、美"三育,"德、智、美"三育是从具体到抽象的发展层次教育目标。正是在这个意义上,我国提出了"健康第一"的教育理念。"与前两个层次的教育目标相比较,更具体、更现实的不仅是前四育的综合,而且是将前四育中获得的各种知识和能力在个体实践中的创造性运用的最基本的劳动技能教育即第三层次——

---

① 赵立军,韩孝栋.体育本质的人文学思考[J].上海体育学院学报,2003,27(5):20-21.

综合层次。"① 现代教育的内涵是促进受教育者身心和谐发展,体育作为教育目标的基础层次不仅包含着德、智、美三育,而且劳动技能教育在一系列的体育活动和训练中会变得更有效率、更有活力。可见,体育在五育并举中有着强大的育人支架效应,其他"四育"均可在体育课程、体育活动、体育项目中加以嵌入或融合,从而得到体现。

四、学校体育的育人地位

学校体育是学校教育的重要组成部分,作为为社会培养有用人才的一种活动,是人类社会发展到一定历史阶段的产物。由于学校体育的主体是学生,对象和目标也是学生,因此它是一种特殊的社会活动和教育活动,并且它是从属于学校教育系统的一个子系统,与其他教育活动有着密切的联系。正是在这种联系中,学校体育才表现出自己特殊的功能。为此,学校体育教育目标制定的依据首先就得从学校体育本身赖以生存的教育及社会中去寻找,而不能局限在自己的小天地里去臆造推创。

学校体育是促进学生健康成长的大事,贯穿于受教育者接受学校教育的始终,直接关系着人才培养质量,关系着千家万户的幸福,关系着国家和民族的未来。近年来,学校体育工作的重要性与日俱增,中共中央、国务院相继召开会议及颁布文件,如2020年印发了《关于全面加强和改进新时代学校体育工作的意见》《关于深化体教融合 促进青少年健康发展的意见》等政策,专门针对学校体育工作展开部署,以对党的事业和青少年成长高度负责的态度,要求切实抓好学生体育工作。2022年我国新修订的《中华人民共和国体育法》为体育育人提供了法治保障,提出"国家优先发展青少年和学校体育,坚持体育和教育融合,文化学习和体育锻炼协调,体魄与人格并重,促进青少年全面发展",重心向青少年和学校体育倾斜。

如此,学校体育的发展必须着眼于不断变化的未来,要具有超前性,要不断满足社会与学生更高的需求。未来社会的变革速度将进一步加快,呈现的动态性更加显著。为此,学校体育必须根据未来社会发展

---

① 李子明. 体育与学校教育的关系 [J]. 体育学刊, 2001 (2): 18-19.

变化的趋势，通过自身发展的各种生态因子的有机组合来保持整个系统的动态平衡，要增强灵活性，以适应未来发展的需要与学校体育的蓬勃健康发展。探讨新媒体时代体育育人问题在当前背景下就显得尤为重要。

第二节　新媒体与新媒体时代

信息要素作为网络技术快速发展的产物，如互联网、媒体、宣传标语等对学生参与体育运动起着重要的引导作用。新媒体技术为体育教学与运动提供了多元工具与体验方式，学生与教师可以通过聊天室、即时通信、短信和社交网站等交互型数字场所来表达并呈现关于体育的认识与感悟，而后疫情时代，更是有各类直播平台、互动平台可以为师生提供教与学的交互，为体育育人价值的实现打开了新视野。

一、新媒体的概念

信息技术的飞速发展对于人类传播史起着历史性杠杆的作用，推动着人类文明不断向更高层次迈进，其集中反映的标志是信息传播方式的变革。计算机网络技术的进步，尤其是互联网的发展，为信息传播的发展奠定了新的基础。"新媒体"（New Media）一词源于 1967 年美国哥伦比亚广播公司（CBS）技术研究所所长 P. 戈尔德马克的一项商品开发计划[①]。1969 年之后，"新媒体"一词开始在美国流行并很快扩展到全世界。早期，联合国教科文组织认为新媒体就是"网络媒体"。清华大学熊澄宇提出，所谓新媒体或称数字媒体、网络媒体是建立在计算机信息处理技术和互联网基础上，发挥传播功能的媒介总和。它除了具有报纸、电视、电台等传统媒体的功能外，还具有交互、即时、延展和融合

---

① 严亚，李公文. 社会决定论视野中的新媒体与受众主体身份［J］. 中南大学学报（社会科学版），2013，19（5）：209-212.

新媒体时代学校体育教育生态研究

的新特征，其用户既是信息的接收者，又是信息的提供者和发布者①。它是包括数字化、互联网、发布平台、编辑制作系统、信息集成界面、传播通道和接收终端等要素的网络媒体，已经不仅仅属于大众媒体的范畴，而是全方位、立体化地融合了大众传播、组织传播和人际传播的方式，以有别于传统媒体的功能影响着我们的社会生活。新媒体的外延随着技术的发展而不断扩展。新媒体是未来媒体发展的重点，是媒体市场发展的趋势和必然方向。

二、新媒体传播的特征

2022年上半年，"央视体育"客户端直播赛事2987场，观看量2.5亿次，点播视频、图文等内容观看量3.8亿次，累计下载量1.6亿次。在新技术新应用上实现了4K、三维声、360度VR赛事直播和点播等观赛服务；上线"体育很精彩 点开滑滑看"竖屏短视频合集，开辟从赛事直播内容到新媒体互动产品的传播新态势。可见，新媒体技术应用已经常态化。从传播学的分类来看，目前通常将传播类型分为五类：内向传播（又称为自我传播或者自身传播）、人际传播、群体传播、组织传播、大众传播。新媒体传播将人际传播和大众传播融为一体，是一种全新的、特殊的传播类型。新媒体的基本技术特征是数字化，基本传播特征是互动性。新媒体具有信息量大、使用方便、检索快速便捷、图文声像并茂、互动性强、信息获取快、传播快、更新快等特性，并且具有计算机检索功能、超文本功能，是一种具有强大生命力的传播媒体，给人类社会带来了深刻的影响。

（一）传播与更新速度快、成本低

新媒体传播是一种数字化传播，可以通过互联网高速传播并实时更新，可以像电台、电视台一样进行实时、实况报道，显然优于传统的传播方式。新媒体传播速度快，时效性强，不受印刷、运输、发行等因素的限制，信息在上网的瞬间便可同步发给所有用户。新媒体更新周期可以以分、秒计算，而电视、广播的周期要以小时计算，纸质报纸的出

---

① 熊澄宇.新媒体百科全书［M］.北京：清华大学出版社，2007：500.

版周期则以天甚至以周计算，纸质期刊与图书的更新周期还会更长。新媒体突破地域、没有疆界，而且跨国传播成本几乎为零。无论从传播者的角度还是受众的角度看，信息在网络上跨国传播与本地传播的成本与速度是相同的。新媒体的传播距离、范围与成本无关，而纸质媒体和广播电视虽然在理论上也能进行全球传播，但是传播的成本与传播的距离成正比。

（二）信息量大、内容丰富

互联网能够使用户共享全球信息资源。新媒体存储数字信息的是硬盘，几乎可以不限时、不限量地存储和传播信息，运行各种信息数据库，使读者能够对文件进行随时检索。报纸若多印1万字内容，就需要增加数个版面，会因印刷、排版、发行等因素而增加成本，广播、电视内容需要准确到几十秒、几秒，文字有时要精准到几十个，新媒体信息则较少受到这些限制。

（三）检索便捷

凡是在互联网中存储的数据，网民只要动动手指，便可以从搜索引擎、各类数据库中快捷地获取所需的信息。新媒体这种特性是传统传播方式难以具备的。纸质报纸、电视等传统媒体每天发送大量的新闻信息，储存时占用大量的空间，检索时更是费时费力。

（四）多媒体传播

新媒体是一种多媒体的传播，可以借助文字、图像、声音中的任何一种或几种组合进行传播活动。这种具有立体效应的多媒体传播组合可以真实地反映所报道的对象，给用户带来逼真而生动的感觉。新媒体克服了传统的文字媒介（报刊）、声音媒介（广播）和视觉媒介（电视）之间难以逾越的障碍，提升了传播的广度和效度。

（五）超文本传播

超文本是一种非线性的信息组织方式。超文本可设计成模拟人类思维方式的文本，即在数据中又包含与其他数据的链接。多媒体又进一步扩展了超文本所链接的信息类型，用户不仅能从一个文本跳转到另一个文本，而且可以激活一段声音、显示一个图形或播放一段视频。新媒体改变了信息组合方式，它的魅力在于将分布于全世界的图文并茂的多媒体信息以超链接的方式组织到一起，用户只要链接到一个网页，并且用鼠标一点就可以访问相关网页。这种方式改变了我们传统的阅读方式。

（六）互动性

互动性是新媒体的根本特征。网络新闻传播是一种开发个体的互动式（interactive）传播。传统媒体的传播方式通常是单向的，传收双方无法随时随地地进行双向沟通。而新媒体既可以单向传播，也可以双向（传收之间），甚至多向（传收之间、受众之间）传播。比如，网民与网站之间、网民与网民之间可以利用聊天室、网络电话、电子邮件、弹幕、留言等工具实现沟通和互动，对新闻内容也可以随时展开讨论，还可以举行网络会议等。基于相同体育运动兴趣而组成的网络社群、网络组织等不仅具有强大的信息交流与互动功能，还具有议程设置功能。

移动互联网技术的飞速发展推动新媒体时代来临，新媒体的这些特性对于进一步提升体育育人水平、探索创新体育教学形式、推动学校体育教学改革具有积极的作用。在学校体育教学中充分运用新媒体的特性，可以使学校体育更具吸引力和影响力，达到事半功倍的效果。

第三节　学校体育教育内涵及理论发展

体育教育内涵从新中国的"育体"思想发展为改革开放坚持"健康第一"的主导思想，坚持"育体"与"育心"的协调发展。进入新时代，"体教融合"思想赋予了学校体育"全面育人"的崭新使命。"全球81%的青少年未达到每天身体运动推荐量""我国仅有29.9%的儿童及青少年达到推荐量"。已有的《中国儿童青少年身体活动指南》、"教育减负"、"阳光体育运动"等政策和举措改善了我国青少年身体活动不足状况。但青少年身体活动参与"知而不行""考啥练啥""分散碎片化"的困境明显，因身体活动不足导致的超重与肥胖问题、身心健康问题依然突出，青少年体质健康水平下降。而竞技体育后备人才培养出现了人才培养渠道不畅、学训矛盾带来的运动员文化低标准、培养主体资源协调不畅带来的培养效率低下等困境，都制约着建设健康中国、体育强国的进程，呼唤体育深度融入教育中去，亟待推动体育育人实现学校与体育部门、体育与社会、体育与市场化机制的大体育育人趋势。因而，加强青少年体质健康建设，高度重视体育人才培养，使以体育人逐渐上升为国家战略。

一、学校体育教育内涵的发展

（一）1949—1977年我国体育"育体"思想的发展

在此阶段中，体育育人思想内涵主要表现为3个层面：一是健康身体的培养；二是坚强体魄的培养；三是社会主义优良品质的培养。学校体育课以传授给学生系统的运动技术为主，从而增强体质，培养爱国主义精神，为共产主义建设服务，体育"育体"思想的形成源于苏联。新中国成立初期，我国推行由苏联引进的"劳卫制"，这是新中国第一个体育锻炼制度，全称为"准备劳动与卫国体育制度"，实行了近十年。"劳卫制"采用少年级、一级、二级运动项目的等级测试达标，并颁发证书证章的方式，促进国民特别是青少年积极参加各项体育运动，以提高身体的体力、耐力、速度、灵巧等素质。1952年，毛泽东提出了"发展体育运动，增强人民体质"，学校体育思想确立了体质教育的主导方向。1964年，我国体育部门提出将已推行的"劳卫制"修改为适合我国具体情况的青少年体育锻炼标准，1975年改称并出台《国家体育锻炼标准》。这些政策思想体现在学校体育发展中，首先是办好专门性体育院校；其次是上好学校体育课，积极开展学校体育课外活动，尤其是小学阶段的游戏性运动；最后是大力开展群众性的体育运动，提高我国竞技体育水平。因此，在这一阶段中体育运动队建设是我国体育发展的重要组成部分，实行了运动员工资制度与教练员等级制度。1958年提出了争取10年内在田径、体操、游泳、足球、篮球、排球等10个项目上赶上或超过世界水平的奋斗目标①。不过，在这一阶段中，诸多学界、体育界人士认为，竞技体育是一个独立的领域，与学校体育不相关，出现了体育育人"运动技能论"与"体质论"的专门性讨论，也体现出体育育人"唯体质论"思想的偏颇。

（二）1978—2011年我国体育"健康第一"育人思想的发展

自1978年改革开放之后，关于什么是体育、体育的科学属性、体育育人功能等问题先后在体育界进行过两次大讨论，一次发生于20世纪70年代末80年代初，主要就真义体育观与大体育观进行讨论；另一次发生于90年代初，主要就学校体育是"育人还是育体"展开争论。大体育观把体育放在文化范畴内来认识，研究体育的角度从生物学、教育学到心理学、社会学及生物、心理、社会三者结合，认为体育具有多功能性，举国体制就是大体育观背景下发展起来的；真义体育观强调对人的生物学改造，坚持生物学评价标准，以"体"为本位，立足点是教育，是增强人民体质的国民身体教育②。1989年世界卫生组织发布了新的"健康"概念，即"一个人只有在躯体健康、心理健康、社会适应性良好和道德健康等方面都健全，才是完全健康的人。"人的健康包括5个维度：生理健康、心理健康、道德健康、社会健康和环境健康③。学界也多认为体育育人包括竞技体育，而不是相互割裂，如奥林匹克运动"教会人们去拼搏，去奋斗，去培养胜不骄败不馁的精神……"④，现代奥林匹克运动创始人顾拜旦主张"通过体育来提升青少年的道德水准与社会品质"⑤，从而有效实现体育的教养性与教育性。

---

① 国家体委政策研究室.体育运动文件选编（1949—1981）[M].北京：人民体育出版社，1982：101.

② 于文谦，王月华.《世界体育科学化的动向和我们的新使命》的启示[J].体育学刊，2009，16（12）：13-15.

③ 武留信.中国健康管理与健康产业发展报告（2018）[M].北京：社会科学文献出版社，2018：3.

④ 闫玉峰，唐建忠，马春银，等.基于古希腊竞技赛会特质思考中国竞技体育的发展[J].体育学刊，2019，26（1）：36-40.

⑤ 李根，张晓杰，高嵘.奥林匹克价值观教育计划的多维审视[J].体育学刊，2019，26（5）：27-34.

第一章 导 论

早在1951年,毛泽东根据新中国成立初期学生患病比例较高、健康状况不佳的形势,提出了"健康第一,学习第二"的思想。不过当时"健康"的内涵更主要地体现为消除疾病和羸弱。1999年,我国出台《关于深化教育改革全面推进素质教育的决定》明确提出"学校教育要树立健康第一的指导思想,确保学生体育课程和课外体育活动时间,不准挤占体育活动时间和场所;举办多种多样的群体性体育活动,培养学生的竞争意识、合作精神和坚强毅力"。这既明确了体育与教育的关系,也明确了体育在教育中的基础性育人地位。体育育人的内涵也拓展到了"育心"层面,即精神品格层面。没有健康的身心,学习与生活将没有基本的条件。这与毛泽东提出的"身体好、工作好、学习好"思想相通。

2001年,我国颁布《国务院关于基础教育改革与发展的决定》再一次强调基础教育要"贯彻'健康第一'的思想,切实提高学生体质和健康水平"。2016年,我国发布《"健康中国2030"规划纲要》。2020年党的十九届五中全会提出,要在2035年建成"健康中国"。"健康第一"这个最初从学生发展、学校体育发展领域演变而来的核心教育理念成为国家战略思想,这更是体现出体育育人与生活质量、社会文明、现代化水平等都有着密切的关系,"健康第一"的体育育人思想是一个整体性核心理念。

(三)2012年至今我国体育"体教融合"思想的创新发展

"体教融合"的育人思想是基于"体教结合"发展的困境而提出来的。1987年,我国颁布《关于部分普通高等学校试行招收高水平运动员工作的通知》,开始打破了国家队—省市专业队—业余体校队这一"三级训练"竞技体育优秀后备人才培养模式,开启了体育后备人才的体教结合模式,以化解运动员文化教育薄弱、学习与训练矛盾、人才培养不可持续的问题。比如我国先后出现著名的"清华模式""南体模式""省队校办模式"等[1],形成高校特色培养竞技体育人才模式。同时,在政策的倡导与鼓励下,社会力量通过兴办体育俱乐部与培训机构的形式,参

---

[1] 布特,段红艳,诺日布斯仁.从体教结合到体教融合:从资源耦合向制度耦合创新发展[J].北京体育大学学报,2021(9):33-44.

与到竞技体育人才培养过程中来,如温州的"心桥体操俱乐部"等,从而形成了"政—教—社"三元竞技体育后备人才培养模式。不过,在"体教结合"过程中,虽然实现了政府、学校、社会共同推进高水平运动员培养的局面,但在推进与联办过程中基本形成了围绕奥运会竞赛项目为中心的训练与教育模式,偏重技术技能发展,功利色彩浓厚,与文化教育之间并未很好地实现双轮驱动;而且在管理体制上,体育行政部门还具有"独家办体育"的路径依赖,政府、学校与社会在资源整合、权责划分等方面存在诸多困境,这不利于学生体质健康水平发展和竞技体育后备人才的有效培养。

如果说,体教结合体现的是结构与人员主体的组合,而融合则意味着基于各类要素的排列组合而产生一种化学变化,产生一种质的变化,尤其是将竞技体育后备人才的培养纳入教育大范畴中,从单一的运动员文化素质水平提升这一目标,走向构建学校体育与竞技运动融合、政府资源和社会资源融合、社会力量与市场机制协同培养竞技后备人才制度体系,培养出人格健全的、有文化知识的、竞技素质和能力高的人才,以促进学生在"健全人格、增强体质、享受乐趣、锤炼品质"四位一体教育中成长、进步和发展,实现"中国特色竞技体育后备人才培养"的可持续发展目标[①]。这可能是"体教融合"区别于"体教结合"的显著特征,从而有效实现"学训练"三位一体体育育人生态。正是在这个意义上,我们认为体教融合的最本质目标是"育体"与"育人"融合回归。因而,思想启蒙与体育文化涵养是实现体教融合的关键路径,利用国家政策机遇,启蒙思想意识,跨越体教鸿沟是促进体教融合的根本机制,体育文化传播者的觉醒是体教融合的重要保障[②]。这也是新媒体可以在体育育人方面有所为的重要方面。

---

① 刘波,王松,陈颇,等.当前体教融合的研究动态与未来展望[J].北京体育大学学报,2021,44(1):10-17.
② 刘海东,李娜娜.文化差异与主体认知:体教融合不可逾越的鸿沟[J].体育与科学,2020,41(5):36-42.

第一章 导 论

二、学校体育教育的理论基础

（一）教育生态学理论视域下的体育教育

1. 国外关于教育生态学的研究

"生态学"一词最早由美国教育学者沃勒使用于教育研究中。1966年，英国教育学家阿什比提出"高等教育生态学"（ecology of higher education）[1]的概念。阿什比经过对欧洲高等教育在印度和非洲国家的移植和发展的研究，得出了"任何类型的大学都是遗传与环境的产物"的著名论断[2]，为高等教育的研究提供了一个崭新的视角。1976年美国哥伦比亚大学师范学院院长劳伦斯·克雷明在《公共教育》（Public Education）一书中首先提出了"教育生态学"（ecology of education）这一术语[3]。他认为："生态学因为强调联系非常有用，教育生态学的方法就是把各种教育机构与结构置于彼此联系中，对维持它们并受它们影响的更广泛社会之间的联系加以审视。"[4] 20世纪80年代和90年代，教育生态学的研究不仅要拓宽范围，还要向纵深发展。一些学者把教育放在当代为世人瞩目的环境与发展的大背景下进行考察，如莱西和威廉斯的《教育、生态学与发展》（Education, Ecology and Development）[5]。

国外将生态观引入课程研究是20世纪80年代中期以后课程研究领域的热点之一。高夫从生态政治学的角度提出了"课程范式的更新"问题。奥尔在探索现代教育观点与生态危机关系的基础上，呼吁加强"生态素养"。约翰·米勒以整体观和内外联系观，建构起"整体课程"。斯拉特瑞充分注意课堂生态问题，研究并实践了"生态模式"的改变。鲍尔斯和弗林德斯倡导将以生态为重点的、全局性的问题融入后现代教育、教学中去，提出以"反映性教学"贯穿整体生态的理念。有研究者基于社会生态学思想，建构了青少年身体活动参与的"家校社三不脱离"

---

[1] 任凯，白燕. 教育生态学［M］. 沈阳：辽宁教育出版社，1992：98.
[2] 阿什比. 科技发达时代的大学教育［M］. 北京：人民教育出版社，1983：7-9.
[3] 范国睿. 美英教育生态学研究述评［J］. 华东师范大学学报，1995（2）：12.
[4] LAWRENCE A C. Public education［M］. New York：Basic Books，1976：36.
[5] 任凯，白燕. 教育生态学［M］. 沈阳：辽宁教育出版社，1992：106.

促进模型①。

虽然国外学者对教育生态学研究对象的认识颇不一致,但都强调生态学的基本精神:综合、联系、平衡;国外教育生态研究的内容主要侧重微观教育生态学、教育生态因子生态学和宏观教育生态学这3个方面。由于国情的不同,国外应用教育生态学理论都是从整体上来分析教育现象,有关以教育生态学视阈来分析学校体育方面(或小至体育教育领域),尚少见到。

2. 国内关于教育生态学的研究

我国的教育生态学研究起步比较晚,而我国台湾的研究要先于大陆。20世纪60年代起,台湾师范大学教育系学者方炳林先生率先从事这一领域的研究,并著成《生态环境与教育》一书。他的研究角度以生态环境因子为主,探求各种生态环境因素与教育的关系及对教育的影响。后来,由于缺乏师资和相关资料等原因,教育生态学及其他一些教育学分支学科的研究停滞下来。20世纪80年代后期,我国台湾地区出版了李聪明先生所著《教育生态学导论》,该书针对台湾教育的现实,运用生态学的原理,对各种教育问题进行反思。大陆学者对教育生态学的研究始于20世纪80年代末至90年代初,出版了《教育生态学》《高等教育生态学》《教育生态管理》等专著。吴鼎福、诸文蔚认为教育生态环境是指以教育为中心,对教育的产生、存在和发展起着制约和调控作用的多维空间和多元的环境系统。它们可分为3个层次:宏观教育、学校教育和个体教育发展②。卢君臻认为教育生态环境是指影响教育活动的一切外界因素的总和,包括自然环境、社会环境、学校环境和家庭环境等③。余四华运用教育生态理论对高职教师队伍建设进行探讨,认为大学教师发展的真正内涵是一种意境的追求,大学教师所处的外界生态环境是其发展的动力源泉,以大学教师为中心,对大学教师的发展起着制约和调控作用的 N 维空间和多元的环境系统,是以大学教师学术

---

① 李佳薇,梁枢.青少年身体活动促进因素量表的研制与检验:基于"家校社三不脱离模型"的扎根理论构建[J].体育与科学,2020,41(1):84-93,103.

② 吴鼎福,诸文蔚.教育生态学[M].南京:江苏教育出版社,2000:36.

③ 卢君臻.教育生态环境简论[J].临沂师专学报,1998(6):59.

提高为核心而产生的；大学教师与其生态环境相生相长，和谐共生，这就是大学教师发展的生态观[①]。

国内有关教育生态环境的代表性研究，总体上把教育生态环境分为自然生态环境、社会生态环境和规范生态环境3个层面，以生态学原理从物质流、能量流和信息流及系统论的观点对教育加以审视和分析。但由于上述几位学者的研究视角不同，分析讨论的深度有待加强。综观我国的教育尤其是高等教育，其生态环境与自然生态系统的最大区别在于其具有制度生态特征，从制度生态环境去研究高等教育生态环境的学者目前较少。

3. 关于体育教育生态学的研究

人是教育活动的主体和客体，人类的进步与教育的发展密切相关，而教育的发展离不开教育的生态环境，学校体育教育生态则是学校教育生态环境的重要组成部分。因此，必须以系统的观点来研究各个层次、各种类型学校体育生态的现象、特点和规律。周君华等人认为，学校体育的生态系统，不同于一般的生态系统，它有自己的结构和功能，是围绕在自然环境、社会环境和规范环境3种生态环境的圈层内，以体育教育及其结构层次作为主体，以人才培养为中心而形成的多因素综合系统。优化教育生态环境，建立良好的体育教育生态系统，对教育目标的实现具有重要意义[②]。达成大学体育目标需要系统的生态体育观：公共体育课程是基础，要有更大的开放与更多的自主；课外体育活动是平台，要有更多的人数与更广的参与；课余体育训练与竞赛是补充，要有更全的项目与更高的水平；体育文化宣传是媒介，要有更多的方式与更好的推广。在不同形式的体育活动与不同目标的达成中，共同促进学生的身心健康与社会适应[③]。

---

① 余四华. 教育生态学视角下的高职师资队伍建设问题初探［D］. 南昌：江西师范大学，2007.
② 成守允，刘东辉. 论教育生态环境与体育教育生态系统[J]. 北京体育大学学报，1996，19（3）：12-15.
③ 宋军. 教育生态系统中的大学体育目标实现研究［J］. 西北民族大学学报（自然科学版），2018，39（3）：72-77.

在关于体育课堂生态环境的研究上,杜春华认为适宜的教学环境有助于学生多种能力的发展,因为一切能力的发展都需要有价值的教学环境。教学环境对体育教学的影响是多方面且巨大的,学习各门专业课程都需要有特定的、适宜的专业环境[1]。王德华等认为体育教学总是在一定的环境中进行的,体育教学环境作为一种现时的存在,尤其是教学的社会环境一经形成便对教学产生一定的影响,成为教学赖以存在和发展的基础[2]。特定的教学内容和方法只有纳入一定的教学情境,才能成为教学的积极因素。营造和优化适宜的体育教学社会环境,建立和谐的师生关系、生生关系等,对于有效提高体育教学效果、完善学生人格、体现体育教学的人本精神具有极其重要的作用。苏晓榕认为体育教学及锻炼对体育运动环境有着特殊的要求,良好的运动环境能避免体育课学习及锻炼时带来的不良影响,使体育教学和锻炼身体达到最佳效果[3]。正因为良好的体育教学环境对于提高教学及锻炼效果至关重要,学校应当关注、改善体育教学环境,为学生创造良好的体育课学习及锻炼身体的运动场所。翟少红等人分析了体育教学环境与教学系统的关系,提出教学系统与环境应保持"动态平衡"[4]。因为体育教学系统是一个开放系统,对环境具有明显的依赖性,离开环境就不能充分发挥其作用及功能。因此,教学系统必须与环境保持"动态平衡"[5]。比如,在地区气候环境的影响下,我国不同地区学生接受体育教育的机会存在事实上的不均等,学生接受体育教育的权利遭到变相剥夺,学生乃至其他社会成员不重视体育课的社会心理在无形中被强化;在体育文化传播载体不断革新的影响下,体育教师的"专业权威"日益受到挑战,作为体育知识

---

[1] 杜春华.浅议教学环境对体育教学系统的作用[J].体育学刊,1996(4):83-84.

[2] 王德华,岳新坡.对体育课堂教学的社会环境探析[J].浙江体育科学,2004,26(1):55-59.

[3] 苏晓榕.关注体育教学环境,提高体育教学锻炼效果[J].中国学校体育,2002(5):71-72.

[4] 翟少红,胡巍.试论教学环境与体育教学系统的关系[J].湖北体育科技,2004,23(1):127-128,131.

[5] 唐炎.中小学体育课堂教学的社会学分析[D].北京:北京体育大学,2005.

传授者的作用在一定程度上遭到弱化。相关实证研究表明，由体育教师、校园体育文化、体育制度、体育设施等构成的学校体育环境是促进学生体育参与实践、强化健康体育行为的重要因素，影响着学生体育参与的开始与持续、中止与退出。课程设置、专业技术指导、场地设施、评价机制等影响着学生体育参与的积极性与持续性[①]。

总之，利用教育生态学的基本原理探析体育教育发展的规律和生态机制，探索优化体育教育生态环境的途径和方法是当前研究的热点。体育育人系统只有充分选择、利用、创设良性教学环境，并与环境保持动态平衡，才能发挥其总体功能。综观国内外研究现状，学者们在运用教育生态学理论研究教育教学问题时多倾向从宏观领域，从教育资源和学校等视角出发，来探讨社会整体环境与人类教育教学活动的交互关系，而具体运用教育生态学理论来研究教学问题（特别是体育教学活动领域）的研究不多。

（二）生活世界理论视域下的体育教育

教育源于生活。"教育回归生活世界"是自胡塞尔提出与科学世界相对的日常生活世界概念以来的一种重要教育观。胡塞尔认为生活世界是各种科学理论活动的基础，是永远事先给予的、永远事先存在的、具有先验性和非理论性的经验世界[②]。与科学世界不能将丰富鲜活的生活世界遗忘一样，教育也不能脱离生活世界而独立存在。因此，教育应回归生活世界，关注日常实践中人存在的本真结构与意义。生活世界包含了人所牵连的各种日常事务的总和，是自我与他人进行任何社会交往的前提。行动的意义在于通过特定社会场景的制度化联系，使具有不同视角的行动主体能够相互理解，即生活世界的结构性原则[③]。正是在这个意义上，哈贝马斯将生活世界定义为一种共同表达与行动的背景性框架或经验图式，是指一种"向来已经知道的文化知识储存"和"信念的储

---

① 巩庆波，耿家先，程旭冒，等.大学生体育环境感知、体育参与、体育收获相互关系的实证研究[J].西安体育学院学报，2021（2）：226-235.
② 倪梁康.胡塞尔选集（下）[M].上海：三联书店，1997：1087-1088.
③ 杨善华.当代西方社会学理论[M].北京：北京大学出版社，1999：20.

蓄库"①。它包括作为日常交往背景储存的共同价值观念、作为规范人类互动秩序的合法准则、作为具有语言和行动能力的主体的个性3个层面。来自生活世界交互主体间的沟通理性是化解生活世界被科层理性、市场理性日益吞噬危机的方法。杜威认为学校是社会生活的一种形式，但又不是社会生活的简单重现，而应该是包含社会生活的各种重要因素并经过简单化和理想化处理，是更加有利于青少年发展的一种美好场所。

马克思的"生活理论"认为"不是意识决定生活，而是生活决定意识"②。日常生活领域是非日常生活领域的基础和前提，是政治生活、经济生活和文化生活的发源地。因为，"人们首先必须吃、喝、住、穿，然后才能从事政治、科学、艺术、宗教等"，"人们为了能够'创造历史'，必须能够生活"，"社会结构和国家总是从一定的个人的生活过程中产生的"③。而生活的本质内容是人与自然、人与社会、人与他人、人与自我之间诸多方面的对象性关系实践，并体现为家国情怀、理想信念、主体意识等关系性品格。"全部社会生活在本质是实践的"④。可见，日常生活的关系性与实践性是生活世界的基本特征。

依据生活世界理论，青年学生的正式学习任务与学习活动可以看作一种科学活动，是一种以求真为目的的认识世界从而改造世界的学习过程，具有规定性、程式性、共同体性。而从经验性、实践性、日常性的角度来说，青年学生正式课堂时空之外的所有日常实践活动就构成了青年学生的日常生活世界，内容上包括专业实践、人际交往、勤工俭学、休闲娱乐等方面；表现形态上包括党团教育活动、校园文化活动、

---

① 哈贝马斯.交往行动理论(第二卷)[M].洪佩郁，蔺青，译.重庆：重庆出版社，1994：171-173.
② 马克思，恩格斯.马克思恩格斯选集（第1卷）[M].中央编译局，译.北京：人民出版社，1995：71-73.
③ 马克思，恩格斯.马克思恩格斯选集（第1卷）[M].中央编译局，译.北京：人民出版社，1995：79.
④ 马克思，恩格斯.马克思恩格斯选集（第1卷）[M].中央编译局，译.北京：人民出版社，1995：56.

道德实践活动、志愿服务活动、社团文化活动等层面，每一层面都和青年学生的价值观念与成长发展紧密相关。体育知识与技能的学习、价值观的建构通过生活世界中的身体动作经验而实现。身体介入生活就成为体育学习能否成功的关键，因为身体始终处于与生活世界的接触与互动过程中。因而，体育育人同样离不开生活世界，体育的本质属于生活，体育生活化是当前体育育人的重要方向。

已有研究认为"体育生活化是在现代健康观念和体育观念指导下，对人们的日常生活进行全面干预的、理性的体育行为"[①]。学校体育生活化至少表现在3个维度：文化、社会、个性。文化维度的学校体育生活化表现为学生体育文化的浸润，实现由知识储备——运动技能的获得，到文化认同，最终体现为文化进化或文化遗传；社会维度的学校体育生活化表现为社会促进及规则意识的形成，最终促进学生的社会化与社会关系的和谐发展；个性维度的学校体育生活化表现为个性融通，学生以个性化的运动技能在获得相关组织与团体认可的同时，最终实现他人认同与自我认同。在历史上，学校体育未曾脱离学生生活世界，不同时期的生活化指向不同；在时效上，学校体育生活化可分为"当下的生活化"和"未来的生活化"；在策略上，学校体育应关注学生"规则意识"与"自我意识"的培养[②]，可以构建"常时间、大空间、乐体验"的高校体育生活化教学新模式[③]。

（三）交往教学理论视域下的体育教育

马克思的交往实践观认为"生产以个人之间的交往为前提，这个交往的形式又是由生产决定的"。"实践是能动的交往形式，是普遍的社会交往及其动力"。人类的世界是一个交往的世界，没有人能独自思考和行动，没有交往，人类世界就无法存在。一个人的发展取决于和他直

---

① 卢元镇.体育的本质属于生活[J].体育科研，2006（4）：1-3.
② 张磊.学校体育生活化三路向：基于哈贝马斯"生活世界"的启示[J].上海体育学院学报，2020，44（7）：59-68.
③ 石金亮，刘晨，闫平.健康促进视域下高校体育生活化教学新模式的构建[J].南京体育学院学报（自然科学版），2017，16（5）：106-110.

接或间接进行交往的其他一切人的发展"[1]。因此，体育离不开交往，交往是体育育人功能得以实现的重要前提和有效途径。

交往教学理论产生于20世纪70年代的德国，主要是应对传统的课堂控制式教学模式。1971年，K.沙勒与K-H.舍费尔首次提出了侧重探讨师生交往的教学论思想，并与其他教学论研究者一起，将这一思想系统化为交往教学论学派，以超越传统的问答式教学，从而实现注重学生个性与差异化发展、注重学生的能力发展的教育目标。交往教学论提出了11条公理，如人不能不进行交往的永恒性；任何交往都是在一定的关系中进行的确定性；参加者都将通过交往有所收获；任何交往伙伴不是平等的就是有地位差别的等[2]。交往教学论强调以师生的生活世界为基础，以教学语言为中介，使教学过程成为师生的互动、共享、共创过程，其中的交往包括作为主体的师生与作为共同客体的知识、教育情境的"对象性交往"，作为个体主体的师生、生生之间的"主体间交往"，作为个体主体的教师或学生与之关联的班级、小组、小群体之间的"点面式交往"，主体师生与客体自身之间的"自我交往"，教学组织与外界环境之间的"面体式交往"。这几个方面的交往是整体统一的，是以对象性活动为基础的主体性与主体间性的统一、主体性与客体性的统一、主观性与客观性的统一、教学与环境的统一[3]。互动交往能力已成为当前学生最为重要的核心素养之一。陆根书等认为课堂学习环境是影响学生能力的关键因素，学生对课堂智慧激发、互助合作的赞同程度越高，其研究技能、核心技能、自我认知及社会沟通技能发展就越好；相反，同侪竞争、自主选择、鼓励学生以及师生关系等赞同程度越高，学生研究技能和核心技能则发展得越慢。可见，课堂学习环境主要由教师的"教"和学生的"学"及其两者之间的互动性构成。环境往往是在个体与教育者之间的互动中形成的。可以说，个体、环境、个体与环境的互动这3个影响因素之间存在相互强化的关系。

---

① 马克思, 恩格斯. 马克思恩格斯全集（第3卷）[M]. 中央编译局, 译. 北京: 人民出版社, 1960: 515.
② 李其龙. 交往教学论学派[J]. 外国教育资料, 1989（6）: 18-24, 17.
③ 田汉族. 交往教学论的特征及理论价值[J]. 教育研究, 2004（2）: 38-42.

第一章 导 论

可见，在教与学的过程中，教师与学生之间具有相互主体性与相互沟通性。这种相互主体性的交往通常可分为3个教学层次：学习人类知识、参加哲学思考、使哲学思考转化为日常的生活。在第三个教学层次中，教学场所也不仅仅局限于课堂，而是扩展到学生在校的各个活动场所、校外生活的各个活动场所及网络空间中。从而实现交往行为的三大功能：一是通过交往行为达到相互理解，以实现传播、维护和更新文化知识的目的；二是协调互动的交往行为，以满足社会整合和群体团结的需要；三是起社会化作用的交往行为，以满足形成个人认同的需要[①]。因而，实现教学交往的有效性需要拓展师生交往形式与载体，学生要走进教师的学术世界，而教师要走进学生的生活世界，新媒体时代则为体育交往提供了更多的选择。教师、学生与网络学习环境之间的互动成为一种常态。

从文化传播的角度来看，体育交往不仅是一种体能技巧的学习或竞技，同样是一种交往文化实践，并且形成了奥运会这类具有跨文化传播特质的宏大文化景观。同样，体育教学过程是人类传播活动的一种[②]。体育交往伴随体育运动项目的普及与体育精神的传播，提供给社会各阶层的人们一套同质化的"隐藏符码"，对不同的文化群体产生潜移默化的长期效果[③]。同理，体育教学过程也是人类社会互动过程的一部分，体育教学过程的有效达成必然使社会互动过程顺利实现，体育课堂应遵循教学交往公理，在体育的教学目标、课程内容、教学方式、师生关系及教学评价上体现价值性、意义性、发展性。有研究者基于人际传播学中的"镜中我"学说，认为体育教学中社会互动的本质价值是"镜中我"的塑造，即教师和学生之间的交流与交往、相处与沟通，实质上是自我映照、自我塑造的成长过程，是从对方的镜子中看到自己的社会化发展过程，是一个"生物人"向"社会人"转变的过程，也是一个内

---

① 贺寨平.哈贝马斯的交往行为理论评述［J］.山西师大学报（社会科学版），2000（2）：51-54.
② 鲁洁.教育：人之自我建构的实践活动［J］.教育研究，1998（9）：13-18.
③ 杨珍.跨文化传播视野中体育交往的理论逻辑：兼论后奥运时代中国体育文化传播的问题视域［J］.新闻界，2009（4）：86-88.

化社会价值标准、学习角色技能、适应社会生活的过程。因而,体育教学中社会互动的提升路径、指导思想在于从无意识的自发到有意识的自觉[①]。

第四节 新媒体时代学校体育教育面临的机遇与挑战

如果说,传统的面对面人际传播是经典,那么以视听和沉浸体验为主要表现形式的社交新媒体传播是技术赋能的范畴。此时,信息传播的深度和广度不完全依赖内容本身,起连接作用的还有情绪表达与情感认同。在教育生态中,在线学习成为后疫情时代的常态,微博、QQ、微信之后,APP、短视频、公众号、抖音号、快手号等亦成为教与学的空间。2021年抖音宣布支持2K播放,快手全面支持全景4K视频和直播播放,B站已上线8K超高清画质视频。这些新媒体技术的不断迭代升级,为用户提供了更为舒适、逼真、生动、便捷的体验,知识的传授与讲解有了更多元、更立体的互动方式,这既给学校体育教育带来了创新发展机遇,也产生了一些风险挑战。

一、新媒体时代体育教育面临的机遇

(一)体育教育过程的拓展化

传统的体育教育主要包括家庭、学校、社区这些实体空间。随着网络媒体、自媒体等成为体育社交的重要方式,体育教育平台有了多元化的拓展。学生对于体育知识与技能的获取有了更多的渠道,对于参与体育活动的体验与感悟有了更多的表达空间,对于体育休闲活动、竞技活动的欣赏与参与有了更大的技术支撑。随时可练、随时可学、随时可

---

① 陈敏,徐晓琴.体育教学中社会互动的价值与策略:基于"镜中我"理论下的探析[J].北京体育大学学报,2018,41(8):84-89.

教、随时可沟通,直观的教练指导与教学视频成为体育教育过程的常态。比如,体育赛事表演活动正日益由观赏型走向参与体验型,由职业型走向亲民型,社群、博主、粉丝、弹幕、表情包成为一种富有参与感的深度互动;咕咚、Keep等运动类APP可以成为课外体育活动任务的打卡器,并提供大量免费的、专业的、具有美感的视频课程。已有研究表明,新媒体可以对学生健康素养水平产生直接影响,还可以间接对学生的体育锻炼行为产生影响;健康素养的高低也会对学生养成良好的体育锻炼行为产生影响。在学生接受新媒体信息、健康素养与体育锻炼行为这几个效应中,接受新媒体信息的作用最强,而且都为正向作用[1]。

（二）体育教学交往的深度化

与其他学科有所差异的是体育作为非主要学科,学校每周的体育课时间并非能达到三至四次课,通常每周只有一至二次课;很多高校的大三、大四年级未开设体育课。因此,很多时候,体育人是在体育课堂之外来实现的。因此,体育教学的"学赛练"在课堂上的分布往往是极少的,往往借助校运会、课余锻炼、体育社团、社区文化、竞技表演体验等方式来提升学生体育活动参与水平,实现体育教育目标。体育学科这一独特性在新媒体时代获得了更大的发展空间,体育教育教学过程有了新媒体参与,通常有"交往"(hanging out)、"浏览"(messing around)和"钻研"(geeking out)3种模式[2]。在体育教育教学过程中,"浏览"表明学生广泛接触体育文化信息、体育竞赛表演信息等,并进行基于兴趣与同伴合作的探索,有利于提升学生的体育认知与认同;而"交往"则表明学生与学校老师或同伴、社区邻里、社团伙伴在交往心理驱使下进行的各类网络互动,有利于促进形成体育活动团队和友好协作;而"钻研"则表明学生通过新媒体创作、成为APP会员、观赏和评论体育竞赛活动、线上健身等形式形成互动,有利于深度培养终身体育习

---

[1] 盛祥梅,王世强.新媒体背景下大学生健康素养与体育锻炼行为的相关性研究[C]//.第十二届全国体育科学大会论文摘要汇编——专题报告(学校体育分会),2022:799-801.

[2] ITO M, BAUMER S, BITTANTI M, et al. Hangingout, messing around, geeking out: kids living and learning with new media [M]. Cambridge, MA: The MIT Press, 2013: 1.

惯和体育精神。新媒体环境下，学生身体活动与运动技术习得的心理动机主要包括减肥、健体、社交三方面；新媒体环境下，学生的身体活动和运动技能的习得方式存在关联性[①]。

（三）体育教育目标的直观化与个性化

随着我国制造业由"制造"到"智造"的转型升级，数字化转型浪潮来临，数字体育装备、数字技术日益应用于体育教育，智慧体育建设成为大趋势。通过物联网、AI、人脸识别、大数据等技术将体育教育和智慧科技结合在一起，可以实现运动成效的可量化、教学与训练的可视化、运动的游戏化等，各类软硬件产品可深入体育教育各个环节，快速、高效、精准记录学生每一次体质测试、运动锻炼的数据，并上传云端成为数据库，为体育教学提供丰富的数据基础。使得原本模糊不合理的课后运动变得更加合理化，数据更加清晰化，效果更加直观化，大大降低了校园学生日常运动的难度，提高了老师体育教学的准确性，同时学生也能获取个性化的运动指导方案。比如，以基于深度学习的人体骨骼关键点检测技术为核心，根据图像或视频中人物身体各个关节点的相互关系进行图形建模，开发出运动素质智能测评系统，能够准确检测、判断体育测试时不同运动规则中的各种情况，实现一机多测、多组同测，解决了学生体质测试中传统人工计数的弊端，以及已有自动计数装置只能计数不能判断的缺陷，并且还可以连接学生卡数据采集系统、人脸识别系统，防止被测者出现代考、替考的情况，从而助力体育教育教学，为其提供更精确的个性化发展方案。

二、新媒体时代学校体育教育面临的挑战

（一）师生媒体素养的不足

从新媒体体育传播的内容本身来看，新媒体存在把关行为的不到位，出现信息虚假、娱乐至上、暴力渲染、缺少人文关怀等传播现状，从而突破了伦理的真实、公平限度，这与体育育人为本的理念是相背离

---

① 姚东.新媒体环境对大学生身体活动与运动技术习得影响的研究［J］.哈尔滨体育学院学报，2020（1）：60-64.

的。从教师的视角来看，存在教师过于依赖媒体技术手段，简单地将技术手段下的体质测试、课外体育运动的参与进行量化，或机械地将直播平台、网络平台课程作为教学内容，缺乏人文关怀与体育品格培养；还有些教师并未将学生的新媒体参与作为体育教育的重要方式、课程评价目标，影响了学生对新媒体技术优势的认知。从学生的视角来看，一方面，新媒体时代是信息爆炸芜杂的时代，也是自我创作的时代，学生的选择力、鉴别力不强，易产生网络安全风险；另一方面，学生可能过多依赖或沉迷新媒体信息与互动，从而挤压了参与实体物理空间的体育活动与体育交往的时间。因而，学生与教师均应有良好的数字媒体素养，以适应和胜任新媒体时代的教与学。数字媒体素养包括基本的数字技术知识与技能、信息与数据素养，利用数字技术进行交流与协作的能力，数字内容创作的能力，数字安全和数字伦理的意识，借助数字技术进行持续学习、解决问题、反思和自我提升的能力，数字化专业知识和能力等[1]。这些需求有专门化的课程与培训加以实现。

（二）体育数字鸿沟新风险

"数字鸿沟"概念的提出源于传播学范畴，表现为在全球信息化、数字化的演进过程中所带来现实性信息落差、知识分隔和贫富分化等不对称现象。青少年学生群体在健身类APP用户中属于知识掌握较快、能力较强的智识强势群体的一部分[2]。因为，新媒体时代内容的享有需要有网络技术基础设施、相应的体育装备才能有效实现，这需要经济成本，比如基于数字沉浸技术的体育运动，需要有5G的高带宽技术保障，还需要有AR头戴式显示设备与AR眼镜等智能设备的支撑，而并不是所有人都能承担或者习惯这种装置的。在智慧体育教育过程中，还

---

[1] LAW N, WOO D, TORRE J, et al. A global framework of reference on digital literacy skills for indicator 4.4.2［EB/OL］.［2022-06-09］. http：//uis.unesco.org/sites/default/files/documents/ip51-global-framework-reference-digital-literacy-skills-2018-en.pdf.

[2] 马婷. 数字鸿沟与技术倒刺：健身App对群众日常体育健身的媒介应用影响研究［J］. 科技传播，2020，12（23）：12-18.

包括心理动机、数字技能及使用行为等"新数字鸿沟"[①],即心智投入的数字鸿沟。[②] 如有些学生在体育学习过程中呈现出"孤独""冷漠""游离"的情绪心理,还有些学生在体育学习过程中因经验、技能的缺乏而没有参与体育活动的动力,这都需要学校管理者与教育者提供帮助与支持。

（三）体育具身体验异化

体育是通过身体活动的生活教育[③],以此达成身体记忆和身体感知图式,从而实现更好的认知建构。新媒体技术本身决定了其内在缺陷是无法实现面对面交流和社会性互动,这是当下教育技术发展的软肋。沉浸式技术能够模糊物理世界和虚拟世界的界限,让学生体验沉浸感、临场感,但这种沉浸感与临场感是基于一个仿真环境或者超仿真环境,是隔着屏幕、戴着感知设备的沉浸感,而不是现实的在场实践。在场实践才能切实感受跑跳、速度、击掌与拥抱的触感,在场实践才能获得经验的直接性、敞开性和无遮蔽性。因此,相对于线下学习,在线学习过程还可能让人过于沉浸技术所带来的超现实信息与数字图像世界,而导致人与现实的疏离、本我迷失、网络成瘾等,即技术的超现实可能会阻塞通往现实的通道,带来人对技术的依赖、人与技术的异化,而不是人与技术的同一建构。因此,构建适度的、健康的体育教育参与和文化传播生态非常重要。

---

① 郭娇.数字鸿沟的演变：从网络接入到心智投入——基于疫情期间大学生在线学习的调查[J].华东师范大学学报（教育科学版）,2021,39(7):16-26.

② 王辞晓.具身认知的理论落地：技术支持下的情境交互[J].电化教育研究,2018(7):20-26.

③ 王水泉.运动文化论的源流[J].体育科学,2014(12):72-84.

第二章 新媒体时代学校体育教育的价值生态

体育教育的价值就是体育教育在其与人的关系中体现出来的积极意义或有用性[①]。每一次工业模式的重大变革总是相伴着科技变革与人才培养模式的转型与突破。在新媒体时代，相对于传统人才新兴产业和新经济需要的是实践能力强、创新能力强、具备国际竞争力的高素质创新型人才。作为通识教育课程重要组成部分的体育，其教育价值生态主要包括育人结构生态和育人逻辑生态。

第一节 新媒体时代人才培养中的身体素养

一、身体素养的内涵

2019年8月，国务院办公厅颁发了《体育强国建设纲要》，将身体素养作为重要的战略目标和任务，这是在国家层面的文件中，首次明确提出提高全民身体素养的问题[②]。由此，提升身体素养在我国成为重要的国家政策并进入实际操作的层面。美国健康与体育教育者协会于2013年修订了K-12国家体育课程标准，将身体素养提升作为体育教育的目标、学习成果和"正当性"基础。身体素养是近年来在国际体

---

① 程文广.我国体育教育价值诉求实现障碍的破解机制及路径研究[J].北京体育大学学报，2019，42（1）：120-127.
② 国务院办公厅.国务院办公厅关于印发体育强国建设纲要的通知[EB/OL].（2019-08-10）[2022-06-09].http://www.gov.cn/gongbao/content/2019/content_5430499.htm.

育界流行的、具有重大影响的理念,是指"使人重视并负责地终身保持有目的的身体追求或身体活动所需要的动机、自信、运动能力、知识和理解"①。可见,身体素养包容性很强。任海认为身体素养对既有的终身体育、学校体育、大众体育和高水平竞技运动等各领域均有全面而深刻的影响,推动了这些领域的改革,为体育的统合发展提供了改革的基础。身体素养是学生发展的核心素养的重要部分。身体素养包括4个相互关联的要素:一是动机和信心(情感),具有让身体活动成为生活的组成部分,并从中获得乐趣的动机和自信。二是身体能力(身体),掌握运动技能和运动类型的能力,体验运动时间和强度变化的能力。良好的身体能力可使人们参与多种场合的、内容广泛的身体活动。三是知识与理解(认知),具有确认并表述影响运动的基本因素的能力,懂得积极生活方式的健康效益,知晓与多种场合和自然环境相匹配的身体活动的安全性。四是为生活而参与身体活动(行为),承担身体素养的个体责任,自愿定期参加身体活动,包括优先考虑并持续参与有意义的和对自己有挑战的身体活动,将其作为生活方式的组成部分②。

二、身体素养与核心素养的互构

"面对越来越易变、不确定、复杂、模糊的未来世界",基于知识、态度、能力、价值观核心基础的能动性与变革能力最为关键。能动性是指设定目标、反思并负责任地行动以有效改变的能力。变革能力包括创造新价值、协调矛盾困境、承担责任这3项能力③。在新媒体时代,讲好中国故事、传播好中国声音同样是一种核心素养。因而,有思想、会技术、善传播成为一种全才型能力结构。核心素养理论是在能力概念的

---

① SHEARER C, GOSS H R, EDWARDS L C, et al. How is physical literacy defined? A contemporary update [J]. Journal of teaching in physical education, 2018, 37(3): 237-245.

② 任海. 身体素养:一个统领当代体育改革与发展的理念[J]. 体育科学, 2018, 38(3): 3-12.

③ PRAHALAD CK, GARY H. The core competency of the corporation [J]. Harvard business review, 1990(5-6): 79-90.

基础上发展出来的,主要体现于管理学领域的企业核心素养,是一种组织社会学视角;还有一种是教育学视角下的核心素养理论,是一种人的发展视角。在企业核心素养视角中,普拉哈拉德和哈默认为核心素养是"组织中的积累性学识,特别是关于如何协调不同的生产技术和有机结合多种技术流的学识"①。核心素养是企业竞争优势的来源。同样的逻辑,学生作为未来的职场中人或一种人力资本,其核心优势是什么、特质是什么,这些就构成了其核心素养。在西方的核心素养理论中,并不强调核心素养作为竞争之源的性质,而是将其作为基于人的发展和美好生活需要的能力与品格。哲学家认为核心素养是良好生活所不可或缺的,能够在家庭、经济生活和政治领域中取得成功、负责和有效行为的能力(capacity),这些能力超越了学科知识,以"知道怎样做"而非"知道是什么"的形式出现②。所以,从人的发展的角度,核心素养可以定义为满足人的发展、工作和生活需要的,"人人都需要具备的关键少数高级行为能力,可以分为知识、技能、态度3个结构维度及其统整与融合"③,"可以被观察、教授、习得和测量"的行为能力。知识、技能与态度三者之所以是融合的,是因为核心素养往往是在特定情境中面向特定问题展现出来的行为,而任何行为都需要三者的融合。可见,核心素养与身体素养是同构的关系。创新型人才正是基于未来世界技能需求的适应和引领未来发展方向的人才。关于创新型人才核心素养或者质量标准的探讨有诸多结构模型,如五维结构核心素养模型:一是个人效能,包括共享愿景、理解他人、自尊、持恒力、时间管理等能力;二是知识能力,包括工程知识、社会科学与人文艺术等;三是学术能力,包括系统思维、学术写作等;四是技术能力,包括数据与信息处理和分析、跨

---

① PRAHALAD C K, HAMEL G. The core competency of the corporation [J]. Harvard business review, 1990 (5-6):79-90.
② CANO-SPERBER M, DUPUY J. Competencies for the good life and the good society [M]//RYCHEN D S E, SALGANIK L H E (eds). Defining and selecting key competencies. Berlin: Hogrefe & Huber Publishers, 2001:67-92.
③ 褚宏启. 核心素养的国际视野与中国立场:21世纪中国的国民素质提升与教育目标转型 [J]. 教育研究, 2016 (11):8-18.

学科能力、统计知识等;五是社会能力,包括工程伦理、有效沟通、团队协作、全球性思维、人际交往等[1]。美国劳工部及相关研究认为个性能力是创新型人才培养的首要核心素养[2][3]。

第二节 基于身体素养的体育教育价值结构生态

从人才培养身体素养与核心素养的互构可以发现,创新型人才的个性能力、社会能力的培养居于重要地位。个性能力包括主动性、乐观性、终身学习能力、职业责任心与道德等;社会能力包括团队协作、领导力、动觉智力、自省智力、交往智力等。而运动是"认知之母","身体的感觉运动模式塑造了人们的思维风格"[4]。运动模式是在不断的积极性体验中得到巩固形成的,团结的、责任的、跨界的、交互的、实践的思维风格是在运动模式中沉淀升华的。这正是"以体育人"的价值所在。"运动场的生活,是团体美感的生活。如果能够养成这种好习惯,将来无论办什么,都可以本着互助的精神发挥出去"[5]。运动场上这些价值和精神的实现依赖学校体育教育过程。体育教育目标主要包括运动参与、身体健康、运动技能、心理健康、社会适应等层面。其中的运动

---

[1] 周开发,曾玉珍.新工科的关键能力与教学模式探索[J].重庆高教研究,2017(3):22-35.

[2] RICHARD M G, JANIS P T. Engineering design education: core competencies[C]//Industrial and Manufacturing Systems Engineering Conference Proceedings and Posters,2012.

[3] Employment and Training Administration United States Department of Labor. Engineering competency model[EB/OL].[2022-06-09]. https://peer.asee.org/engineering-competency-model.pdf.

[4] 叶浩生.身体的意义:从现象学的视角看体育运动的认识论价值[J].体育科学,2021(1):83-88.

[5] 王惠敏,倪军,张宇,等.杜威体育教育价值思想、时代局限及现实镜鉴[J].北京体育大学学报,2018(7):93-101.

参与、心理健康价值目标包括了人才培养核心素养中的终身学习、乐观性、责任心等个性能力;社会适应价值目标则包括了人才培养核心素养中的人际交往、有效沟通、团队协作、领导力等社会能力。因而,对于学校来说,以身体活动为基础手段的体育教育是创新型人才个性能力与社会能力培养的强劲支撑,创新型人才培养不能缺少体育,这是因为德、智、体、美、劳"五育"本身是一个育人综合体与嵌合体,也是由体育课程价值所决定的。

一、学校体育教育的多元智力价值

美国多元智力专家加德纳教授认为人的智力是多元的,分为语言智力、节奏智力、数理智力、空间智力、动觉智力、自省智力、交往智力等。体育学习与运动对这些智力的发展都有正向效应,尤其是动觉智力、空间智力、自省智力、交往智力。动觉智力指运用身体来表达想法与感觉,以及运用双手生产或改造事物的能力,核心成分包括巧妙地处理(包括粗略与精致的身体动作)物体的能力,巧妙地使用不同的身体动作来运作或表达的能力,以及自身感受的、触觉的和由触觉引起的能力。交往智力指辨识与了解他人的感觉、信念与意向的能力,核心成分包括注意并区分他人的心情、性情、动机与意向,并做出适当反应的能力。内省智力是指人们构建准确的自我感知及应用这种知识规划和指导自己生活的能力,其核心成分为发展可靠的自我运作模式,以了解个人的欲求、目标、焦虑与优缺点,并借以引导自己的行为之能力[1]。20世纪90年代萨洛维和梅耶等提出情绪智力(emotional intelligence)概念,也称之为"社会情感能力",认为情绪智力包括觉察情感的能力、使用情感来辅助思考的能力、理解情感的能力[2]。这也是体育运动具有的一种智力价值因子。随着焦虑、抑郁和其他心理健康问题在青年学生群体中日益普遍,社会情感学习在近年来成为全球关注的议题。美国健康与

---

[1] 文萍,覃壮才.心理学[M].桂林:广西师范大学出版社,2010:33-34.
[2] SALOVEY P, MAYER J D. Emotional intelligence [J]. Imagination, cognition and personality, 1990, 3(9): 185-211.

体育教育学会已开发出"健康·前进·思维"教育项目,将社会情感学习融入体育课程中,以期增强情绪管理、改善行为、减少欺凌、提高学业成绩等,实现情感幸福,培养身心健康发展的"全人儿童"。目前该项目已实现K-12年级标准化体育课程材料、考评资源及家校与社区合作服务,并融入学生日常生活环境中。体育教育是基于亲身在场的团队体验活动,通过身体的协调一致、相互激起/唤起参加者神经系统的高度相互关注、高度互为主体性、高度情感连带的人际互动活动[1]。这类互动是基于团队的、亲身在场的、师生与生生合作的,因而可以唤醒身体感官的互动、情绪的互动、智力的互动、道德感的互动,随着身体参与程度的深浅变化,这类互动成为螺旋式循环,能够有效达成团队协作、沟通领导、共享情感、责任与道德等方面的个人效能与社会能力的培养。这恰是当前学校人才核心素养培养所需要的。

二、学校体育教育的主体个性价值

身体运动观认为体育教育中的知识与技能必须回归身体、回归运动才能在真正意义上被学会,这一回归过程是在动态的、灵活的实践情境中形成的,而且多是小组或团队式的,因而运动学习过程必然会有情感心理、责任态度品质的发展。这是体育教育价值实现的特殊之处,是其他以间接认识获得间接经验学习为主的静态化课程无法取代的。因此,体育教育是以身体运动为基础性媒介的、以人的整体为中心的全面发展的教育。同时,身体本身是社会化的,是以其自身为基础性媒介的不断实践而生成的场,是一个糅合了国家政治、文化思想、性别生理、社会关系影响等痕迹的流动性的场,任何事物和任何思想都源自这一基础性媒介。"身体美学更大的想法是,它比整个人更宽,包含了整个社会、整个环境。我们的生命总是处于一个环境之中,我们从来不能成为一个孤立的身体(body),我们和外界息息相关"[2]。因而,体育教育的

---

① 兰德尔·柯林斯.互动仪式链[M].北京:商务印书馆,2016:79-83.
② 舒斯特曼,曾繁仁.身体美学:研究进展及其问题——美国学者与中国学者的对话与论辩[J].学术月刊,2007(8):21-28.

主体个性价值包括对"活力、勇敢、敏锐与理智"[①]等理想品格的追求,这是教育的目的,也是教育成就美好生活的要义。活力是一种健康的、精力充沛的状态;勇敢是克服阻碍与束缚的自尊、独立与合作品质;敏锐是对他人、社会、国家的同理心与责任度;理智是在好奇心基础上的对知识的理解力和获取知识的能力。活力与勇敢是形成敏锐与理智的基础性构成要素。体育教育正是通过无处不在、无时不有的体育活动促进人们在以上品格方面的成长,如使人拥有积极的心理,使人充满活力,促进人的社会化的建构和道德团结,对互助精神的敏锐,基于解脱外在压力的某种意义与价值的自由追求等。可以说,体育教育能够提升个体的活力,涵养个体的勇敢品质,促进个体形成自由的愉悦感、满意感,以及来自体育运动中竞争的、人际交往的、形象管理的自我成就感,促进人的身体、精神、心灵协调共生。

三、学校体育教育的开放共融价值

当前,在我国推进体育强国建设进程中,出现了体医工(体育—医学—工程)融合的跨界联动,体育与康复技术、体育与智能装备制造、体育与大数据等在新技术革命浪潮中日益交叉融合,亟须高校体育教育加快课程开发与更新,以培养具有跨界视野的创新型人才,同时也是体育人才。体育大课程观认为,需要以"整体"的视角整合学生、社会和体育三者之间相互制衡的关系,既要突出学生的主体地位,又要探索适应社会发展和学生终身发展需要的实用性体育课程、特色体育活动及品牌体育赛事[②]。因而,体育教育并不仅限于规范必修的课堂教学与课堂互动,而是应该包括开放性课程,如早操锻炼、体育社团参与、日常体育赛事活动参与等;包括跨学科课程,如将体育课程与生命科学、社会学、经济管理科学、信息化技术等学科优势相结合,从而重构体育课程

[①] 罗素. 教育与美好生活 [M]. 杨汉麟,译. 石家庄:河北人民出版社,1999:36-37.
[②] 徐伟,姚蕾,彭庆文,等. 新形势下大学体育课程改革问题探讨与发展路径:"2016 全国大学体育课程建设经验交流研讨会"的省思 [J]. 北京体育大学学报,2018(5):79-86.

新媒体时代学校体育教育生态研究

内容、质量评价与体质监测等课程建设环节,实现社会能力与个人效能这类软技能的培养;包括个性化体育课程,可依据学生所学专业的职业发展要求开设体育课程,如电力专业开展爬杆教学、测量专业开展定向运动教学等;同时也可以充分挖掘民族传统体育资源,创设大学体育特色课程等,从而从体育学科专业层面满足创新型人才培养的核心素养需求。因此,体育教育相对其他学科专业教育,在时空上更具有延展性、时代性、时尚性。体育教育与时俱进地构建着人的健康美丽身体,同时也拓展着人们的身体空间、情感空间、社会生活空间,从而促进现实自我向理想自我的转变,变得更有自信、更有动力、更有创造感,实现自我完善。从社会的层面来说,体育教育本身鼓励所有人在日常生活中,不分性别、年龄或体育技能的高低都要积极投入到体育活动中来,通过项目、竞赛增进人类健康和规则意识及共同体精神,这是促进社会可持续发展的重要方面,从而实现体育教育与其他教育生态系统的融合发展。比如,当前体育产业融合发展性强,多产业链重叠,出现了"体育IP+商业资本""体育+旅游""体医结合""体育+传媒"等体育人才需求形态,这对体育产业人才提出了更高的要求,对从事IP管理、赛事运营、营销策划、艺人经纪等工作人才的需求呈上升趋势。这类人才需要熟悉相关体育赛事及产业现状,具备敏感的商业和市场意识及优秀的资源整合能力和业务推进能力,并能通过数据、产品、技术等方式,不断驱动用户提升体验,吸引用户消费,从而实现盈利。学校体育教育应探索体育交叉学科建设,加强融合培养力度,创新人才培养专业设置与课程设置,加强与行业企业的实习训练合作,以便达到培养一专多能、全面发展的复合型体育人才和体育新业态发展急需的企业经营管理人才等目标。

第三节 基于身体素养的体育教育价值逻辑生态

一、在实践学习中实现育人价值

实践是一种动态的现场的情境学习[①],是一种建立在非书本基础上的学习方法,包括观察思维、运动和游戏、实验、发明创造和解决疑难等[②]。所以,从教育学视角来看,实践是贯通理论知识与实践生产的教育方式,是实现学以致用、知行统一的重要途径。体育教育是在实践情境中得以实现的。体育中的技巧、规则、文化、精神等,往往只能通过示范学习、反复模仿和活动比赛的形式得以学会。它是一种动态的充满惊奇与愉悦的情境学习。比如,在运动项目训练时,教师所能传递的信息是解释要领及切身感受("know-what"的显性知识)和动作示范("know-how"的默会知识)两部分,但在涉及游泳和骑车等技巧时,再多的指导都无法代替学生切身的体验,尤其是特定情境下的应对。学生们要想获得运动技能并良好运用,只能依靠反复训练及身体的直觉、顿悟、判断、想象等才能实现。运动上的技能熟练度能够释放更多的认知空间,不必为下一步的决策而耗费神经系统所能承担的信息处理,尤其是在长期训练及与队友磨合的过程中,大脑里已经形成了固定的思维模型,在特定的运动情境中将目标、路径和方式一气呵成,即所谓的"熟能生巧"。默会知识本质上是一种理解能力、领悟能力、判断能力、协调和平衡能力,是对碎片化的具身经验进行信息重组与整体性把握,难以通过语言、文字、公式、图表等进行表达与传递,只能在行动中展现、被察觉、被意会、被领悟。因此传统制度化的教育教学方式对普遍性的强调大于情境性,较难实现默会知识的转移、共享。默会知识不仅居于个体内部,而且内含在团队或共同体中,总是与特殊的问题

---

① 莱夫 J,温格 E. 情景学习:合法的边缘性参与[M]. 上海:华东师范大学出版社,2004:35.
② RICHARD L E, MARIA E. Practical education[M]. Cambrideg: Cambridge University Press,2012:63.

新媒体时代学校体育教育生态研究

或任务情况联系在一起，具有非演绎性、非归纳性、突发性、模糊性、意象性等特点，只能在情景中、互动中、想象中或实践中得以神会、默识。美国职业篮球联赛流行一种说法：当一位球星开始思考自己投三分球的手型时，他已经没法再投进三分球了。正如个体透过玻璃窗去看世界，"个体"与"世界"的关系实质就是"个体—窗户"与"世界"的关系，"窗户"在个体默会中被抽身而去。有经验的专家会忽略中间技术环节，将精力直接投射到问题的要害或关键。体育课程教改可以打破知识的外壳，培养学生敏锐的洞察力、丰富的想象力、顽强的意志力与强大的抗干扰处理能力，直接获取知识中有价值的内核。这就要求体育教学注重教学互动，培养学生自主参与的意识，以互动、中介、转化等张力形式将默会知识综合于运动项目中，通过运动经验的积淀与竞技规则的积累使其构建一个完整的、发展的知识观，将运动技能、技巧融入知觉的身体经验中，并内化为人的本质力量。

二、在具身体验中实现育人价值

教育是经验持续不断的改造或改组，具身经验是身体与知识、他人、环境（世界）在交互协作下形成的个性化心得与技巧，是"我们能意谓、思考、知道和交流之一切的最初的基础"。认知是身体、环境、活动三者协同作用的产物，是在特定的情境中被身体及其活动方式塑造出来的，由此，身体的活动方式、身体的感觉和运动体验决定了我们怎样认识和看待世界。个体对外部信息的掌握是由自身与外界的互动而实现的，经验是由于任务情境刺激身体感觉系统而自动产生的即时反馈，是通过感觉器官获得的关于客观事物的现象和外部联系的认识。具身教育对外源知识的内化发挥着催化和迁移功能。体育教育可以使身体及其经验得到充分"扩展"，促进学生增强对目标、事件、项目、任务的敏感性，并通过"感知—运动"的重复循环对感知经验进行提炼、概括和巩固。教师在体育教育过程中要指导学生善于积累经验，通过认知体验、情感体验和行为体验增强其知识迁移和解决复杂问题的能力，并在相关理论分析基础上有意识地加工、利用、存储经验事实，通过练习简化反应时间，使有意识的行为变为自动自发的行为，让经验具有具身心理模拟、理解抽象知识的生命活力。比如，工程师在施工之前，通常会在大脑中启动一个"镜像"动作，仿佛是再现"真实场景"。体育教育价值的生成就是"镜像"生成的过程，体育动作与精神成为一种自动自为的过程。

三、在互动仪式中实现育人价值

任何知识都存在于文化实践中，参与到这种文化实践中去，是学习的一个认识论原则"①。而仪式是一种特殊的实践。人类学家倾向将仪式看作社会结构的一部分，具有维护秩序与文化教化功能，而社会学家倾向认为仪式是一种相互专注的情感和关注机制，它形成了一种瞬间共有的现实，因而会形成群体团结和群体成员性符号。体育教育价值往往是通过互动仪式实现的。学校体育社团成立仪式、校运会仪式、大型赛事活动仪式、奥运会仪式，在体育元素之外，和音乐、文化、心理紧密联系在一起，和人与人之间的关注、观赏、评论联系在一起，这都是体育教育开放共融价值生成的方式。仪式最重要的特征就是"形成集会，与外界有界限、空间的物质安排，设计行动，以及引导对共同目标的关注，仪式使每个人的注意力都集中到同一件事上，并使其意识到他们正在做什么"②。在这些互动仪式中，人们有密集的身体聚集，并通过符号唤起成员的身份感，形成了相互关注和情感连带。体育教育正是通过身体与智慧相交融的运动，将学生的身体视为成长中的身体，丰富其运动想象力和创造力，通过体育教育增长并完善"个体关系、情感反应、智力学习、团队行为、社会关系、情感和审美效果"，进而展现出更良好的生命状态、生活能力与学习能力。体育运动与思维训练巧妙结合，通过体验、观摩和反思，内省自己的不足，拓宽想象空间，诱发创造灵感，培养沉着冷静、机智果敢、人格健全的个性品质。在良好的体育教学氛围与精神环境下，学生以高涨的情绪锻炼、学习和思考，使团

---

① LAVE J, WENGER E. Situated learning: legitimate peripheral participation [M]. Cambridge: Cambridge University Press, 1991: 98.
② 兰德尔·柯林斯. 互动仪式链 [M]. 北京: 商务印书馆, 2016: 118.

队协作意识和拼搏创新精神不断提升。

四、在品格迁移中实现育人价值

人类最高的智慧就是认识到自己的无知,人类整体所知越多,人类个体的无知越被凸显出来。道德发端于身体之中,身体就是道德的本源。清醒地认识到自身的不足与局限性,在工作生活中常怀感恩之心、敬畏之心、荣辱之心,是立身处世的根本。著名的体育教育家马约翰认为,体育运动可以使感觉更敏锐,使心智得到发展,还可以把品格的意识迁移到社会生活中,即在体育运动中产生的优秀品质同样可以表现在社会生活中,因此体育是培养优秀公民最有效、最适当和最有趣的方法。这就是体育的品格迁移价值逻辑。因为,体育教育过程中的知觉痕迹、回忆、语言信息、关系网络等都在脑中加工和储存,能够使学生经由具身经验,获得默会知识,丰富实践智慧,然后迁移沉淀为一种品格素养。体育课程学习的开放性、综合性与跨学科性,使得学生处于一个相对比较复杂的认知环境中。通过实现体育课程在动作、认知、情感、态度、价值观和行为等方面的教学目标,使"狭窄于技术的"人才培养发生知识与技能的跨界和迁移,有效影响学生现在的职业准备、人生选择和事业发展。微观上,体育课程与项目的设计开发需要针对个体的身心兼修,以使学生增强自制力和注意力,正确对待不良诱惑与影响,达至内心平和。中观上,体育课程与项目的设计开发需要追求健康的生活方式,以提升学生的体能、耐力,使其动作灵敏、机能健全,从而能够冷静、理智地应对市场变化、技术迭代的挑战,能适应快节奏、高智力环境下的高强度工作。宏观上,体育课程与项目的设计开发需要面向社会的健康促进,为学生提供挑战、冒险、信任、问题解决和合作的机会,以提升学生的同情心、同理心和关心他者的意识及协同解决复杂问题的能力。

第三章 新媒体时代学校体育教育的生态圈层及其功能

第一节 学校体育教育的外生态

教育生态学认为，教育的生态环境比一般生物生态学中的生态环境要复杂得多，在教育的周围存在着 3 种环境圈层，即自然生态环境、社会生态环境和规范生态环境，因此它是一种复合的生态环境[1]。在这一生态环境中，其互动作用与影响是不可分割的辩证统一。体育教育生态系统是其延伸或反射，它的运行既是其间接或直接作用于体育教育的自然和人文要素的总和，又是教育生态环境的映现及其特定的关系来实现体育教育目标的特写[2]。

一、体育教育的自然生态环境

自然生态环境是教育外部生态环境的物质基础，是人类赖以生存、直接或间接影响人类生产和生活的各种因素的总和。地理位置、气候条件及教育物质环境是其主要内容，也是影响教育的重要因素，在体育教育中已显示独到的作用。学校的自然环境是指校园内外附设的种种教学、科研、生产和生活机构的领地，包括学校所处的位置，占地面积的大小，校舍建筑、场地设施的材质，花草树木的种类及栽植效果。学

---

[1] 吴鼎福，诸文蔚.教育生态学[M].南京：江苏教育出版社，2000：65.
[2] 成守允，刘东辉.论教育生态环境与体育教育生态系统[J].北京体育大学学报，1996，19（3）：12-15.

校所处的地理位置、气候条件、体育场馆的建设方位及体育教学外部环境都属于体育教育的自然生态环境范畴。体育教育自然生态环境是一种校园育人的氛围，所体现的是一所学校的风格和精神，具有丰富的内涵。其作用表现在以下几个方面：①不同的自然生态环境对体育教学活动参与人的心理、行为、情趣有着不同的影响，可以铸就人不同的行为习惯、价值取向和文化态度。②"良好的自然生态环境不仅反映了学校的文化特色，而且还使人们感到了亲切和愉悦。"[①] 加之数量充足、布置合理、幽静庄严的花园般的运动场馆，以及错落有致、美观和谐的运动设施，不仅能吸引人们去参与运动，更能使人们体验和向往环境美、享受运动美。自然生态环境既渗透着学校教育的精神和使命，又隐含着学校的特征面貌和文化氛围。正如我们所知道的，学校体育最易受自然生态环境各种因素的影响，其目的、功能、内容和方法等都要受自然生态环境的影响和制约。教育的自然生态环境在体育教育生态系统运行中的分量与作用是相当大的，对人们的体育教育作用及文化影响具有潜移默化的陶冶作用。具体来说，体育教育自然生态环境由内向外主要包括运动场馆、器材设备的生态化，学校整体建筑规划，学校自然环境3个层面。

（一）运动场馆、器材设备的生态化

运动场馆和器材设备是保证体育课堂教学、课外体育活动和课余运动训练与竞赛正常进行的物质条件，是落实"健康第一"指导思想的物质基础。先进的场地设施，标准、充足的体育器材，可满足体育教学活动的各种物质需要，保证、支持和促进体育教学活动的顺利进行。在良好的生态环境中学习，身体健康可以得到有效保障，学习效率自然也会得到提高。良好的教学条件对教学效果的提升起到十分重要的作用。比如，篮球场地若不足，几十个人挤在一块篮球场上上课或进行课外活动，将会直接弱化篮球教学的效果。场地设施开放程度也直接影响到学生的运动兴趣和参与度，一方面，学校体育场馆在课余和节假日应向学

---

① 邓跃宁. 学校体育的生态化与发展对策［J］. 成都体育学院学报，2004（5）：89-91.

生开放；另一方面，《中华人民共和国体育法》（2022年修订）指出，鼓励公共体育场地设施免费向学校开放使用，为学校举办体育运动会提供服务保障。而在经费投入上，我国各类体育政策都明确各级政府要调整优化教育支出结构，完善投入机制，积极支持学校体育工作；地方政府要统筹安排财政转移支付资金和本级财政支持学校体育工作；鼓励和引导社会资金支持学校体育发展，吸引社会捐赠，多渠道增加投入。

体育场馆建筑的不同造型、色调，运动场馆内外和场地内外的布置，以及体育器材的布置都会对师生的精神面貌、教学情绪和情感、教学效果和教学质量产生影响。如场地、器材设施的造型、色彩和布置，运动场馆的通风、采光、照明条件以及空气质量、环境噪音等，都会对体育教学活动中教师和学生的身心活动，如情绪和情感产生直接的影响。场地、器材设施的合理、完善将促进体育教学活动的开展和教学目标的实现。

（二）学校整体建筑规划

学校建筑作为一种造型艺术，象征某种精神和理想，负有教育的使命。合理规划学校建筑可以为学生提供适当的学习环境，建筑物的装修、校园的设计，也能带给师生愉悦感和求知欲，可以形成良好的学习氛围。校园建筑的多样性使人活泼，统一性使人安稳，协调性使人舒适，均衡性使人踏实。建筑色彩可以影响人的喜怒哀乐，如大学生感性重于理性、富有朝气，如果突出那些明朗的色彩，可能会出现一些意想不到的效果。现代学校设施环境的功能日趋多样化，集教学、休闲、娱乐、审美等多种功能于一身，但设施环境的功能作用往往在学校教学活动中被忽略。我们设想一下，如果整个校园（包括运动场馆在内），规划得井井有条、错落有致，一定会给人以美的享受和熏陶，对人们心理将产生积极的影响；同样，学校体育教学场地的布局、装修色调，以及教学活动的空间范围、光线、空气等都会对教师和学生的身心产生直接影响。因此，在教学活动实施过程中，教师可以充分发挥其正面效应，调动学生多重感官的积极反应，促进学生在认知过程中对信息的感知、理解，对调动学生的学习情绪、提升教学效果和质量会产生积极的影响，从而达到预期的教学目标。

学校校园规划设计的目的是给学生创造一个积极向上、和谐美丽的环境，既要有视觉效果，又要能对人的心理产生积极作用。一个和谐的犹如大自然的生态课堂，其中的花草树木都孕育着丰富的思想内涵，充满着高度的启迪感，无时无刻不对学生的道德、品德、修养提升起着潜移默化的作用。

（三）学校自然环境

学校建设在一定的区域和范围之内，会受到一定的自然地理环境的影响。校园是育人的环境，是培养学生健康体魄、丰富个性的空间，可使学生感受到一种个性成长和心灵成长的力量，它应是积极向上、充满知识和趣味的室外大课堂。校园环境应寓教于绿、寓教于乐，可创造良好的人文环境。正如我国教育学者黄济曾经指出："地理环境不但对人类生存和发展产生巨大影响，而且对文化环境的发展也直接产生着影响。"

教育自然环境中的地理位置因素会影响学校体育的制度、内容，甚至教育方式。温度、光线、声音、色彩和气味等属于体育教学环境的物理性因素，会直接影响师生的身心活动，引起师生生理和心理的不同反应。比如，恶劣的天气会导致师生教学活动能力下降，强烈刺眼的光线会影响学生的视线，噪音会使从事教学活动的人心烦意乱、注意力分散，单调的色彩会使人感到沉闷，奇异气味会对师生的身体产生不良影响。空气清新的运动场地能使师生大脑清醒、心情愉快，提高教学效率，而灰尘弥漫、空气污浊的运动场所则容易使师生眩目恶心，降低教学效率。学校的自然环境从总体上决定了学校的环境面貌。对于自然环境，应该因地制宜、扬长避短、充分开发、合理利用，尽可能突出其在教学活动过程中的增效作用。

可见，符合教学规律的、符合学生身心发展规律的体育教学设施的设置、安排，不仅会促进体育教学，而且能培养学生具有健康的体魄、健全的人格，让学生形成终身体育意识。

二、体育教育的社会生态环境

社会生态学认为人类成长是通过个体不断与所处环境中的人、物

第三章 新媒体时代学校体育教育的生态圈层及其功能

和符号相互作用实现的；对成长产生影响的各种因素，其类型、力度、内容和方向都会随着成长中个体的总体属性、发生的环境、对成长影响的性质而发生系统性变化[①]。人们的体育参与行为除受到自然环境的影响之外，还受到社会生态环境多个层面的影响，而改变人们行为的最有效方式就是多个层面的共同干预。社会生态环境是指与教育有关的经济环境、政治环境、科技环境等，包括家庭、社会、教育群落及教育内部的组合构成，它影响着人们受教育的动机和重视教育的程度。影响人们教育的社会生态因素是多方面的，就学校教育而言，学校的校舍、仪器设备、经费状况、课程设置等教育条件，都是影响学校教育的社会生态因素[②]。从健康促进的角度来看，这些社会生态因素由内向外依次包括个体、家庭、机构、社区等因素。个体因素是指个体的运动信念、自尊、认知等；家庭因素是指家庭中父母的运动态度、家庭体育文化氛围等；机构因素是指学校、教育管理机构对体育教育的重视或投入度等；社区因素是指交通、大众媒体、社区活动等。新媒体时代，技术加持体育，家庭健身FITURE（智能健身镜）、AI健身教练FreeLetics（一款健身APP）等线上体育与健身产品推进了体育运动的交互性、智能化。正是在这个意义上，各国都特别强调体育教育的家校社协同育人机制[③]，我国也提出了"家校社共育"。因而，学校体育教育的社会生态因素主要包括：国家政治经济环境、上级部门的政策及学校对体育的重视度、学校体育设施的投入水平、学校体育风气、体育活动的参与面，以及这些因素与社会信息交流的平衡和融合程度。这些社会生态因素可直接影响参与者的态度、观念等。举个非常浅显的例子，如果学校的领导、教师都喜欢篮球这个项目，在一定程度上可以使该校篮球场馆设施建设得到超常规发展，也会直接影响并带动篮球项目在学校中的开展及优势地位的确立。

[①] BRONFENBRENNER U. The ecology of human development: experiments by nature and design [M]. Cambridge, MA: Harvard University Press, 1979: 119.
[②] 吴鼎福, 诸文蔚. 教育生态学 [M]. 南京: 江苏教育出版社, 2000: 165.
[③] 王亮, 范成文, 钟丽萍. 美国、英国、日本"家校社"协同育人的体育实践特征与启示 [J]. 体育文化导刊, 2022 (7): 104-110.

（一）政策制度生态因素

国家的政治经济环境作为教育重要的社会生态环境，对教育的发展及目标定位起着重要的作用。因此，作为一种狭义的学校教育形式，学校体育教育活动必定直接或间接受到国家政治经济环境的影响和制约，这是毋庸置疑的。好的政策环境为体育教育活动提供有所依据的、宽松的运行氛围，是学校体育教育不断深化改革、顺应教育教学发展趋势的制度保障，因此必须给予足够的重视。表 3-1 所列的政策法规都是学校体育教育教学活动必须遵循的，且要认真领悟并不断与时俱进加以贯彻执行的，这属于学校体育教育制度环境。

表 3-1 近年国家与相关部门颁布的有关体育教育的政策法规

政策名称	颁布或修订时间	主要内容
《国家学生体质健康标准》	2014年修订	衡量学生体质健康状况和锻炼效果的评价标准，引导人们去积极追求身体的健康，实现学校体育教育的目标。对达到合格以上等级的学生颁发证章，以激励学生体育锻炼的内在积极性
《国务院办公厅关于强化学校体育促进学生身心健康全面发展的意见》	2016年	深化教学改革，强化体育课和课外锻炼；注重教体结合，完善训练和竞赛体系；增强基础能力，提升学校体育保障水平；加强评价监测，促进学校体育健康发展
《北京2022年冬奥会和冬残奥会中小学生奥林匹克教育计划》	2018年	将奥林匹克教育纳入学校常规教育教学工作；开展冬季奥林匹克教育文化活动；开展冬季奥林匹克交流活动；组织冬季奥林匹克教育课程资源研发等
《体育强国建设纲要》	2019年	将青少年体育发展促进工程作为重大工程之一；青少年体育服务体系更加健全，身体素养显著提升；促进体育文化繁荣发展，弘扬中华体育精神等

续表

政策名称	颁布或修订时间	主要内容
《关于深化体教融合促进青少年健康发展的意见》	2020年	加强学校体育工作；完善青少年体育赛事体系；加强体育传统特色学校和高校高水平运动队建设；深化体校改革；规范社会体育组织；大力培养体育教师和教练员队伍；强化政策保障
《关于全面加强和改进新时代学校体育工作的意见》	2020年	不断深化教学改革；全面改善办学条件；积极完善评价机制
《深化新时代教育评价改革总体方案》	2021年	强化体育评价。建立日常参与、体质监测和专项运动技能测试相结合的考查机制，将达到国家学生体质健康标准要求作为教育教学考核的重要内容；加强学生体育评价，探索在高等教育所有阶段开设体育课程等
《中华人民共和国体育法》	2022年修订	将第三章"学校体育"修改为"青少年和学校体育"，并在总则第十条提出"国家优先发展青少年和学校体育，坚持体育和教育融合，文化学习和体育锻炼协调，体魄与人格并重，促进青少年全面发展"的重要条款
《义务教育体育与健康课程标准（2022年版）》	2022年	从2022年9月起，全国九年义务制教育学校各年级均要开设体育与健康课，占总课时比例为10%~11%，仅次于语文（20%~22%）、数学（13%~15%）

（二）公共体育服务生态因素

学校体育教育教学活动的自身特点决定了它对教学环境的要求不低于其他一般教学活动对教学环境的要求。比如，篮球教学一般在室外进行，学生会受到外界各方面因素的干扰，如人群的吵闹声、车辆的马达声、其他班级上课的嘈杂声音等，都会影响和分散学生的注意力，影响教学效果。从更大范围的社会时空来看，体育明星进校园、马拉松进校园等活动会提升学生对体育的关注和互动参与，从而营造热爱体育的良好氛围,这也正是新媒体所擅长的。学校之外的社会生态因素除了政策制度生态因素之外,还包括公共体育服务生态因素等。

公共体育服务资源是公共体育服务得以实现的支撑,也是学校体育重要的外部社会生态环境,包含了人力资源、信息资源和劳动创造的服务资源。比如,近年我国政府推进特色体育小镇建设,科学配置了全民健身中心、公共体育场、体育公园、健身步道和户外运动中心等绿色休闲空间。

我国实行的社会体育指导员、学校体育专兼职教练员等制度均是无形中促进学生参与体育运动的重要因素,而国家、社会和学校充分利用报刊、广播、电视及网络等媒体手段,加强学校体育工作宣传力度,总结交流典型经验和有效做法,凝聚共识,传播科学的教育观、人才观和健康观,营造了全社会关心、重视和支持学校体育的良好氛围。比如,《深圳市全民健身实施计划(2022—2025年)》提出了10分钟健身圈全覆盖、建设都市型楼宇型体育设施、构建1000千米远足径郊野径系统、新建或改造提升300千米绿道等一系列目标任务,以"打造身边的体育生态圈",这对学校体育的良好发展有着无形的影响。又如,清华大学体育部本身注重加强体育文化宣传,高度重视体育育人传统,塑造了"无体育、不清华"的文化价值,创设了体育毕业长跑、校园马拉松等多项日常体育活动,并在学校"我们奋进的五年·发展成就巡礼"中加以展示;清华射击队已培养出9名学生运动员登上奥运会舞台,其育人成效获得《人民日报》、新浪、腾讯等媒体的报道;2022年首届中国生活体育大会围绕"明星运动员在生活体育养成中的示范引领作用""社区体育建设与'体育+'融合发展"议题,推广生活体育理念,传递健康生活态度,树立生活体育的价值观念①,获得了各大传统媒体与新媒体的报道与关注,营造了全社会共同促进带动学校体育发展的良好社会氛围。

---

① 轧学超,邓红杰.首届中国生活体育大会成都举行:生活体育让城市更美好[EB/OL].(2022-11-08)[2022-12-01].https://www.sport.gov.cn/n20001280/n20001265/n20067533/c24900759/content.html.

三、体育教育的规范生态环境

规范生态环境又称精神环境或价值环境,是人类在社会群体生活中所形成和持有的态度、风气、气质和观念[①],具体包括社会风气、民族传统、风俗与习惯、社会思潮、艺术、科学技术、宗教等。就其性质而言,规范环境为人类社会所独有,是人们在长期的社会生活和社会实践过程中,在人与人之间的相互联系中逐步形成的[②]。规范环境不但能规范个人的生活和行为,还可使个人的精神生活充实并升华,从而把握生活的意义,满足个人心理上的需要,进而逐步辐射到大生态系统,使历史文化繁衍久远。规范环境对教育会产生渗透或交织、促进或妨碍等作用和影响。体育教育生态系统有着自身的运行价值体系和规范体系,而这种体系显现出独特的文化特征,虽然它的运行结构不断受到外部环境力量的作用,但它始终是按照"摄取吸收文化价值、体验陶冶多维的人,促进生命个体总体形成"[③]这一主线来实现体育教育文化过程及思想的。这一过程及思想既体现了人们的体育行为规范,又体现了人们维护这些规范并以其为基础的体育价值观。因此,体育的规范生态环境始终围绕着教育目标运行,其运行效果将影响人们的体育价值观和态度,而体育教育中的态度、观念、风气、舆论、心理环境和价值观,是其正常运行的前提条件,也是把握其运行方向的根本。

依据教育生态理论,学校体育教育的规范生态环境因素包括体育文化环境、科技进步与现代教学手段、艺术修养、哲学思想、道德观念、社会风俗习惯、个人信仰和法制观念。体育文化氛围是指人们在体育运动中显现出来的态度、情调和精神气氛。体育运动具有物质文化属性,以人体的物质形态为作用对象,通过体育锻炼提高生理机能,发挥人体潜能。例如,篮球运动文化一般来说是具有独特表现形式的群体文化,有赖于群体共建,同时又反馈作用于个体,使个体把这种集体的行为风尚内化为自我要求。因此,在客观上它对个体的行为必然会产生一

---

① 吴鼎福,诸文蔚.教育生态学[M].南京:江苏教育出版社,2000:40.
② 范国睿.教育生态学[M].北京:人民教育出版社,2000:25.
③ 冯增俊.教育人类学[M].南京:江苏教育出版社,1993:69.

种社会"规范"和"约束"①。国家体育总局篮管中心原主任李元伟教授是这样诠释篮球文化的:"篮球文化是观赏和参与篮球运动的人的思维方式和行为方式的制度化凝结,是篮球运动的知识、技能、习俗和制度的总称。它的核心是篮球价值观的群体共识,其实质是篮球的人化和化人。"②我国体育教育界及篮球界著名专家学者孙民治教授等人经多年研究认为,篮球文化最主要表现在它的教育功能——以丰富多彩的实践内容融入全面综合素质教育,开发人的智慧,陶冶人的情操,修身养心,提高素质③。社会风气因素在体育教育教学活动中也会起到作用。这是因为体育领域的社会舆论是人对体育运动发展和运行过程中各类人或事物的社会评价和群体言论。社会舆论能为公众指出行为的方向,加强行为的力量,促进社会群体、团体的整合。正确的舆论导向有利于体育运动的深入发展,反之将会影响体育的健康发展。因此,必须充分发挥舆论的导向和监督作用,全面、正确地宣传体育运动项目和科学锻炼方法,努力去营造良好的体育舆论环境,这正是新媒体时代媒体的重要作为之一。相关研究表明,大学生接触新媒体的时间与大学生体育兴趣方面存在关联性,大学生使用新媒体关注体育信息时间和频率在大学生体育态度方面具有显著影响④,还有研究提出了"媒介传播—体力活动—体质健康"的媒介传播影响青少年体质健康的理论路径⑤,并提出青少年体质健康政策效果的传播机制、青少年体质健康学校教育效果的优化机制、青少年体质健康家庭影响效果的提升机制、青少年体质健康社区促进效果的引导机制⑥。

---

① 毛秀球.体育社会学[M].北京:人民体育出版社,1997:115.
② 孙秋峰.打造篮球文化的中国特色:中国篮球要塑中国"魂"[N].中国体育报,2005-05-31(1).
③ 孙民治.篮球运动高级教程[M].北京:人民体育出版社,2008:1.
④ 李晓娜.新媒体体育信息传播对大学生体育行为的影响[D].太原:山西师范大学,2021.
⑤ 张业安,王乐.媒介传播对青少年体力活动与体质健康的影响[J].西安体育学院学报,2018,35(2):164-172.
⑥ 张业安.青少年体质健康促进的媒介责任:概念、目标及机制[J].体育科学,2018,38(6):14-26.

第二节 学校体育教育的内生态

依据教育生态学理论，自然环境、社会环境和规范环境通常都是教育的外部生态环境，对教育者和被教育者来说，更是外部的生态条件。而教育对象的生理环境和心理环境是受教育者内在的生态环境[①]，属于教育的内部生态。人的生理发展是实施教育的一种环境和基础条件，它与体育教育教学活动存在着密切联系，体育教育教学活动不仅在于训练运动的技巧、促进生理的健康，同时也在培养健康生活与正常娱乐的兴趣、态度和习惯。当然，实施体育教育教学活动应切合人的生理发展，根据生理发展不同时期的特点和情况，来促进身体健康及其他方面的发展。心理素质与心态（心理环境）是教育生态的一种十分重要的内在环境条件。心理素质是人的整体素质的组成部分，建立在人的生理发展的基础上，经过后天的环境与教育影响而逐步形成，同时又是外部各种环境条件的反映，与教育的相互关系更为直接、更为密切。心理素质包括人的认识能力、情绪和情感、意志、气质和性格等个性品质。心理是人的生理结构特别是大脑结构的特殊机能，是对客观现实的反映。心理素质具有人类素质的一般特点，但也有自己的特殊性。在 21 世纪的今天，人的心理素质显得越来越重要，尤其在学校教育中重视对青少年心理素质的教育成为社会和时代的要求。体育教育生态的心理环境主要是指参与教学活动的学生的各种心理素质，包括学生的认识能力、情绪和情感、意志、气质和性格等诸多内容，其发展状况直接影响教学活动的效果，因此必须给予足够的重视。

需要说明的是，由于学生的生理状况及发展是相对稳定的，作用于体育教育教学活动中亦相对较好控制，因而本书不做深入研究。而心理素质中的社会心理方面主要体现于人际关系环境，结合教育生态学理论，学校体育教育生态和谐最终是通过主体人来实现的，也就是说学校（领导）、任课教师和学生三方面对学校体育教育生态和谐的达成起着至

---

① 吴鼎福，诸文蔚. 教育生态学［M］. 南京：江苏教育出版社，2000：62.

关重要的作用，因此笔者尝试将学校体育教育内部生态结构根据作用主体分为上层生态、中间生态和基础生态（图3-1）。

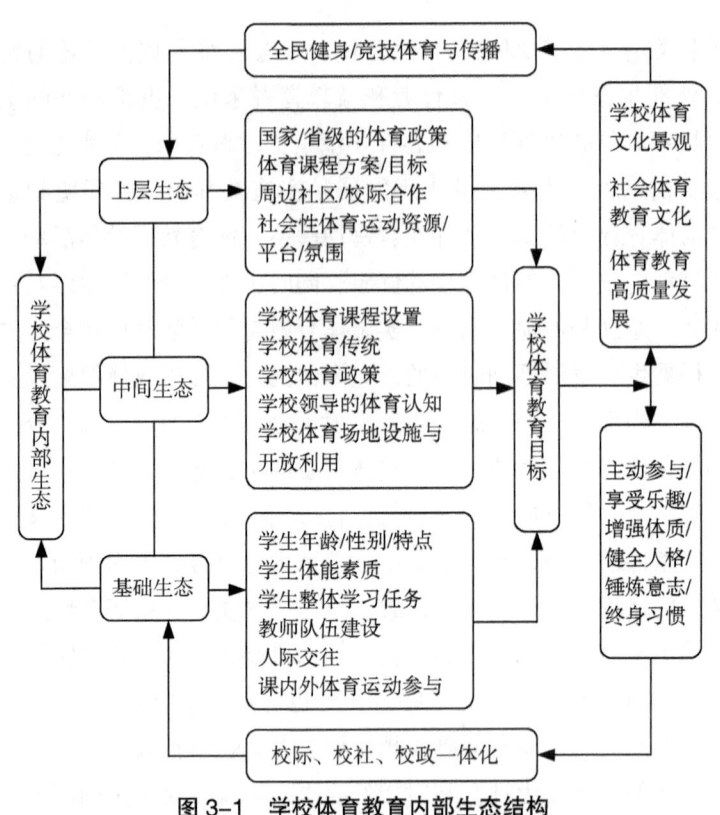

图 3-1 学校体育教育内部生态结构

一、体育教育的上层生态

在整个生态体系中，任何一种生态现象都不是孤立存在的，而是由多个生态因子相互作用和相互制约而产生的。学校体育教育教学活动的生态环境是一个完整的系统。生态环境的各层次之间、各因素之间，以及它们与体育教学活动之间都存在着相互促进和相互制约的关系，各因素、各要素通过物质流、智能流和信息流的输入与输出来逐步实现体育教学活动与所处生态环境的平衡。因此，体育教育的上层生态研究主要是从国家教育大环境和学校环境出发，分析影响学校体育教学活动的自然生态环境、社会生态环境和规范生态环境及其功能，探讨体育教育生态的内部构成与外部环境因素之间的关系，从比较宏观的层面上寻求学校体育教学活动发展的趋势、方向和对策，发现和创造有利于体育教学活动的各种生态环境，制定和出台相应的规划措施，着重解决学校层面的管理问题，通过优化学校生态环境来提高体育教育生态效益。

二、体育教育的中间生态

学校体育教育的中间生态是从校园出发，分析影响学校体育教育生态环境及其功能，整合、调动、优化校园文化环境在体育教学活动中的积极作用，尽可能地提高体育教育生态效益。校园是学生学习和生活的主要空间，校园文化环境时时向周围辐射着文化的氛围气息，给学生强烈的影响和启迪。校园文化环境建设的好坏直接影响着育人的成败。良好的校园文化环境可以陶冶学生的情操，纠正学生的不良品行，这是使学生的身心健康发展的必要条件。学校体育文化作为高校文化，是构建和谐校园的重要组成部分。在学生中进行体育文化教育，可以传播体育精神，最终达到育人、化人的目的。因此学校应从文化环境的建设与管理，以及组织各种体育文化活动等方面来建设体育文化。从制度文化层面、物质文化层面、精神文化层面来看，学校体育教育的中间生态在体育教育生态结构中具有承上启下的作用，对上而言是上层生态的执行者，对下来说是基础生态的实施者。

三、体育教育的基础生态

体育教育的基础生态是由直接参与各类体育教学活动和课外锻炼的学生和教师，以及他们之间的相互关系或相关关系构成的。学生和教师是基础生态中最为活跃的人的因素，这一因素如何整合学校、社会等诸多因素，通过各类生态环境的调控和改善，引导和激发学生的学习动机、兴趣，提高体育教育教学活动的目标达成度正是基础生态的功能。其中，师生之间的人际关系环境是关键环节。由于校园文化的多主体性，校园人际关系表现为重叠嵌套结构。因为，学校人际关系包括学校领导之间的关系、学校领导与教职工之间的关系、教师之间的关系、教师与学生之间的关系、学生之间的关系等。对于一个学生来说,可以包括自己与其他学生之间、与教师之间、与管理者之间、与学校领导之间的多重关系。

教学过程中的人际关系是指教育者和受教育者在课堂交往过程中,以情感为纽带,通过课堂教学活动而达到情感、信息相互交流的一种互动关系,是人际关系在教学环境中的凸现。这种人际关系在教学中表现为师生关系和生生关系,其中师生间的人际关系最具调节性且无时无刻不在发生。

师生间的人际关系一般分为:一是和谐型。师生之间相互了解和信任,情感亲密深厚,教师关心爱护学生,学生尊敬老师,彼此行动一致,配合默契。二是冷漠型。师生之间互不了解、不信任,缺乏情感基础,有一定心理距离,很少交流,表现出漠不关心的样子。三是紧张型。师生间彼此产生了消极的认识,出现敌对情绪,对抗行为显现,教师与所谓的"问题"学生之间最容易产生这种紧张关系。

学生之间的交往关系可分为两类:一是在制度化了的正式组织中建立起来的交往关系,如班级组织、小组组织中的关系等;二是在非正式组织中自发形成的交往关系,如学生间的友好、结伴、冲突对立关系等。无论是学生间有组织的人际关系,还是自发的人际关系,都会在课堂上通过学生的语言、表情、行为及态度等方式表现出来,课堂也就成了教师准确掌握学生间人际关系的主要场所。

体育运动能有效缓解学习压力,在增进交流和友谊的同时,更能有效地培养团结协作的集体主义精神等良好的道德品质,帮助参与者正确理解和处理个人与集体、竞争与合作的关系等。而良好的竞争环境又能培养学生健康的心理适应力和承受力,调整心理健康水平。但这些功能的实现依赖于人际关系生态,这种关系是师生间、生生间在相互认识、相互交流、相互影响下形成的。良好的人际关系可以形成积极向上的校风、班风,引导健康的集体舆论,能激励、感染、熏陶、强化学生的认识、情感和行为,进而对体育教学活动的整体效果起到强大的增效作用,可以有效实现体育教育价值。

由于体育教育生态结构各个因素之间存在相互联系、相互制约的关系，因此只有整体、全面统筹规划，才能使其各组成因素之间的总体比例及各因素内部的比例关系基本协调，使体育教育生态结构与周围生态环境的未来发展相适应，从而形成良性循环的生态结构，促进体育教学活动生态系统的持续协调发展。反之，如果体育教育生态结构不合理，比例失衡，与外界生态环境不相适应，则生态效益降低，容易形成对学校体育发展不利的恶性循环。

第三节　学校体育教育生态的功能

教育的生态功能建立在教育的生态结构基础上。教育的生态功能不单单等同于一般的教育功能，我们要从生态学的观点和原理出发，来研究和阐述教育的生态功能，通过揭示教育生态的内在过程及外在的生态作用，深入探讨教育的功能[1]。教育生态的内在功能是"育人"功能。在教育生态系统中，三大功能群即物质流、能量流和信息流之间彼此关联和贯穿、相互联系、相互作用，促使了整个系统的运作和演化，推动了"育人"功能的实现。教育生态的外在功能是社会功能，表现在教育对政治的服务功能、教育对经济的奠基功能、教育对科技的"二元"功能、教育对文化的选择功能[2]。

一、体育教育生态的内在功能

教育是有目的、有计划地影响着人的一种活动。它的作用毋庸置疑，如法国启蒙思想家卢梭曾说："植物的形成由于栽培，人的形成由于教育。"[3] 康德也说过："人只有通过教育才能成为一个人，人完全是教育的结果。"[4] 与环境等影响因素相比，教育尤其是学校教育，对年

---

[1] 吴鼎福，诸文蔚.教育生态学[M].南京：江苏教育出版社，2000：132.
[2] 吴鼎福，诸文蔚.教育生态学[M].南京：江苏教育出版社，2000：149.
[3] 张焕庭.西方资产阶级教育论著选[M].北京：人民教育出版社，1979：95.
[4] 唐斌.教育学教程[M].苏州：苏州大学出版社，2007：79.

轻一代的发展起着主导作用，体现在以下几个方面：一是学校教育是一种有目的的培养人的活动，规定着个体的发展方向；二是学校教育具有加速个体发展的功能；三是学校教育对个体发展的隐性功能、作用潜移默化而持久。教育的隐性功能是指教育会对社会发展产生某些非预期的、潜在的影响与作用。隐性功能的实现要有一个较长的积累过程。在教育过程中，教育者不仅向受教育者传授教育内容，提高受教育者的身体和心理素质，实现受教育者的社会化，而且通过教育过程还能改变受教育者的观念。作为一种狭义的学校教育形式，体育教育生态的内在功能可以归为"化人"。"以体化人"即体育促进人的社会化，培养人。人的社会化在体育教育的多重生态因子中得以实现。体育是教育的重要组成部分，也是一切教育的前提和基础；而教育思想和目的的制定实施、教育的文化背景和发展水平的高低对体育也有相当的制约力和影响力。总之，体育和教育两者之间是相互依赖、相互塑造的关系。实现体育和教育高度完美结合无疑是我国实施和贯彻党的教育方针、全面培养高素质人才的一个有效措施，是充分发挥体育和教育两个体系优势的科学方法，也是使人的本质发展到本真意义上之实现的重要内容。

二、体育教育生态的外在功能

体育教育生态的外在功能——社会发展功能的最突出表现是文化功能，包括文化传承和文化发展。在社会生态系统中，文化是一个独特的构成要素。作为人类长期生活实践活动的沉淀成果，文化渗透于各个社会子系统之中，特别是在教育生态系统中，文化是教育教学过程中的教育资料的构成要素[①]。从体育文化的角度来看，体育教学活动是以体育竞技、健身、休闲娱乐为表现形式，以校园为空间，以学生、教师为参与主体，以课内外为主要内容，以文化的多科学、多领域、广泛的交流及特有的生活节奏为基本形态，并具有时代特点的一种群体文化。学校体育文化是指以校园为空间，以学生和教师参与为主体，以体育运动为主要内容和手段，所创造的体育物质财富和精神财富的总和，表现出

---

① 陈桂生.教育原理［M］.上海：华东师范大学出版社，1993：86.

一种具有学校独特形式的学生群体文化生活。根据体育文化的表现形式和结构体系的分类，分析教育功能时，可以把握有形文化（物质文化层面）与无形文化（精神文化层面）两条主线。

  教育与文化是错综交叉的，广义上讲，教育本身就是文化的一部分。因此，作为狭义的教育形式，把体育教学活动交融于文化之中，从文化学角度来分析，进而有效开展体育教学活动，将有助于学校体育教育职能的充分发挥。体育教育是人类体育文化传承与创造的最基础途径，其在传授身体技能训练、倡导锻炼身体的同时，担负着研究、传承中华优秀传统文化的重任[①]。奥林匹克运动会这样的体育活动正是一种"有意味的形式"，而不是简单而实用人生的摹写或复现。正是这样，脱离了实用的体育活动，最终才会成为真正的"游戏"。换句话说，体育不仅是肢体的游戏，同时也是心灵的游戏，它虽受制于教育的发展和变革，但它又有自身相对的独立性。体育的独立性和独立意义已经显现出它的价值，因为体育游戏"使人打破了技术化的例行公事，逃脱了人为的规范和物的领域，至少涉及了人类生存的一个基本问题，即人们与胜利失败的各种感情体验之间的斗争"[②]。总之，体育是构建一个健全社会的重要砝码。

---

① 崔乐泉，陈沫.基于体育教育视角的中华优秀传统文化研究［J］.北京体育大学学报，2020，43（2）：35-44.
② 艾里希·弗洛姆.健全的社会［M］.上海：上海译文出版社，2007：147.

第四章 新媒体时代学校体育教育生态的优化管理

第一节 教育生态管理的概念及意义

一、教育生态管理的概念

管理是人类社会最古老的现象之一,从人类诞生之日起,就存在人类的管理活动。对于管理的概念不同学者有不同的理解,但任何管理活动不外乎由4个基本要素构成,即管理主体、管理客体、组织目的、组织环境或条件。因此可以这样理解管理概念,是系统主体(管理主体)以一定的理论为引导,围绕组织或系统确定的目标任务,优化各种要素与环境(管理客体),从而促进系统最优化发展的行为活动。生态管理是一个新兴的管理理念,核心在于运用生态学的原理,重视并突出人与环境交互关系的和谐与统一,从而促进整个管理体系的平衡、协调及可持续发展。教育生态管理就是以生态学和教育生态学的理论为指导,通过优化各种生态要素和生态环境,促进教育生态系统的安全、稳定、协调和持续的发展[①]。基于学生和教师与环境互动这个着眼点,满足学生德、智、体、美、劳全面发展的需要,以立德树人为根本任务,要求环境必须提供足够资源,并促进师生与环境做"正面积极的互动"。因此,在提升学生综合素质时,学生与教育生态管理系统环境要素的互动状态是我们关注的焦点之一,也就是说,学生的需要是否能有效得到满足取

---

① 吴林富.教育生态管理[M].天津:天津教育出版社,2006:23.

决于学生与这些环境要素之间能否有效地协调互动。在现实运用中，我们发现学生的需求未能得到满足或学习生活产生障碍主要出于以下几点可能的原因：环境中的资源不足；资源要素未能有效协调；因缺乏有关的知识和技巧使学生未能获得所需的资源；学生与环境之间未能成功进行"互动"[①]。学校环境投入是体育教育发展的重要影响因素，也是增进人与环境互动的重要影响因素。帕斯卡雷拉（E. Pascarella）认为校园环境、师生关系、生生关系，以及学生个体的努力程度间接地影响学生的发展，学生与环境的融合程度是影响学生发展的首要因素，而不是学校声誉或资源等硬件指标。这就意味着教育生态管理的意义重大。

二、教育生态管理的意义

教育生态管理正是从尊重教育系统的生态性出发，以全面的、系统的、联系的观点对教育现象及管理进行一种新审视，从教育系统内部的规律性出发来进行研究，探讨教育管理的最佳途径和最优机制。吴林富在精心研究的基础上，把教育生态管理的意义归结为两个方面：一方面，教育生态管理有利于优化教育生态系统的内部结构，使其发挥最优功能。"作为一个生态系统，教育系统内部的各种机构和各级机构之间必定是相互制约的。以生态学的观点来看教育，教育必定是一个整体，以培养人为目的的教育业必定是对一个人的整个人生所进行的教育。这样，它的整个活动过程就发生在所有与教育有关的机构和情景中，既包括有目的、有计划、有组织的学习活动，也包括偶发性的学习活动。"[②]因此，教育生态管理应致力探索优化发展教育内部结构的机制，正确处理各级各类教育合理存在的关系，这样有助于整个教育生态系统的协同发展。另一方面，教育生态管理有利于探索和处理教育与自然环境、社会环境和规范环境的关系，可以从外围来寻求和建立教育功能最佳发挥机制。教育生态管理就是要从环境和人交互作用的角度出发，利用整个

[①] 王鑫，刘更生. 微时代下大学生教育管理生态系统研究[J]. 当代青年研究，2020（1）：30-36.

[②] 马歆静. 教育生态学研究应明确的几个问题[J]. 山东理工大学学报（社会科学版），1996（1）：78-79.

教育生态系统发展与环境因子的制约和影响原理，建立教育系统与其他社会系统相互作用的优良机制，为教育的发展提供适宜的环境，从而保证教育基本功能的有效发挥①。这也正是当前共建高校、政府、社会、企业等多方参与的实践育人共同体成为重要研究课题的主要原因。

第二节　学校体育教育生态的优化管理

教育生态理论表明，要想最大限度地发挥教育生态主体与生态环境相互作用的正向效果，实现教育生态结构与环境的最优化，尤为重要的是要在教育生态系统内部的各种教育管理和活动中，不断对它们进行必要的引导、调节、控制和管理，从而使教育生态系统达到综合平衡、运行高效、以及能与自然环境、社会环境、规范环境保持良好协同。高等教育生态系统的弹性力为高等教育的生存和发展奠定了基础，其弹性力大，表明高等教育可承受的外界压力和冲击能力就强，因而必须对学校体育教育生态环境进行优化管理。

一、学校体育教育生态优化管理的依据与原则

优化管理的依据首先在于学校体育的育人目标。育人目标作为教育理念在教育过程层面的具体化是教育主体发展的目标和归宿。因此，依据不同的育人目标就会出现对教育生态环境的不同选择，会导致不同的教育和管理过程与结果。这样看来，育人目标是教育生态优化的重要依据。《义务教育体育与健康课程标准（2022年版）》明确，义务教育体育与健康课程以身体练习为主要手段，以体育与健康知识、技能和方法为主要学习内容，以发展学生核心素养和增进学生身心健康为主要目的。《全国普通高等学校体育课程教学指导纲要》把体育课程目标分为基本目标和发展目标2个层次，每个层次又分为5个领域目标，即运动

---

① 吴林富.教育生态管理［M］.天津：天津教育出版社，2006：26.

第四章 新媒体时代学校体育教育生态的优化管理

参与目标、运动技能目标、身体健康目标、心理健康目标和社会适应目标。以篮球教学活动为例，通过篮球教学活动，使学生能够积极参与各种体育活动并基本形成自觉锻炼身体的习惯、意识、方法和手段，具有一定的体育文化欣赏能力；熟练掌握通过篮球运动健身的基本方法和技能，以及常用运动损伤的处置方法，学会科学的体育锻炼，提高运动能力；增进学生健康，增强学生体质，促进学生身体的正常发育和机能的健康发展；全面促进学生心理健康的发展；培养学生良好的体育道德和合作精神，能正确处理竞争与合作的关系。其次，优化管理学校体育教育生态需要对本校体育育人基础、特色、效能进行正确定位与客观评价。正确定位是根据历史沉淀与现实发展进行科学的布局定位。客观评价就是要摸清体育教学活动生态系统的现状，详尽地反映此系统的优点和不足，揭示各种教育生态要素的状况和运行机制，预示体育教育生态的发展方向及选择途径。总之，对体育教学活动生态系统的正确定位和客观评价也是学校体育教育生态系统优化管理所不可缺少的依据之一。

要实现学校体育教学活动教育生态环境的优化管理，必须坚持导向型、有效性、平衡性和因地制宜等原则。①导向型原则。教育生态系统的重要功能之一就是对生态人格的陶冶。因此体育教育生态优化管理要紧紧围绕这一功能展开，要坚持正确的政治方向和鲜明的业务指向。体育教育生态优化管理的实质是为体育教学活动营造良好的生态氛围，有效的管理就是为了求得较大的成果。因此，体育教育生态优化管理必须保证正确的导向性，要遵守国家的教育方针、政策、法规等，实现所规定的人才培养目标。另外，体育教学活动包括课堂教学、课外活动和课余运动训练，因此教育生态优化管理也要拓宽体育教学活动的外延，应把课余运动训练和课外活动都纳入到管理之中。②有效性原则。有效性原则就是指体育教学活动生态系统及其生态环境的优化调控应追求实际的效果，不能华而不实，也不能只注重表面现象。这样看来，体育教育生态环境的优化管理要从三方面——自然生态环境、社会生态环境和规范生态环境着手，不能只注重一点（即只凸显自然生态环境），而应有综合联系观，推进自然生态环境、社会生态环境和规范生态环境的互动协同。③平衡性原则。生态学强调整体的动态平衡，只有生态系统各种成分之间,以及与生态环境之间协调发展,才有教育生态系统及内外生态环境的优化,单一的生态要素的进化与发展,并非教育生态系统及生态环境的发展①。学校体育教育生态环境是由多成分、多因素所构成的复合生态系统,系统及生态环境的设计、建设和优化管理必须遵循平衡性原则。④因地制宜原则。因地制宜原则是指在对学校体育教育生态系统及生态环境的规划、设计、建设、优化管理时,应充分根据所在地域或所处教育系统的实际情况和经济实力,且要本着经济、实用和可操作性的宗旨,切不可不顾实际情况盲目求高求新,那样只能适得其反。

二、学校体育教育自然生态环境的有效利用

自然生态环境亦称物理环境,即一般生态学所称的生物圈,包括诸如高山、丘陵、平原、湖泊、海洋等各种自然地理空间及各种自然资源的系统和循环。自然生态环境为人类的生存和发展提供适宜的空间和各种资源,是人类社会赖以生存和发展的物质基础②。自然环境是一个丰富多彩的系统,是人类赖以生存的基本环境,也是人类认识和开发的资源,这种资源对于受教育者而言,尤其是学校的学生来说,必将产生直接和间接的影响。

自然生态环境是学校生存和持续发展的根本条件,学校自然生态环境会影响师生的第一感官,体现了一所学校的风格和精神,如学校选址的科学性、校园规划的整体性、环境布局的合理性、实体建筑的审美性、基础设施配置的人文性等,都对发挥学校教育生态环境的作用具有重要价值。比如,自然生态环境是育人的重要因子。纽约大学没有围墙,其教学和科研区域与城市融为一体,为师生提供了丰富、便捷、多元的人际互动资源、学术科研实习资源,其文化氛围最具有前沿性,这对于学生的成长来说是非常重要的。我国北京大学的未名湖及其岛亭、清华大学的清华园也是学校环境育人的典型。如何建立顺畅有序、高品质的校园交通环境和步行环境是国内外学者研究的重点,实践也表明,

---

① 吴林富.教育生态管理[M].天津:天津教育出版社,2006:92.
② 范国睿.教育生态学[M].北京:人民教育出版社,2000:124.

体育场馆的充沛、校园游憩空间的舒适有利于增进学生运动参与的动机与热情。比如构建校园体育生活化环境，就是将体育融入学生日常生活中，让体育活动成为学生生活中一种自觉自发的行为，具体有两层意思：一是把体育因素融进学生生活中，并成为生活的必要组成部分；二是把体育贯穿到学生未来发展的生命活动全过程，就像饿了要吃饭、渴了要喝水一样成为自然，形成发展性的终身体育[1]，这都需要有效的规划、设计与打造。一般说来，不同学校在环境条件上是有差异的，每个学校在环境方面都有自己的特点和优势，充分挖掘和利用自身的环境优势，最大限度地减少、避免和弥补已有环境的不足，就有可能推动体育教学环境的整体改观。

案例 1：浙江农林大学自然生态环境的有效利用

浙江农林大学（原浙江林学院）创建于1958年，是浙江省省属全日制本科院校，坐落于全国优秀旅游城市杭州临安区，校园占地面积3400多亩，学校发展被誉为"浙江省高等教育跨越式发展的一个典型缩影"。2022年，浙江农林大学入选"浙江省绿色学校（高等学校）"。学校东湖校区依照"崇尚自然、优化环境；因地制宜，特色鲜明；以人为本、天人合一"的规划理念和校园、植物园"两园合一"的特色进行建设。植物园收集各类植物3300余种，植物物种数量位居中国大学校园植物排行榜第一，拥有松柏园、木兰园、双梅园、珍稀濒危植物园等15个专类园和百草园、茗茶园等5个特色园，初步建成集物种保育、教学科研、科普教育、休读研学于一体的生态教育基地。学校植物园2013年加入中国植物园联盟和国际植物联盟（IABG）[2]。学校充分发挥所处地域优势，充分利用自然资源，把环境的生态效应放在首位，寻求人与自然关系的最佳状态，体现了"以人为本，天人合一"的理念。学校充分利用自然景观进行校园改造，修建了攀岩等户外拓展运动基地

---

[1] 朱其贤. 安徽省高职院院校学生体育生活化的路径研究[D]. 淮北：淮北师范大学，2014.
[2] 浙江农林大学. 学校荣获首批"浙江省绿色学校（高等学校）"称号[EB/OL]. (2022-05-13) [2022-12-01]. https://www.zafu.edu.cn/info/1002/101 037.htm.

及相关体育景观设施，建设有中国学校野外生存研究会师资培训基地、中国登山协会户外运动指导员培训基地、浙江省登山协会户外运动指导员培训基地，既可满足学校体育教学之用，还可常年进行培训、比赛活动，已经成为浙江省高校著名的校园体育文化名片。浙江农林大学保留有许多天然的湖泊、山地及灌木，是进行定向运动的理想生态场所，学生的定向运动课程可以在校园内全天进行。生态体育景观的硬件建设就是为大学师生及其他参加体育活动者在进行体育文化活动时，体验与感受到和谐生态的体育文化氛围提供硬件保证，使得体育景观与大学校园环境天然地融为一体①。这些方面都展现了教育自然生态环境的功能作用，能唤醒人们积极主动参与体育活动的意识。

三、学校体育教育社会生态环境的积极营造

教育教学活动是人类的活动，人是生活在社会环境之中的，人的本质是一切社会关系的总和，所以教育与社会有着必然的联系。社会环境中的各种生态因子相互联系、相互影响、相互制约，构成了复杂的教育社会环境。学校体育教育社会生态环境是一种狭义的教育社会环境，从学校的作为来说，主要包括充分借用政策体制因素、物质保障，有关研究已在本书第三章第一节作了论述。下面以一些个案分析来探讨学校体育教育社会生态环境的营造。

（一）充分借力政策体制因素

改革开放以来，我国教育政策发生了较为明显的范式变迁，即由"效率理性"范式转向"市场选择"范式，逐渐形成"公共治理"范式。"公共治理"范式追求在教育领域形成国家力量、市场力量和公民社会力量相互博弈和均衡的体制，其价值逻辑是重建良好教育生态②。因而，学校体育教育要善于借助这一政策转型，在挖掘本校政策优势与

---

① 李吉远.构建和谐生态大学与校园体育文化互动研究：以浙江农林大学为例[J].吉林体育学院学报，2011，27（6）：15-16，119.
② 孟繁华，张爽，王天晓.我国教育政策的范式转换[J].教育研究，2019（3）：136-144.

文化基础上，形成与市场、公民社会力量共建的学校体育育人共同体。比如，为吸引广大学生走向操场、走进大自然、走到阳光下，积极参加体育锻炼，掀起群众性体育锻炼热潮，教育部、国家体育总局、共青团中央于 2007 年 4 月 29 日在全国范围内全面启动"全国亿万学生阳光体育运动"。这一制度设计为学校开展多元多样的阳光运动助力，如清华大学的毕业长跑、每周 2 次的阳光长跑，还可以延展为新生"第一堂体育课"、新生 20 公里野营拉练、本科四年体育课、下午四点半"强迫运动"。又如，教育部要求逐年提高中考体育分数，要达到与文化课同等分值，以及发布的认定、命名篮球体育传统特色学校、排球体育传统特色学校、冰雪体育传统特色学校、北京 2022 年冬奥会和冬残奥会奥林匹克教育示范学校、校园篮球"满天星"训练营等政策，都为学校体育教育带来了发展良机，极大地激发和调动了广大学生参加体育活动的热情。

（二）联盟促进体育教育条件的改善

学校良好的体育文化生态不仅仅来自体育课堂与体育教育过程中的师生，也来自其他部门、其他教师，如后勤等部门可以在校园自然环境规划与设计上更注重体育意味，学工部门可以在日常思想政治教育中借助体育活动方式来促进学生多元智力的发展，教务部门可以从课程设置与创新学分方面对学生加以激励。学校各部门间要形成发展体育、做好体育工作的共识，再有效推动与中小学、企业、社会组织的合作，由此学校的体育教育条件才能得到改善，体育文化生态也才能得到优化。

案例 2：宁波大学体育教育的特色发展

在场地设施方面，宁波大学的体育设施是企业家冠名的。周亦卿综合体育馆坐落在宁波大学本部江畔，建筑面积 14 500 平方米，包括主场馆，排球教学馆，篮球教学馆，健美操、瑜伽教学馆，乒乓球教学馆，跆拳道教学馆，体操、健美教学馆。学校建立了镇海中学等 10 余个校外教学实践基地，而且充分利用国际优质资源及学科交叉融合，与国际知名大学联合建立多个海外研究中心；同时，建立冰岛和马达加斯加 2 个孔子学院的传统体育教学点，年均 15 人次赴海外从事短期课程教学，形成了为"一带一路"培养创新型体育人才模式。学校将体育教育与科技竞赛结合起来，在"挑战杯"中国大学生创业计划竞赛、"互联网＋"大学生创新创业大赛中获得了许多荣誉。

（三）不断深化体育教育教学改革

随着我国学校体育教育事业在深化改革中的不断发展，课程建设始终是教育与教学改革的重要内容。因此，着力建设体现现代教育思想，符合科学性、先进性和教育教学普遍规律，具有鲜明特色，并能恰当运用现代教育教学技术、方法与手段，教学效果显著具有示范性、辐射作用的精品课程，是我国学校体育教育专业课程建设、改革与发展的需要，也是培养体育人才的迫切需要。比如，体育课的准备和结束部分的教学改革就包括三大部分：一是重视体育课堂准备与结束部分的教学。思想理念是行动的先导。只有在思想上高度重视体育课堂教学结构中准备与结束部分内容，教师才会动脑筋、想办法，充分挖掘和发挥课堂前后教学的功能，并把课堂前后教学内容与目标详细写入授课计划，做到每堂课的准备与结束部分都有新内容、新方法和新步骤，以便有效地使学生的身体机能全面进入运动状态。二是将准备和结束部分的教学与游戏结合起来。游戏是由一定的情节、动作、比赛规则和结果几个部分构成的综合性体育活动。准备活动内容的选择与游戏的结合，旨在一定的情境中营造积极活泼的课堂氛围，调动全体学生的参与积极性，提高学生掌握基本运动技能的兴趣与自觉性。通常以游戏方式来进行准备部分的教学内容设计，要坚持既生动又实用、既有身体练习又有智力开发、既民主又集中的原则。在效果上设置出一定的趣味性、刺激性、竞争性；在游戏载体选择上可设置男女混合小游戏，如拔河、突破障碍物、韵律体操，或者由学生自主开发准备并独立完成的项目等。在结束部分则要根据课堂教学内容的强度、密度、运动量、技术等特点来安排学生放松，灵活运用游戏来丰富结束部分的活动，主要是选择一些新颖、有针对性、缓和的游戏让学生达到放松身心的目的，如讲一则幽默故事、滑稽动作比赛、数字游戏等，让学生在欢声笑语中消除身心疲劳。三是将准备与结束部分的课堂教学与体育文化教育结合起来。在体育课堂教学的准备和结束部分，除了要激发学生兴趣、恢复放松、总结教学、清理器材，除此之外，还应进行体育文化教育等活动。一方面可听取学生反馈意见，对学生学习与训练情况进行积极评价，深入平等地了解学生的需求和建议，以不断改进教学方法，提升教学内涵与质量；另一方面可通过分享学生自己的体育随笔或心得，或者解读一篇体育新闻、讲一个体育故事、介绍一个体育人物或一种健身方法、推荐一种体育产品等形式进行人文素质教育，在课堂结束部分还可以让学生自己发言来总结得失。以上这些方式均能增强师生之间的理解并达成共识，这是现代素质教育理念的核心，也是当前体育课程思政的重要要求。

案例3：华东师范大学体育教育教学改革

在体育课改方面，华东师范大学强调每堂体育课实践教学过程中要包括3个关键点：①要保证一定的运动负荷（即运动密度要达到75%左右，运动强度要达到每分钟心率140～160次）；②要有60分钟的运动技能教学，主要以游戏和比赛为主，强调复杂情境下的结构化运动技能教学；③要有15～20分钟的体能练习，强调补偿性体能练习和学生各项体能的全面发展，从而改变我国长期以来"三无体育课"（无运动量、无战术、无比赛）的教学现状。在体育思想引领方面，编制了《中国儿童青少年体育健康促进行动方案（2020—2030）》，提出了兴体育、融体育、亲体育、常体育、智体育的"5+体育"行动愿景，即"民族+体育""素养+体育""家庭+体育""生活+体育""科技+体育"五大概念、内涵和方法，具体的行动指南包括实施优质的体育与健康课程，营造浓郁的"活力校园"氛围，创设完整的"家庭—学校—社区"多元联动机制，推行科学的"赛事挑战"奖励计划，建立动态持续的运动智能监控体系。

四、学校体育教育规范生态环境的合理构建

文化是一定社会群体习得且共有的观念和行为，文化构成教育生态主要的规范环境，教育在文化生态环境中发生与发展，受文化环境中多种生态因素的影响，对文化起到传递、传播、发扬与创造的作用。校园文化作为一种环境教育力量，主要包括教师所代表的成人社会的文化和学生所代表的同辈群体文化等，对学生的健康成长有着巨大的影响。校园文化的终极目标就在于创设一种氛围，以期陶冶学生的情操，使其构建健康人格，全面提高素质①。学校体育文化环境是体育教育规范生态环境的核心因素，具有重要的作用。学校体育文化是以体育项目竞技、健身、休闲娱乐为表现形式，以校园为空间，以学生、教师为参与主体，以课余活动为主要内容，以文化的多科学、多领域广泛的交流及特有的生活节奏为基本形态，并具有时代特点的一种群体文化。有研究者认为，学校体育教育方面若能形成教师与学生互助共进的混合文化，比如各类师生体育运动友谊赛、体育+社工等，就能有效实现体育的育人或化人功能。

案例4：中国大学生篮球联赛对大学生的影响

中国大学生篮球联赛（以下简称"CUBA"）是由中国大学生体育协会主办、阿里体育独家运营、教育部官方认可的五人制篮球联赛，于1996年开始酝酿，1997年建立章程，1998年正式举行首届比赛。比赛分设男女组一级联赛、二级联赛、三级联赛，3个级别每年总计有1600多支队伍参赛，覆盖中国32个省份。它是中国体育史上第一个面向高校、面向社会，以培养高素质、高水平篮球人才为目标，采取社会化、产业化运作模式的大学生专项运动联赛。CUBA是中国发展最好且影响最大的高校级别的体育比赛，主流观众是数以千万计的大学生。CUBA已成为中国篮坛两大赛事之一，影响力仅次于中国职业篮球联赛（以下简称"CBA"）。CUBA对大学生的影响是巨大的。比如，通过新闻媒体、体育沙龙、讲座、标语、口号等多种宣传措施，在校园内形成了积极的篮球氛围，其健康、科学的价值观更为广大学生所认识和理解。又如，每年CUBA联赛期间，各承办院校都会紧密结合赛事，在校园里开展

---

① 吴林富.教育生态管理［M］.天津：天津教育出版社，2006：105.

第四章 新媒体时代学校体育教育生态的优化管理

内容丰富、形式多样的校园篮球文化活动来宣传CUBA，烘托大赛气氛，如"迎CUBA文艺汇演""CUBA知识竞赛""CUBA形象使者大赛""CUBA啦啦操大赛""CUBA摄影大赛"等，通过各种文化活动使CUBA联赛的影响远远超越了篮球比赛本身，旨在营造"中国篮球新感觉"。CUBA已经发展成为具有广泛影响力、深受全国高校师生喜爱的大学生篮球专项赛事，越来越多的人了解CUBA、喜爱CUBA，甚至参与到CUBA的建设和发展中来。尤其在新媒体时代，CUBA开始走向数字化运营＋娱乐化办赛理念，如以支付宝推出的"CUBA我的主场"小程序为核心载体，为球迷提供更完善的观赛体验；打造客队第二现场与主场球迷隔空较量，增强球迷对母校的归属感；邀请国内音乐新势力组合作为CUBA加油官，为联赛创作主题音乐，实现体育＋音乐的完美结合，从而为校园篮球爱好者提供更丰富的互动场景，增强赛事活力，形成体育文化新景观。

第五章　新媒体时代学校体育课堂的生态化教学

第一节　体育课堂的教育教学生态

一、教学生态与生态化教学

课堂是一个生态系统，由教师、学生、教学事件和环境等组成，与自然生态相比，课堂是一种特殊的生态。课堂生态主体与课堂生态环境、课堂生态主体与课堂生态主体之间发生着各种各样的联系，使课堂形成一个有机的生态整体。生态化的课堂是充满着生机与活力的课堂，具有整体性、协变性和共生性等基本特征，发挥着滋养、环境参照、动力促进和制度规范等生态功能[①]。

自 20 世纪 70 年代以来，国外教育界开始移植、借用生态学的概念、观点和方法来审视和研究教育教学问题，把教师、学生看作课堂这个生态系统中相互作用的生命要素，寻找新思路，去探求一些传统研究中容易忽略的问题。美国学者劳伦斯·克雷明首先从生态学角度探讨教育理论问题，之后逐渐有教育界学者把课堂教学活动看作由作为生物主体的教师、学生及所处环境进行交互作用而形成的生态系统，它们同样具有鲜活的生命特点，并认为课堂教学同样进行着物质、能量和信息的交流、平衡、协同和进化，可以激发系统活力，促进师生不断发展和

---

① 李森.论课堂的生态本质、特征及功能［J］.教育研究，2005（10）：55-60，79.

成长[①]。

　　从生态学角度看，学校中的教学活动是人与环境之间的信息传递过程，是人对自然和社会环境所具有信息的采集、编码、翻译和利用的过程，也就是人与环境的对话过程。生态主义教学的系统观认为：教学就是这样一个小系统，由教师、学生、教学内容、教学事件等子系统组成，系统各成分之间相互联系、相互制约。同时，这些小系统又受到大系统、外系统的影响。正因如此，教学活动被看作一个生态系统，具有开放性、平等性、全面性和发展性等特征[②]。用教育生态学的观点分析，教学具有多侧面、多内容、多主体的特征，而且教学是在一定的生态环境中进行的。因此，教学研究中最核心的问题应该是在最适当的课堂教学生态环境下，教学主体的信息、知识如何经过集体和个体交融的学习活动转化为学习者（包括师生双方）的能力、素质、意愿、创新精神以及团队可持续发展的动力。

　　生态化教学就是运用生态学原理和方法及生态学理论研究教学问题，强调以一种生态的眼光、态度、原理和方法来关照、思考、理解、解释复杂的教学问题，并以生态的方式来开展教学实践。可以说生态化教学既是一种教学理念，也是一种教学实施策略，是一种系统观、整体观、联系观、和谐观、均衡观下的教学，是一种充分体现和不断运用生态智慧的教学[③]。生态化教学来自对自然生态平衡的认识，旨在调动各种教学生态因素，促使课堂教学各因素之间通过相互作用达到相对稳定的平衡状态，教师与学生和谐共进，人与环境相互应答，从而最大限度地实现学生生命个体的进步与发展。

　　生态化教学特别注意课堂教学的问题、情感、认知和价值等向课外有效拓展，这就包括了课堂教学后延，即向学生灌输终身学习（在体育教学领域中体现为终身体育）的思想观念。这样就构成了一个课堂生活化的循环，使学生的学习始终处于现实生活与理想世界的交互作用之

---

① 李志厚．从生态学角度研究教学问题［J］．教育理论与实践，2006，26（6）：58-61．
② 杨冬梅．课堂教学的生态观阐释［J］．黑龙江高教研究，2006（4）：75-77．
③ 余嘉云．生态化教学的理论与实践研究［D］．南京：南京师范大学，2003．

中，从而得到可持续发展。

生态化教学来自对教学实践的探索与思考，主张充分关注课堂教学的所有生态因素，发挥教学合力，构建具有平衡特征的生态化课堂教学环境，"让置身其中的老师、学生享受到教学所带来的乐趣，使课堂真正成为师生生命体验的审美空间，达到理想与实践同步、传承与创新并存、科学探究与人文关怀相结合，让课堂教学在生态平衡的发展中实现教育目标"①。平衡成为生态化教学的最大特征和外在标志。生态化教学致力求得理想与实践的同步，在理想与实践的断痕处寻求平衡的发展，让学生的学习既有高远的目标，又能够从实践中向这一目标迈进。

生态化教学是一种教学活动，与其他教学活动的区别在于它是一种在生态哲学思想指导下的教学活动，致力培养自然、和谐发展的生态人，它的教学内容来源、师生关系处理、教学环境设计等都必须遵循生态学的世界观和方法论原理。而教学生态是一个系统，包括教学系统本身及周围的各种生态环境，教学生态的研究及所关心的内容是生态化教学活动得以顺利进行的前提。生态化教学活动的开展会促进教学生态的和谐、平衡发展。

二、体育课堂的教育生态学特征

生态课堂是以生态学的视野关注课堂中的每一个生态因子，既有生物性又有非生物性，既有物质的又有精神的，既有动态的又有静态的，这些因子相互依赖、和谐共生，组成了课堂教学的生态环境。本书所提及的"生态"包含平衡、绿色、健康、和谐之意。课堂教学生态是一种微观教学生态，构成课堂教学生态的生态因子有教育者、受教育者及课堂自然生态环境、课堂社会生态环境和课堂规范生态环境等，这些因子彼此之间是平等、和谐的，其中最关键的因素是师生之间、生生之间的平等，这是课堂教学生态环境存在的前提。因而，课堂教学生态是

---

① 李秀伟，齐健. 关于创新教育课堂教学生态问题的探讨［J］. 创新教育，2002（3）：11-14.

第五章　新媒体时代学校体育课堂的生态化教学

指在体育课堂教学过程中由教师、学生、课堂自然环境、课堂社会环境及课堂规范环境等要素组成的动态平衡、开放有序的微观生态系统。如图 5-1 所示，体育课堂教学生态系统的主体要素是学生和教师，客体要素是课堂自然生态环境、课堂社会生态环境和课堂规范生态环境。体育课堂生态系统中的主客体要素相互依赖、相互影响，共同维护体育课堂的和谐与平衡。

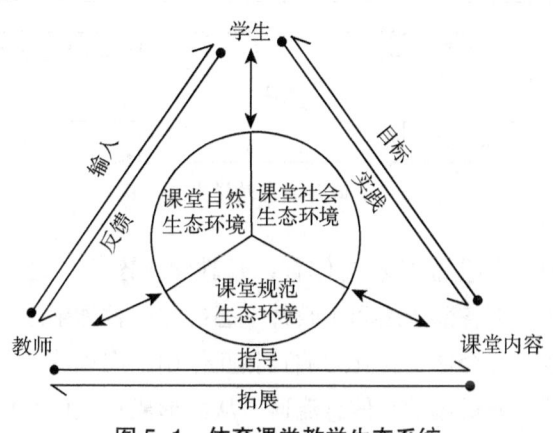

图 5-1　体育课堂教学生态系统

如图 5-2 所示，体育课堂教学生态包括两大基本构成要素，即体育课堂教学生态主体和篮球课堂生态环境。课堂教学生态环境分为三类，即体育课堂教学自然生态环境、体育课堂教学社会生态环境和体育课堂教学规范生态环境。体育课堂教学生态主体包括任课教师和学生。具体来说，任课教师和学生作为体育课堂教学生态主体又包括两种不同情况：第一，相对于体育课堂教学生态环境而言，师生互动形成一个整体，构成体育课堂教学生态主体；第二，师生彼此互为参照，从而构成两类课堂教学生态主体，即教师生态群体和学生生态群体[①]。

---

① 潘光文. 课堂的生态学研究 [D]. 重庆：西南师范大学，2004.

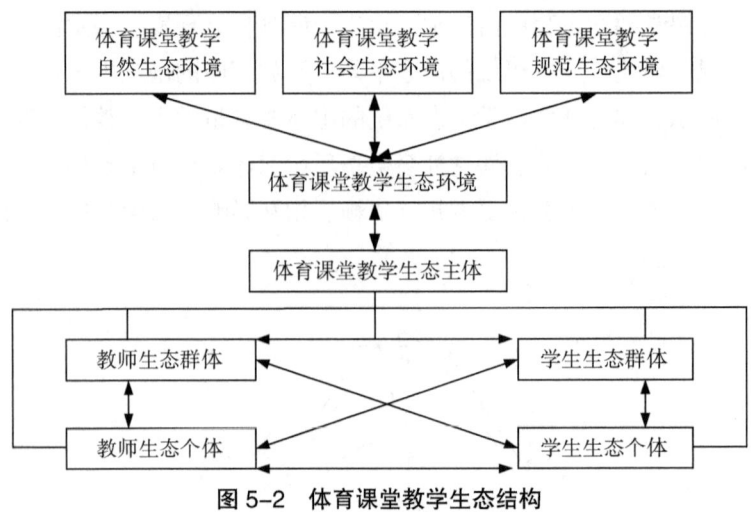

图 5-2 体育课堂教学生态结构

　　体育课堂教学生态环境与体育课堂教学生态主体之间、体育课堂教学生态主体内部各部分之间（教师生态群体、教师生态个体、学生生态群体和学生生态个体）相互影响且相互作用，实现着彼此间的有机联系和物质循环、能量流动与信息流通，从而形成稳定而开放的体育课堂教学生态结构。这种生态结构分为两个层次：第一层次为宏观层次，主要是由三类体育课堂教学生态环境与教师和学生所构成的体育课堂教学生态主体之间的相互作用；第二层次为微观层次，主要表现为体育课堂教学生态主体教师个体和群体之间、学生个体和群体之间、教师与学生之间的相互作用。

　　体育课堂教学生态系统表现为5个方面的特征：一是开放性。生态系统是开放的，体育课堂教学生态系统作为一种微观生态系统亦是如此。体育课堂生态系统不仅要与外界生态系统通过信息流、知识流的输入输出发生联系，而且其系统内部各组成因子之间也在发生信息的输入与输出。二是共生互惠性。共生性是进化过程中生命体所具有的共同特征，共生互惠是指双方的共生关系有利于彼此的存在和发展。比如，体育课堂中的共生互惠表现为构成体育课堂教学生态系统的生态主体即任课教师与学生之间互相促进、共同发展，通过任课教师的教学推动学生的全面发展。反之，学生的发展进步同样也促进了任课教师的专业提高，两者形成互相促进、密不可分的关系。三是可持续性。可持续发展是和谐生态环境的重要特征。体育课堂同样肩负着培养学生可持续发展意识和能力的重任，通过体育课堂教学，学生不仅学到了相关的知识和技能，而且获得了自主学习、合作学习的态度、策略、能力和积极的情感体验，个体生命力得到了张扬和体现①。更重要的是可以养成终身学习和主动锻炼的意识和习惯，从而更好地适应外界环境的变化。另外，任课教师也在此过程中，不断调整自己的教学方法，丰富个人的业务知识，提高个人的专业素养。四是丰富多样性。多样性指生态系统中的生物种类丰富多彩。生态学认为一个复杂的生态系统比一个简单的生态系统更为稳定。比如，体育课堂所处的生态环境多姿多彩，自然环境、社会环境和规范环境纷繁复杂、交织作用，体现了体育课堂教学生态系统的丰富多样性。五是动态平衡性。任何生态系统都具有一定的自我调节能力，当生态系统发展到一定阶段时，它的生产者、消费者和分解者之间能够较长时间地保持一种动态平衡，这种平衡状态就是生态平衡。比如，组成体育课堂教学生态系统的各种生态因素——任课教师、学生和课堂环境相互影响、相互作用，构成了体育课堂教学生态的基本结构，它们之间不断地进行着物质、信息和情感的交流，并且同其他生态系统一样，具有一定的抵抗力，能够抵抗外界的干扰，在一定时间内保持篮球课堂生态结构和功能的稳定和平衡。

第二节 体育课堂教学生态化的缺失、变革方向与实践创新

一、体育课堂教学生态化的缺失

课堂是学生学习、成长的地方，是学生作为主体——人的思想和

---

① 吴林富.教育生态管理［M］.天津：天津教育出版社，2006：169.

情感交流的场所,是激发生命活力、凸显人性、唤醒自由天性、展现多姿自我的舞台,是师生点燃灵感、激发创新、集聚智慧的平台①。体育课堂教学也是如此,灵动的体育课堂需要有生态平衡。但在当前实际的体育教育教学活动中,体育课堂教学却出现了诸多生态失衡现象。一是体育教育教学思想的开放性不足。目前我国的学校教育发展滞后于社会整体发展,学校体育的发展滞后于教育的发展。这表现为学校体育教育教学规范性强。比如,在体育教学中,体育课堂有规范的制度、统一的大纲、严密的结构和整齐划一的队形。但规范不能和实际情况相结合,统一不能与灵活相结合,严密不能与活泼相结合,整齐划一不能与发展个性相结合,某种程度上导致了体育教学观念的凝固和僵化。二是体育课程一体化与阶梯性不足。比如,中小学所学的体育知识与技能仍出现在大学阶段的教材中,并且没有改进,这类重复性教学内容不能有效调动学生的学习兴趣,造成学生学习兴趣减弱,影响教学质量。三是由于学校环境、场地、设施等诸多方面的原因,使体育课堂教学有效性不足。这不仅使体育教学的完整性、实效性和娱乐性得不到实施,还会使学生学习体育的积极性受到压抑,使身体锻炼和学习效果大打折扣,体育教学的最终目的不能实现。比如,教学场地的局限、雨雪天气都会影响体育课堂教学的正常开展;课堂教学外部环境的干扰使得活泼好动的学生难以在课堂上将他们的注意力集中起来等。四是规范的课堂要求与学生个体差异性之间存在的矛盾。在教学安排上强调共性,没有体现因材施教,忽视了学生的个体差异性,在一定程度上抑制了学生个性的发展与学习的自主性,制约了学生爱好、特长与潜力的发挥,造成了体育课上学生"吃不饱""吃不了"的现象②。五是体育教材与教学法有待进一步改革。学校应凭借学校的体育基础及体育项目在学生中的影响力,挖掘体育课堂教学中可以进行拓展的资源条件,开展体育校本教材的创新与研究,以此改变单一的课程教学模式,应当实施教法改革,将生态

---

① 吴林富.教育生态管理[M].天津:天津教育出版社,2006:147.
② 程传银,鲍志宏.关于大学体育课程改革的课程论思考[J].体育与科学,2004(4):75-77.

理念更多地融入体育教法中。六是体育教学活动评价形式单一，激励作用不明显。用同一把尺子来衡量全部学生，扼杀了部分学生学习的兴趣和热情，抑制了他们学习的主动性和创造性。考核是体育教学的重要环节，对学生的学习行为有着很大的导向作用。现行的学校体育教学考试多以运动技术的技评、达标和身体素质达标测试为主，这是一种只重视结果的片面评价方式，与现代教育思想及体育教学目标相矛盾，不利于学生体育运动能力、锻炼习惯的培养，容易造成"考什么练什么"的现象，有悖体育课程的教学目标。

二、体育课堂教学生态化的变革方向

课堂生态存在的最大问题是学生失去了自然生态中生物的平等地位，而成为教师和考试的支配物，学生没有自主权；再有，学生失去了在自然常态下的正常心理、行为反应，一切围绕考试展开。因此，让课堂回归自然，组织一个健康的课堂生态系统，不仅会给学生带来全面发展、个性发展的机会，也会给他们带来可持续、终身发展的机会[1]。所以，建构生态化的体育教学课堂就是让体育课堂适应学生成长和发展的自然规律，让体育课堂通过生态主体平等对话，借助体验、合作与探究等多种方法和策略，使体育课堂真正成为充满生机活力的、促进学生健康成长的沃土。

（一）树立生态化的体育课堂意识

生态化体育课程意识是指应具有嵌入、联动、议程的育人生态思维。嵌入是指生态系统主体有基于共同目标与需求的互动交流；联动是各生态系统主体目标与需求的调整，主体间是相互影响的关系；议程是指保持体育教育自身完整与平衡的价值追求与实践行动。因而，平衡是体育教育生态化教学的最大特征和外在标志。

树立生态化的体育课堂意识需要建立"以生为本"的教育教学理念，使每名学生都能在课堂中得到充分、自由的发展。在体育课堂教学实践中应引入民主、开放、合作、互动的教学观念，有效地实现体育课

---

[1] 吴林富.教育生态管理[M].天津：天津教育出版社，2006：159.

堂教学目标。一是建立和谐、宽松、民主的体育教学课堂氛围，在现代的体育教学过程中创设自主开放的评价环境。师生之间、生生之间的关系可以表述为"共同参与，互相合作"。学生所具有的主观能动性，使他们有可能并有能力积极、主动地参与教学活动，同时他们又是一个充满情感、活力和个性的生命群体。因此，在体育教学活动中，师生间、生生间的人格地位是平等的，体育教学活动中必须体现出这种平等和谐的人际关系，教师要充分尊重学生的人格，为每一名学生提供参与教学活动的机会；鼓励和支持学生在一种平等和谐的气氛中交流自己的观点、意见，展示自己的才华，发挥自己的潜能。实践证明，融洽的师生关系、生生关系使得教学信息传输通畅，有助于强化师生凝聚力，促进学生人格的健全与发展。二是明确体育教学指导思想，有效控制体育教学过程。教学指导思想是将教育培养目标的理性认识外化为行动指南的理论表达，它对教学实践活动起着方向性的指导作用。教学指导思想随着培养目标的变化而变化，并受一定时代社会意识形态的制约和各种思潮的影响[①]。在实践过程中，作为体育课堂教学的主要设计者和实施者，任课教师必须要有明确清晰的课堂教学目标，并能根据课堂教学目标要求，及时对教学进行调控。为此，教师应该及时有效地调控体育教学的活动内容和教学策略；尊重学生的个体差异性，让学生有充分的自由选择、评价和确定方向的权利，鼓励学生发挥自己的特长、优势，培养学生的创新精神；要不断加强自身的品德修养，提高业务水平，丰富教学艺术，为人师表、言传身教；还要妥善处理好教学过程中出现的各种偶发事件，防止负面因素对正常教学气氛的干扰，营造和维护良好的教学生态环境。

（二）建构动态和谐的体育课堂生态时空

时空规定性也是体育教学活动生态系统的显著特征。时间与空间是一切物质形态最基本的运动形式，包含于物质形态的一般运动之中，是重要的环境因素。在时间方面，要在学生精力状况最佳时安排难度较大的学习内容；在空间方面，对校内设备及场地器材的充分利用和挖掘不容忽视，

---

① 周卫，李林.论体育教学环境的创建与优化［J］.体育科学研究，2004（4）：79-81.

如小班上课比大班上课的效果要好，男女生分班教学效果较好，分组教学比集体教学的成效要好，讲练结合比单纯说教效果要好等，另外教学场馆设施等要全方位开放，以供学生自由使用。总之，建构动态和谐的体育课堂生态时空就是在体育课堂硬件和软件环境建设两方面，构建一个能够促进学生动态生长的过程和空间，从而实现体育课堂教学目标。

和谐教学法是按照系统论的观点，在教学活动中力求使教学过程诸要素之间，以及教学过程与教学环境之间始终处于一种协调、平衡的状态，从而提高教学质量，培养学生的创新精神和自学能力，使学生的基本素质和个性品质得到全面、和谐、充分的发展[1]。这里所要构建的和谐体育课堂，主要包括以下几项内容：一是师生间、生生间的和谐。体育课堂教学是双向多边、复杂的活动，任课教师掌握着教学方向、教学进度和教学内容，在教学中发挥主导作用；学生是学习主体，其学习兴趣、目的、态度、动机、情绪等都直接影响教学效果。因此，在创建和谐体育课堂过程中要突出教学民主，积极实施师生双向交往、生生多向交往的方式，形成良性循环，营造和谐融洽的体育课堂教学环境，促进课堂教学质量的提高。二是任课教师、学生与教材的和谐。体育任课教师在选择教材时应突出重点，精选的教材一定要符合健身性与文化性相结合、选择性与实效性相结合、科学性与可接受性相结合的原则。另外，选用大学体育教材时需注意与中学体育课程内容的连续性。学生与教材和谐体现了学生对体育运动的喜爱，学生对体育项目有所了解、对体育教材感兴趣是体育教学顺利进行的前提。兴趣是最好的老师，有了兴趣自然会有学习的动力，才会认可教师的教学安排。三是任课教师、学生与教学方法的和谐。教学过程中教师对教学方法的运用应充分考虑学生的接受能力、学习习惯、认知基础、参与的主动性等问题，要做到因材施教。教师的任何教学方法的实施都需要学生的积极配合，要使学生乐在其中。因此，体育任课教师要提高自己的业务素质和执教水平，在选择教学方法时，必须了解学生的接受能力、学习习惯、认知基础，做到具有针对性；

---

[1] 范清惠，杨洪志，刘波. 浅谈构建高校体育课教学中实施和谐课堂的方法[J]. 首都体育学院学报，2006，18（4）：121-122.

在体育课堂教学实施过程中,必须取得学生的积极配合,以达到事半功倍的效果;在设计教学内容和结构时,不仅要考虑到如何教的问题,还要思索学生如何才能科学有效地学,将教与学两方面的和谐统一于教学方法之中,且要有意识地培养学生的自学能力和主动锻炼习惯。

(三)开发实施多样课程生态模式

"完全人格,首在体育",体育课程因其运动技能、心理健康、身体健康、运动参与、社会适应等5项综合性目标而最具"学科群"或者"跨学科"的品性,现实身体运动使身体认知保持可见的镜像与活力,知识默会、技能默会及道德默会与学生核心素养的培养产生着同频共振,开发实施多样课程生态模式是实现同频共振效应的重要保障。

第一,个人与社会责任课程模式。这一模式旨在将学生这一个"整体的人"作为价值取向,通过"尊重、努力与合作、自我导向、帮助与领导、迁移"等5个等级的实施策略,培养其社会责任感,形成健康的生活方式和积极进取、充满活力的人生态度。个人与社会责任课程的目的不仅在于使工程应用型人才"学会求知""学会做事",而且要"学会做人"且"学会共处",回应新技术背景下人才培养的行为规范问题与终极价值指向问题,将"成物"与"成人"统一于一体,使东西方的实践智慧相和合,由内而外生发,由外而内觉悟。教学策略:首先,以学生为中心,教师只是学生学习的指导者、促进者,将关注学生的兴趣、保护学生的自尊和价值放在首位。其次,使每个学生都得到培养的机会,重视和接纳每一个学生,使其体验到体育的快乐。再次,将课程教学的权力和控制逐渐地过渡到学生手中,为学生提供足够多的选择机会。最后,创设公平、和谐的教学氛围,给予学生更多赋权和更复杂的选择,培养其独立决策与承担风险的能力。个人与社会责任课程模式是培养学生对实践性的了解,不限于认识外部世界、改变外部世界,而更突出认识和改造主观世界,包含着人的自我转化和修养的功夫,追求健全人格的养成。其蕴含的实践智慧不仅是一种外向的理智理性,指向应对具体事情的行为能力,而且是内向的求真求善,表征自身德行的修养,流淌着道德的血液;其本质上不仅是直面困境的担当、见招拆招的睿智,而且是实现精神的提升,内心的和谐、自由、宁静,追求心灵自我的转化。

第二，体适能教育课程模式。体适能是身体适应生活、运动和环境因素的一种应变能力。体适能教育课程模式能够充分聚焦认知，调动学生学习的积极性，教会学生深刻理解整合体能、健康、身心和谐状态的根本原因和操作方法，从自身健康、社会健康出发培养其自觉性和责任感。引导学生挑战自我，在不断犯错、纠错过程中突破原有水平，通过专业指导与刻意练习，使学生形成"专注、反馈、纠正"稳定而有效的心理表征，实现"激发动机—有效练习—提升技能"的良性循环。教学策略：一是引导学生课前自学相关运动知识、健康体适能基本知识、自我评估健康体适能的知识。二是结合现代教学模式和手段，教师将示范动作传授给学生；学生结合自身健康体适能认知，自我设计练习项目，教师结合学生体适能状况提出改善意见。三是通过课后作业要求学生运用自身熟悉的运动技术技能，制订运动计划，提升自身当前健康体适能状态。四是教师分析与评价每一位学生的情绪状态、运动能力、安全意识、心理品质，有的放矢地实施下一步计划，科学引导学生进行体育锻炼。五是在制订并实施相对合理的体适能运动计划的基础上，定期进行相应的体适能测试，依照测试的结果，要求学生修改或调整自己的运动计划，改进锻炼方法。体适能教育课程模式能够提升学生自我效能、自尊等心理因素，而这些心理因素又可能影响学生的学业表现。体适能教育能使学生塑造稳定学习的心向与定势，使所有学生能够循序渐进地完成学习任务，取得理想的训练效果，继而更加自信地参与下一阶段的学习，从而实现人才培养核心素养中"自主发展""学会学习"的培养目标。

第三，运动教育课程模式。运动教育课程模式运用"团队合作"与"角色扮演"的方式，以竞赛活动提升学生自主学习与合作学习的兴趣，让不同运动水平的学生经历并体验真实丰富的运动实践。这种课程模式的理念在于让每名学生都成为全面发展的人，通过"直接指导""合作学习""同伴教学"等教学方法来增强学生的学习主动性，培养学生的自主学习能力和探索思维。教师是引导者、陪伴者和向学生提供咨询的服务者。教学策略：一是采用较长的赛季方式来安排体育教学活动，让学生完整地体验所学体育项目的运动经历。二是以异质分组的形态进行同伴合作学习，建立小型运动团队并分组训练，培养学生的团队意识。三是实施小组间的运动竞赛，模拟正式比赛规制，也可根据人数、规则和器材对比赛形式进行适当调整。四是整个比赛过程中，学生不仅作为运动员，而且要担任教练、裁判、记分员、训练员、管理员、宣传员，以及记时员、统计员、捡球员、发令员、识别员等所有赛场角色，并适时进行角色互换，所有的练习和比赛的成绩及担任相关角色表现情况都要被即时记录，作为量化考核最终成绩的重要依据。五是通过主题口号、宣传标语、徽章、吉祥物、啦啦队等形式，增强队员的内驱力，形成一种能代表整个运动队风貌的精神，同时营造比赛过程的欢乐气氛，感受竞技运动文化的魅力。运动教育课程模式采用小组竞赛的形式，促进学生在"自主"中求知，在"合作"中获取，在"探究"中发展，能充分调动学生的求胜欲望，激发学生的学习主动性，培养学生沟通、组织、应变及团队合作的能力。运动教育课程模式作为一种体验式实践教学方法，通过队员间的接触合作，会形成整个团队之间的一种无形的关系和默契，产生一些共同的价值追求等精神层面的共识，能够有效提升学生的公平意识、团队意识和责任意识。通过小组合作的方式，能够在充分的互动中，最大限度地让学生体验到实践中可能遇到的问题，锻炼其沟通与表达、人际关系敏感性、临时应变、情绪管理等方面的能力。训练的流程一般由准备、计划、实施、评价及反馈5个阶段组成。准备阶段：确定教学目标和教学的内容；组建团队，根据学生的思维活跃程度、表达沟通能力、理论学习和实践操作水平进行搭配，发挥每一个学生的优势。计划阶段：检查学生在准备阶段对相关知识、专业规范与标准的学习；听取学生计划陈述，给予必要指导。实施阶段：指导学生的操作；观察每个小组的操作，加以记录，并作为评价依据；搜集反复出现的问题及需要完善的条件。评价阶段：引导学生进行自我评价；问询质疑并组织小组相互点评；评价要反映学生的发展趋势，使学生看到自己的进步与发展，增强自信心、责任感和自我完善的反思能力。反馈阶段：将学习成果与计划假设进行比较，总结经验，考量学生的技能程度与身心的发展状况，找出存在差距的原因；进行教学反思，总结小组的改进建议。

第四，合作学习课程模式。合作学习课程模式是在教学过程中，同学间组织成小型异质类团体，针对学科内容知识集体学习，各自有明确的责任分工，同时还要帮助同伴进行学习。这一课程模式具有5个关键因素：①学习者的"积极互赖"，集体目标的实现是个人目标实现的前提和基础，每个成员拥有的资源与信息有机整合才能实现小组目标；②学习者的"个人责任"，必须承担一定的学习任务，责任明确到人；③面对面的相互促进，比学赶超，相互促进彼此的学习成绩；④人际关系和小团体交往技能，掌握沟通交流技能；⑤团队事务的处理，增强全体成员的向心力、凝聚力。合作学习课程模式建构了宽松、和谐、民主、合作的空间，使学习者通过个体和团体的学习来提升技能、认知和情感，增强同学间相互交流、合作竞争、想象创造等情境，切实解决教师面临的大班班级授课制的问题。合作学习课程模式顺利推进的前提条件是明确分组方式并按技能水平高低、爱好特长等进行异质性分组。鼓励团队成员面对困难时采取多样性思考，增加同伴辅导与支持的机会，发挥同学间的互帮互爱，也有利于教学过程的组织与实施。合作学习课程模式能够提升学生参与讨论的热情，有效克服以往学习中的被动性和依赖性，培养锻炼学生多方面的能力，同时也有利于激发和锻炼教师因材施教的自觉性。设置团队规则，由指导教师协调团队成员分工；"相观而善，谓之同学"，促进学生间交流学习策略、互助学习知识，在思维碰撞、灵感激发的过程中发挥其互助性和协作性；按组进行成果展示汇报，要对学生尊重他人、外部资源的利用、团队及自我价值的实现、聚集团队的智慧策略方法进行评价。这一过程中，一些不可明言的规则通过合作学习课程模式潜移默化地烙在学生的记忆深处。比如，团队发展到成熟阶段，成员共享决策权；小组的目标必须契合教学目标与任务，除此之外，还可自主制定小组特定目标；为完成个人与组织目标，小组中必须营造齐心协力的气氛；作为共同体，小组成员需共同担责；组员可以具有不同知识、技能和经验，可以形成角色互补，从而达到整体优势；结果或绩效是由大家共同合作完成的。此外，教师如何对小组成员进行角色分工并使他们承担各自责任，如何处理小组活动中出现的意外问题与突发事件，在各小组合作学习的过程中如何发挥主导作用等，都要通过言传身教，将这些规则与方法教给学生并使之默会。

第五，拓展教育课程模式。拓展教育课程模式是在确保"安全"情境下，设计具有挑战性和冒险性的体育活动，鼓励和激发学生尝试新方法，解决新问题，使其在亲身参与的自主性、实践性、探究性教育中不断发现自我、面对自我与挑战自我，达到磨炼意志、陶冶情操、完善人格、熔炼团队的教育目的。这一模式源于美国20世纪70年代初开展的探索项目，有机融合教师的专业知识与技能，将学生置身于陌生和新奇的环境下，通过创设团队分工合作的机会来完成既定任务，从而不断挖掘团队成员的想象力和创造性，实现脑力、体力、智慧及经验的充分结合，最大限度激发学生潜能。该模式总体上有3个阶段：计划阶段，教师需要科学评估学生的身心发展状况，设定任务目标和递增性的挑战难度、活动所需要的个人能力和人际交往能力，引导团队成员进行活动的准备和协调工作。实践阶段，学生会遭遇一些无法预设的难题，而这些"意外"往往成为难得的教学资源，参与者既要独立思考又要与他人合作，不断修正、调整自己的认知与行为模式，敢于冒险、持续试错，不断寻找突破。反思阶段，引导学生反思整个活动过程，对个人和团队的经验进行总结并交流想法。这一阶段帮助学生学会自我尊重，让学生反思自己的实践效果并建设性地分析自己的优势和弱势，提升自我效能感，有利于更好地将经验迁移到体育课外的其他领域。该模式由很多新的任务组成，很多活动都以趣味为目的，通过"先行后知"的体验式学习，使学生感受体育学习的乐趣，有助于学生个人成长，以及合作和领导技能的培养。拓展教育课程模式可以充分挖掘学生的兴趣，不断激发学生的潜能，不但能够增进团队意识，还能在活动中发现自身的短板与差距，并有针对性地弥补；同时也能意识到自己的价值，认识到自己的长处给团队带来的效益。这一课程模式还能够使学生感觉到竞争的残酷、感悟到职场的拼杀、感受到体能的重要，有助于转变学生的学习方式，促进其适应"基于创造的学习"。

第六，动作教育课程模式。动作是人类最基本也是最重要的发展领域。体育最小的单位是动作，动作教育课程模式注重动作的培养，从细微处下功夫，强调用科学的、审美的或运动力学的观点来理解运动，通过增强肌肉力量与反应灵敏度来丰富学生的身体"语言"和活动能力，同时提高体育教学效果与质量。处于快速变化的复杂运动情境中，经验丰富的个体可以通过运动直觉做出瞬间反应。在组合动作的训练中，需要由神经系统、肌肉协调及共同参与，个体的观察、预判、反应、分析、移动、协同等技能随之提升。动作技能作为一种习得的能力，其发展涉及三方面：时空意识、努力程度、主客体关系。依据动作的连贯与否，动作技能分为连续性运动技能与非连续性运动技能，前者如滑冰、跑步等需要根据外部情境不断进行动作调整，以连续、不间断的方式完成一系列动作技能；后者如射箭、举重、投篮等由突然爆发的动作所组成的技能，动作的精确性可以计量。动作技能的掌握需经历前控制阶段、控制阶段、应用阶段和熟练阶段4个发展水平。前控制阶段为模仿与认知阶段；在控制阶段，通常多余的动作较多，动作间的协调性不够；在应用阶段，紧张程度降低，逐渐消除多余动作，准确性得到提高；在熟练阶段，较少关注动作本身，无意识知觉能力得到提升，逐渐在大脑中建立起巩固的动力定型。因此，要依据不同的学情，适时适量地搭设阶梯，使得处于不同层面的学生都能"摘到桃子"，引导学生逐步掌握运动技能。当某一运动项目的强度达到一定的阈值之后，就会给身体带来敏捷、精确、流畅和娴熟的体验，就会品尝到坚持运动的成就感与获得感。动作教育课程模式关注更多的是方法及学生体验，体验是"认知运转的基础，是每一个人接触外部世界时操作的最初方式"，它决定了人的认知方式及功能特征。通过对同一操作的反复体验，在知觉与动作之间建立无意识连接，从而获得迅速、准确、流畅和娴熟的动作能力。相关研究证实，在专项运动领域所表现出的无意识知觉优势能够迁移到非专项运动领域。动作教育课程模式基本流程：一是前控制阶段，教师阐释基本要领、操作流程并分步示范，对关键环节或不易掌握的环节需反复强调。二是控制阶段，学生通过观察将动作要领记忆编码，调动头脑中储存的相关信息模块与之建立联系，分解模仿并掌握局部动作要领。三是应用阶段，学生整合记忆表象，初步掌握完整的操作技能，通过练习排除无用的反应。教师及时矫正学生操作误差，通过归纳总结某个环节的操作规律并让学生反复训练，使学生掌握"相关工作标准和思维模式等倾向性态度和不能编纂整理的思维及工作方法等隐性知识"①。这一阶段是"对经验带有感情色彩的回味、反刍、体味"。四是熟练阶段,通过循环训练,学生不断巩固感知与动作之间的认知记忆,成就扎实的技能技巧。这种技能的掌握不仅要靠熟练的动作和体力,更需要由大脑加工决定,实现对无意识运动信息加工的可能,以加强对动作技能的理解与掌握。

(四)建设促进学生成长的课堂生态系统

一般来说,课堂生态系统是一个开放式的系统,包括人的因素、物质因素和精神因素,在自然生态环境、社会生态环境和规范生态环境的综合影响下,多种因素相互联系、相互制约,不同程度地作用于课堂教学。体育课堂教学是一个生态系统,任课教师与学生之间、学生与学生之间构成了一种复杂的种群关系,在这一生态系统中,充满了信息和能量的交流。因此,在体育课堂教学中,要达到课堂生态系统的平衡发展,就必须充分发挥学生的主体精神,构建和谐的体育课堂生态。让学生积极主动地探求,生动活泼地发展,在课堂上营造师生、生生合作,平等交往的气氛,给学生提供充分展示自己的机会。只有在这样一种和谐的课堂生态环境中,教师与学生、学生与学生之间才能够实现真正平等意义上的课堂交往。教师积极、肯定、民主并富有启发性的行为,可以提高体育课堂教学效果;同样,学生主动、自发、合作并富有进取性的行为,可反作用于体育课堂生态系统,使体育课堂生态系统不断地得到自我发展,从而巩固体育课堂教学效果。体育课堂教学中,一方面要注重系统观、生态观,促使体育课堂与自然生态环境、社会生态环境、规范生态环境相和谐,强化关联,避免割裂,注重实践、体验;另一方面,要促进狭义体育课堂生态的改善,即通过转变体育课堂教学生态中的教师行为、学生行为,平衡体育课堂群体生态,构建有效的体育课堂生态空间环境,使任课教师与学生成为合作的探索者、平等的对话者,学生与学生成为协同的学习者。建设促进学生成长的体育课堂生态系

---

① 肖广岭.隐性知识,隐性认识和科学研究[J].自然辩证法研究,1999,15(8):18-21.

统,就是要摒弃传统体育教学的观念和误区,使学生在体育课堂这片沃壤中,寻求适应个体的最合适的生态环境并健康成长。

三、体育课堂教学生态化的实践创新

与学校其他课程相比,体育课堂本身内在地包括了建构精神的思政育人内涵和生态化内涵,更加注重以寓教于"动"、寓教于"赛"、寓教于"境"的方式培养学生的运动技能与体育人文精神。不过,学校体育课堂还存在教学目标窄化、运动量少、运动强度低的现象,存在学生喜欢体育运动而不喜欢体育课的现象。因而,提升课堂运动密度和运动强度,创设学以致用的学练赛情境,基于运动能力基础进行分层教学,坚持学以进德、求知立德的课程思政观,将思政元素嵌入体育课程教学目标、教学设计、学习训练的各个环节,从而实现知识技能与"思政元素"的基因式耦合[①],是打造生态化体育课堂的重要方面。下面以大学篮球课堂为例,阐释体育课堂教学生态化的实践创新。

(一)在价值生态上,挖掘课程思政元素,注重融通教学目标与内容设置

习近平总书记在全国教育大会上强调:"要树立健康第一的教育理念,开齐开足体育课,帮助学生在体育锻炼中享受乐趣、增强体质、健全人格、锤炼意志。"要上好体育课,不仅要立足课内,还要立足课外,教会学生健康知识、基本运动技能和专项运动技能;保障学生每天的校内校外体育锻炼时间;立足全员参与的小组竞赛、师生组合赛、跨班联赛和综合性的体育活动,以实现体育课程目标。大学篮球课程通常采用团队教学模式,以学生身心素质提升为目标,以篮球技能学习、篮球文化熏陶、意志品格训练为主要手段,提升学生运动技能,培养学生科学锻炼习惯,注重学生人格塑造,促进学生全面发展。因而,课程教学目标与内容设置之间具有融通性。

一是认知目标重在"知"。通过篮球课程学习与训练使学生充分了

---

① 闫长斌,郭院成.推进专业思政与课程思政耦合育人:认识、策略与着力点[J].中国大学教学,2020(10):1-7.

解篮球运动的起源、特点与作用，知晓篮球课程教学内容与考核要求，正确理解篮球裁判规则的内涵，掌握篮球运动中运球、传接球、投篮及团队配合的核心要点与基础理论。在教学目标高阶性要求上，要求学生总体上能合理运用裁判技巧并能组织篮球比赛。二是技能目标重在"动"。通过学练赛情境教学活动，促进80%的学生基本掌握篮球运动技战术并加以实践，20%的学生初步掌握篮球运动技战术并加以实践，充分体现实践的驱动性。三是身心发展目标重在"和"。通过身体素质和动作技术练习，锻炼学生的心肺功能，提高学生的协调性、灵敏度、耐力等，助推学生保持情绪愉快，坚定意志品质。四是课程思政目标重在"德"。课程思政目标融通于篮球课程的认知目标、技能目标、身心发展目标中，主要从篮球运动历史、篮球传奇人物、篮球影视作品、篮球健身文化等层面挖掘"隐性"思政教育资源，通过身体动作、口头作业、体育游戏、小组合作等方式培养学生的体育文化精神，以及集体荣誉感、团结协作精神、竞争与合作意识等。可见，思政元素以"润物无声"的方式贯通体育教学全过程。这种教学目标与内容设置的融通性特征参见篮球课程移动技术和传球技术导学单（图5-3）。

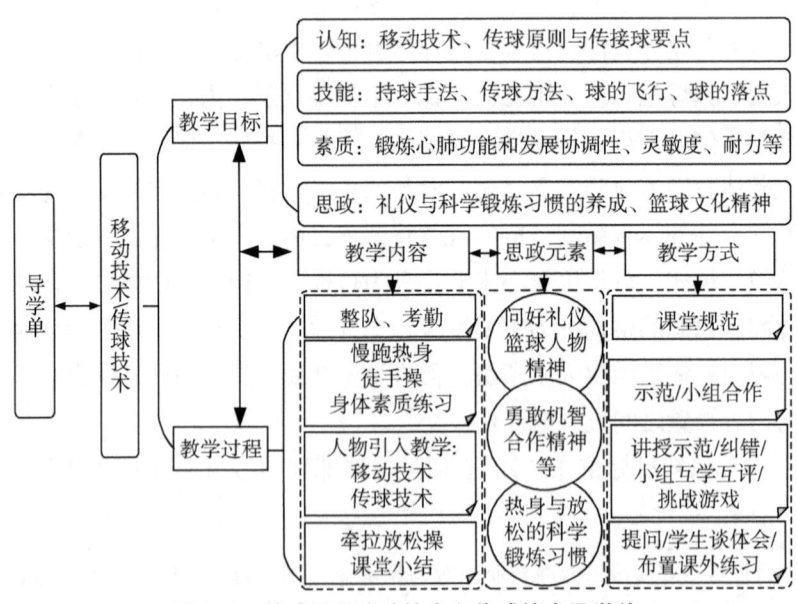

图 5-3　篮球课程移动技术和传球技术导学单

（二）在时空生态上，拓展课堂教学时空，教学过程与方法运用突出"三化"

经过积极探索与实践，大学篮球课程形成三段式教学法：课前视频（影视）观摩法、课中示范纠错和小组互动结合法、课后精练打卡法，从而实现网络学习空间、组织化学习空间（课堂）、自然学习空间（课后）的跨越与融合，为学生学习的扩展性、趣味性、情境性提供多样化选择与体验。课前，学生根据教师发布的视频教学资源（主要是中国大学MOOC平台开设的《大学体育·篮球选项》在线开放课程视频，以及教学团队已有的篮球技战术微课教学视频）自主练习，了解课程或章节的知识点和技战术应用实践背景。教师利用5分钟进行"课前测"，了解学生的课前自主练习情况，从而有针对性地进行教学。

在课中的教学过程中创新性地形成了"三化"特色：技能教学的"动作要领口诀化"、学习过程的"示范纠错规范化"、情境创设的"争先创优团队化"。口诀化让学生形成清晰易记的语词符号反应意识，领悟身体动作之间的连贯性与协调性。规范化是指身体动作与技能掌握要领、要求与方法的规范化，是预防运动损伤发生的基本，也是形成动作能力、掌握运动技能的基本。动作能力不仅是享受与参与身体活动乐趣的能力，以及不断增强在日常身体活动中从事适当身体运动方式的能力，也为持续获得运动技能奠定基础，这里的情境创设主要是指基于动作训练与运动技能掌握的师生互动情境与技能应用学习情境，从而实现从"动作符号学习"到"运动逻辑学习"再到"应用意义学习"[①]的递进式学习。对于大学体育课堂来说，应用意义学习是核心，即运动技能的运用实践、协作配合、创造性动作或技能的生成、活力的拓展等。

以大学篮球课程中"个人带球向前推进的进攻方式——运球转身""传球与接球"课程内容为例，介绍教学过程设计"三化"特色表现（表5-1）。

---

① 邓若锋. 运动技能学习层次构建［J］. 体育学刊，2018，25（1）：11-16.

表 5-1　教学过程与方法运用的"三化"设计

教学内容	技能教学的"动作要领口诀化"	学习过程的"示范纠错规范化"	情境创设的"争先创优团队化"
个人带球向前推进的进攻方式——运球转身	运球转身四字诀：转、蹬、换、拍，动作连贯要协调	在教师讲解示范后，学生在分组分层练习中易犯的错误及其纠正方法如下：①运球时低头，可以采用看教师手势的方法进行纠正；②运球时掌心触球或单手指拨球，要注意全身的协调配合	①双球运球接力：巩固篮球基本功；②实战对抗赛：学生3人为一组，在场地上运用运球转身技术进行实战对抗比赛。采用小组互评、教师仲裁方式评选出技术运用规范者、熟练者、最佳视觉者
传球与接球	接球技术口诀：双臂伸出迎球来，手指朝上防挫伤，拇指相对成八字，引球顺势要缓冲，球放胸前手腕松，肘收球在掌心中	在教师讲解示范后，学生在分组分层练习中易犯的错误及其纠正如下：如胸前传球纠错，持球手型不对，胸前传球力度不够时的纠正方式为肘部微微向外，双手的食指和中指发力将球传出	①抢运球小组赛：训练对球的控制与掌握；②计时接龙传球打板挑战赛：练习快速传接球的能力与准确性；教师加油和点评；获胜小组可获平时成绩加分

课后精练重在加强对重难点动作的掌握，结合学生在日常生活中的运动练习打卡情况、体育社团活动参与情况、运动APP数据记录情况进行考核，帮助学生养成练习运用规范的篮球技能的习惯，养成定期参加篮球活动的习惯，促进运动健身的生活化与终身体育价值观的形成。

（三）在评价生态上，实施多元评价，教学质量与效果彰显"四提升"

以大学篮球课程为例。大学篮球课程主要包括篮球运动发展通识理论、移动技术动作与理论、投篮技术动作与理论、传接球技术动作与理论、运球技术动作与理论、持球突破技术动作与理论、防守技术动作与理论、打抢断球和盖帽技术动作与理论、抢篮板球技术动作与理论及篮球场地和规则裁判理论等（表5-2）。

表 5-2　大学篮球课程教学相关情况

周次	授课要点	主要内容与思政融入点	授课形式	评价方式及教学效果
1	篮球运动的基本理论知识、规则及裁判法	讲究规则意识，指导篮球竞赛，加强裁判之间的协作精神	课堂讲授；课后学生查阅相关资料	以师生问答、学生互评、现场实战方式，评价学生对篮球规则、场地、器材的精准把握度；每个教学班培养出4~6名能独立承担篮球裁判任务的学生
2	篮球基本功及合作游戏	"低高运球""运球急停急起""同时运两个球"等基本功检测与练习，培养学生坚持不懈、持之以恒的品质	讲授、示范；课中学生分组练习并讨论；团队基本功比武	学生掌握多种基本功练习方式，主动打卡完成拍摄练习视频和体育作业
3	篮球初级技术动作——运传投（1）	由易到难、循序渐进学练胸前传接球、运球变向和原地投篮	讲授、示范、纠错；学生分组练习并讨论；小组比赛	学生掌握传运投主要技术动作，主动担任完成拍摄练习视频、体育作业或提交参与校内外体育活动记录
4	篮球中级技术动作——运传投（2）	学练"体前变向→左右跨下→大小背后→组合练习"的运球、传球、投球，培养面对困难敢于挑战的品质	讲授、示范、纠错；学生分组练习和小组比赛	学生互评，熟练掌握所学运动技能，培养吃苦耐劳品质，能主动打卡担任校篮球社团社长或承担活动任务
5	篮球高级技术动作——运传投（3）	学练"原地投篮→运球三步上篮→持球突破接跳投→三分球"技术动作，培养顽强拼搏品质	讲授、示范、纠错；学生分组练习并讨论；团队基本功比武	学生互评互享，积极主动当好老师助手，能主动打卡担任校篮球社团社长、院级篮球队队长，形成良好的战术素养；身心素质得到全面提升；将篮球运动作为积极生活方式内容之一
6	篮球重点技术动作——基础战术配合	学练赛"利用V形切入→背后切入→传切配合→掩护配合→挡拆"，培养协作与服从裁判意识	讲授、示范、实战；学生分组挑战赛	

续表

周次	授课要点	主要内容与思政融入点	授课形式	评价方式及教学效果
7	篮球重点技术动作——快攻战术配合	学练赛"2打1→3打2→4打3→快攻转移",培养果敢、自信、专注的品质	讲授、示范、实战;学生分组练习讨论;开展挑战赛	找出自己喜欢的篮球传奇人物,课后观看其相关视频,课上进行口头分享;强化领悟篮球快攻思想,将篮球运动作为积极生活方式内容之一
8	篮球重点技术动作——半场人盯人战术配合和区域联防	学练赛"防无球球员→防守低位球员→防守切入球员→轮转防守→区域联防",培养全局观和大局意识	讲授、示范、纠错;学生分组练习并讨论;小组表演赛	课堂分享,学会灵活机动运用联防和人盯人战术,能解说评价技术动作优劣,能组织篮球比赛

新增课程思政内容"篮球运动的育人功能"模块,融通于课堂学练、实战训练、小结反思教学活动中,如将篮球文化发展史融入课堂技战术能力培养过程中;将篮球知识与技能训练融入课外文体活动中;将篮球精神与品质培养融入专业人才培养过程中,如社会工作、"玩商"训练营等。对这些课程内容的学习掌握和运用,该课程坚持过程性评价与目标性评价、课堂评价与课外评价、教师评价与学生评价相结合的方式,提高学生上篮球课的兴趣,扩展课堂教学效果,有效实现"四提升":一是提升学生的思想素养,如集体主义、爱国主义精神和体育强国观等;二是提升身心素质,如力量、速度、耐力、灵敏、柔韧等机能发展和稳定向上的情感发展等;三是提升个性品质,如主动性、乐观性、终身学习能力、职业责任心与道德等;四是提升社会能力,如团队协作、领导力、动觉智力、自省智力、交往智力等,促进学生成为"躯体、心智、情感、精神、心灵力量融汇一体的人"。

同时,该课程注重调研学生篮球体育运动需求,还可根据体重超标的学生、体能较差的学生、篮球基础薄弱的学生等不同学情,确定教学目标实现的适当差异度,并提供针对性教学与运动干预方案,深受学生喜爱。如该课程将学生的篮球运动基础水平分为初级、中级和高级3个层次，通过一学年的篮球课程学习，确定3个不同层次学生要达成不同的篮球技能学习评价标准（表5-3），初级、中级和高级的达成目标分别是篮球技能3～4级、2～3级、1～2级及以上。分层评价的目标在于促进不同运动能力基础的学生均能在篮球课堂上找到适切的目标，获得进步感和成就感，从而促进学生在日常生活中投入篮球运动或其他体育运动，并养成终身体育的习惯，这正是体育学习投入度与获得感教学目标的实现。

表5-3　大学篮球技能学习评价标准

等级与得分	思政评价及技术动作表现
1级：9分	运球动作熟练，能够快速移动，控球能力好，没有出现带球走的错误，行进间投篮动作完成质量高，能示范，能当好老师助手
2级：7分	运球动作比较熟练，能够比较快速地移动，有比较好的控球能力，没有出现带球走的错误，行进间投篮动作完成质量比较好，投篮较准，平时练习积极主动，吃苦耐劳
3级：5分	运球动作基本熟练，移动速度和控球能力都一般，偶尔有带球走的现象，行进间投篮动作完成质量一般，投篮命中率一般，平时练习积极主动
4级：3分	运球动作不熟练，移动速度较慢，控球能力较差，带球走等错误现象出现了4次及以上，行进间投篮动作基本可以完成，投篮命中率低，平时练习有耐心
5级：1分	运球动作断断续续，移动速度慢，控球能力差，总是出现带球走等现象，未完成行进间投篮动作，投篮命中率很低

总之，无论是课程目标还是课程教学设计，体育课堂教学生态化最为关键的一点是促进学生获得积极的身体练习体验，体验越深刻，体育课程的目标达成度越高。这些积极的课程体验是在身体动作的跳跃、旋转、躲闪团身、伸展、体转，身体运动的快慢、用力的大小、肌肉的紧张和放松，团队运动的领导与跟随、个人与群体、与同伴互动、规范与失误等诸多实践场景中实现的。唯其如此，运动密度与强度才有保

障，健康促进才有保障，思想体悟才有收获。所以，运动技能的情境应用是身体练习活动达成深度体验或巅峰体验的核心。基于团队的、身体在场的、师生与生生合作的学练赛情境活动，不仅可以唤醒身体感官的互动，还可以唤醒情绪的互动、智力的互动、道德感的互动。随着身体参与程度的深浅变化，这些互动成为螺旋式循环，从而有效达成团队协作、沟通交流、共享情感、责任与道德等方面的个性品质与社会能力的培养。

第六章　新媒体时代体育教育的生活化推进

习近平总书记强调:"体育既是国家强盛应有之义,也是人民健康幸福生活的重要组成部分。"随着我国进入新发展阶段,人们充分意识到健康管理与健康促进的重要性,居家锻炼与社区健身成为一种时尚。生活体育联结着人们的衣食住行,联结着由健康、快乐和积极进取的态度构成的美好生活,联结着全民健康、经济增加力、社会凝聚力和文化传播力。《2020年大众健身行为与消费研究报告》数据表明,家庭运动场景正在形成,37%的健身与锻炼者选择在宿舍里/家里锻炼;《全民健身计划(2021—2025年)》等诸多政策行动日益推动体育与全民生活普遍联系,体育融入生活日益成为健康中国建设的新常态。事实上,体育本身是通过身体活动的生活教育[1];体育与生存教育、生活教育、生命教育的融合是大众体育参与的一种自我启蒙[2]。"体育行为融入人的生活世界而形成体育生活习惯及其过程"[3],即是生活体育的本质内涵。因而,建构生活体育文化是遏制人们体力活动不足导致的慢性病流行和满足人民群众美好生活的需要[4],以及全民走向主动健康的必选之策。

---

[1] 王水泉.运动文化论的源流[J].体育科学,2014(12):72-84.
[2] 王智慧.共识危机与自我启蒙:后疫情时代大众体育参与的价值向度[J].沈阳体育学院学报,2020(5):1-8.
[3] 段黔冰,张红坚."场"视域下大学生体育生活化研究[J].北京体育大学学报,2008(4):108-110.
[4] 任海.聚焦生活,重塑体育文化[J].体育科学,2019(4):3-11.

第一节　生活体育理念的内涵及价值表征

体育融入生活理念最早源于对西方现代工业技术革命降低人们身体活动的时间与空间的焦虑,源于现代生活方式与节奏所带来的体质下降和诸多"文明病"。20世纪60年代,保罗·朗格朗提出了终身体育概念,在时间维度上突出了体育在人们生活中的重要价值。我国"生活体育"内涵在新中国成立初期被称为"新体育",意味着"将体育普及到千百万劳动人民中去"①,主要是从体育运动参与的大众化、民生化视角来看待的。进入20世纪90年代,我国体育在竞技体育之外,提倡体育作为人的一种健康生活方式,让闲暇成为一种积极创造状态,游戏精神被认为"生活体育"的核心②。《"健康中国2030"规划纲要》提出"推动全民健身的生活化",体育更多地和身体、生活、生命联结起来。可见,生活体育已成为促进人们更健康、更有力量、更具尊严地享受生活和创新生活的方式。

一、生活体育聚焦体育与生活的融合

从文化的角度来看,生活体育是一种以体育全面提高人的生命质量和生活质量为目标的体育文化,它和休闲体育、群众体育、全民健身体育紧密联系在一起。

首先,全民健身和健康中国的理念是生活体育文化意蕴展现的重要逻辑。习近平总书记强调:"全民健身是全体人民增强体魄、健康生活的基础和保障,人民身体健康是全面建成小康社会的重要内涵,是每一个人成长和实现幸福生活的重要基础。"因为,人类身心的抵抗力和免疫力是应对疾疫风险的重要法宝,"好的身体是国家的社会资本"③。

---

① 韩丹.论体育生活化[J].福建体育科技,1991(3):1-4.
② 缪建东.生活体育:社区教育新视角[J].体育与科学,2011(2):103-106.
③ 王彩平,刘欣然.体育存在的身体价值和意义追求[J].北京体育大学学报,2015,38(1):31-36.

第六章　新媒体时代体育教育的生活化推进

在人们主动的健身意识与健康追求中，当前的生活体育在既有的多样性、包容性、互动性基础上，充分展现出开放性、跨界性和联动性，体育参与延展到人们的各个社会生活领域而成为一种日常实践，体现出"大体育文化观"，如体医工（体育—医学—工程）融合、体教融合、体商结合、互联网+体育等层面的跨界联动，健康中国战略和全民健身计划在多元体育运动场景得到有效实施。

其次，生活体育是一种休闲文化，是个体在业余闲暇时间中主体性价值生成的过程[1]。信息社会的快速发展和物质财富的极大丰富没有使人类的健康、幸福指数成正比增长；相反，更多新的"病症"成正比增长，这与人们的生活方式是相关的。电脑的全能性、竞争的激烈性、网络的全球性、"私家车"化的生活等都使人类过分依赖工具，以节省体力，运动减少了，结果就是身体调适能力下降，自然免疫力降低，心理耐受能力变差，抑郁、自闭、焦虑、孤独、退缩等心理问题日益增多。这是现代文明的负效应。生活体育是抵抗这一负效应的重要途径，是人体健康存量增加的重要投资方式，是人力资本要素的根本；它使人类以更加强健的体魄和更加坚强的意志来应对人类由于现代生活过于优越而造成的身体孱弱和精神萎靡之"病"，增进人类在越来越复杂、尖端的技术力量与日益激烈的竞争态势中的适应力。而且，休闲体育亚文化群体在以体育活动为媒介的开放式互动中，逐渐形成明确的行为规范模式和共同一致的群体意识，他们的文化观、价值观、人生观在与整个国家和社会的核心价值观体系，以及其他各种社会思潮与时尚文化的交流碰撞中产生新的文化价值观念。休闲体育中形成的社会性群体正是在交流、适应、模仿乃至对立的方式中实现对社会文化大规则和资源的汲取和融合，并塑造和确立自身积极健康的文化理念，有助于克服试图破坏社会系统稳定的各种文化思潮，所孕育的新价值理念和生活方式也丰富甚至重构了社会文化体系，增进了社会共同体的团结和谐，从而对社会文化结构作出了贡献。生活体育正是通过无处不在、无时不有的体育

---

[1] 杰弗瑞·戈比. 21世纪的休闲与休闲服务［M］. 昆明：云南人民出版社，2000：103.

活动涵养人们的品格，使人拥有积极的心理、敏锐的互助精神并且充满活力，促进人的社会化和道德团结。因而，可以说，生活体育通过人们日常体育行为习惯的形成，促进体育锻炼与体力活动的生活化，以休闲文化的价值形态成就人的理想品格。

二、生活体育提升人类共同体精神

生活体育理念最本质的价值是一种人本价值。从人的发展来说，生活体育更为关注健康身体与美丽肌肤、物质生活与精神生活的完美结合，是新时代美好生活需要的重要组成部分。其一，生活体育体现为一种活力的、团结的、审美的、自我实现的价值。在自动化与视频化相叠加的时代，由于人们的可流动性受疫情影响减少，封闭隔离性增加，人们的屏幕前学习与办公时间增多、体力活动空间缩小，这相应挤压了人们的社交与运动空间，从而带来久坐不动的亚健康、慢性疾病，乃至人际关系淡漠。因为，"身体比整个人更宽，它包含了整个社会、整个环境。我们的生命总是处于一个环境之中，我们从来不能成为一个孤立的身体，我们和外界息息相关"[①]。生活体育将身体运动置于和"外界息息相关"中，从而实现身体的认知转向、身体的觉醒、身体的启蒙，还有身体的道德。其二，生活体育体现为一种"公平""正义"。生活体育鼓励和支持所有人在日常生活中，不分性别、年龄或体育技能的高低，积极投入到适合自己的体育活动中来，促进身心健康和人际信任，这具有公平、正义内涵。社区体育、共享体育等健身活动均承载着"公平"性、"正义"性。生活体育同时增进人类健康和规则意识，提升群体融合与社会信任度，这是促进社会可持续发展的重要方面，也体现出社会发展的公平与正义内涵。

三、生活体育促进经济社会发展

经济的快速发展为体育休闲和体育消费提供了可能，科学技术的

---

① 舒斯特曼，曾繁仁. 身体美学：研究进展及其问题——美国学者与中国学者的对话与论辩[J]. 学术月刊，2007（8）：21-28.

迅猛发展为生活体育提供了技术支持，教育理念的改革与创新培育了青少年和社会大众的健身观念。反之，生活体育反映了社会变迁、社会关系、社会心理等状态，促进了社会变革和社会进步。生活体育与社会发展之间具有互嵌共进价值耦合关系。

从城市建设的角度来看，生活体育是绿色城市建设的价值旨归。生活体育将体育融入家庭生活、社区生活和社会生活，重组了城市化建设加快带来的空间区隔、身份区隔、文化区隔的分异及人际交流的局限，促进了个体、家庭、邻里和社会生活的和谐发展，成为城市建设中重要的健康基因和活力元素。

从产业发展的角度来看，生活体育使体育消费得到释放，线上体育健身产业得到快速的发展。体育场馆资源实现智能化运作；体育产业深入融合文化、健康、旅游等领域，形成文体康旅一体化融合发展趋势；"线上+线下"的一体化体育消费模式凸显，形成智慧型体育产业发展新业态，从而推动人们体育生活方式的个性化和多元化。

从人才培养的角度来看，学生作为最富活力与发展性的群体，是生活体育的支持者与参与群体。学校在提供可持续发展的体育活动平台与个性化体育服务体系时，将体育运动嵌入学生宿舍、课堂、校园公共空间，融合在学生的社会实践、专业实习、志愿服务等方方面面，在知识储备中走向文化认同，在规则意识中走向集体认同，在个体发展中走向自我认同[1]，让学生体会与感悟生活体育与美好生活的价值关系，从而实现德、智、体、美、劳全面发展。

第二节　新媒体时代生活体育的实践

欧洲最早提倡"所有人的体育运动"理念；韩国提出了"生活体

---

[1] 张磊．学校体育生活化三路向：基于哈贝马斯"生活世界"的启示［J］．上海体育学院学报，2020（7）：59-68．

育"概念,成立了全国性生活体育协会,并持续完善生活体育振兴政策体系;美国提出"生活化健身"理念,让体育深入日常生活;我国提出了"全民健身"理念与计划,党的十九届五中全会将"全民健身运动"概念调整为"全民健身活动",将健身活动形式扩展为包括舞蹈、野营、步行等在内的日常身体活动;国际体育类协会则提倡"身体素养"理念,认为身体素养中的情感(动机、信心)、身体(身体能力)、认知(知识与理解)、行为(身体活动参与)4个要素间相互关联、密不可分,与读书、计算能力同等重要[①]。在新发展阶段,"体育让生活更美好"的理念更加深入人心,生活体育实践更加多元,生活体育保障更加坚实。

一、日常生活中的体育要素得到增强

"在现代社会的每一天,每个人都在大致相同的时间做大致相同的事。但每个人的的确确是自己在单独做自己的事。"[②] 列斐伏尔认为这种同质性的、重复性的被节奏化是当今人们日常生活异化的核心表征,生产异质性空间与复归身体节奏是抵御日常生活异化的重要方式。身体是日常生活异化的承担者也是突破者。目前,远程办公、云会议、在线学习、在线比赛、网购等进一步普及,身体活动成为打破节奏化生活的主要方式。街头、广场、绿道、居家等空间的体育要素增加了,健康意识与身体素养的认知更加生活化了。比如,体育消费逐渐成为人们日常生活消费的重要组成部分,2021年大众健身消费水平相比2020年增长35%;全民健身的社区化、居家化趋势更加明显,人们对"社区全民健身中心""小区内的露天花园""社区/街道的露天广场""马路边"等锻炼运动场景的选择比例相比2020年大幅提升[③];体育基础设施建设

---

① 吴铭,杨剑,袁媛,等.《加拿大增加身体活动,减少久坐生活的共同愿景:让我们运动起来》的解读与启示[J].天津体育学院学报,2020(4):428-433.
② LEFEBVRE H. Rhythmanalysis: space, time and everyday life [M]. London: Bloomsbury Academic, 2013: 75.
③ 中国体育报.《2021年大众健身行为和消费研究报告》发布,大众体育消费意愿进一步增强[EB/OL].(2021-05-19)[2022-10-01]. http://www.chinasportsdaily.cn/tyb/html/2021-05/19/content_116879_13395398.htm.

全面加强，全面打造"15 分钟健身圈"成为各大城市的共识；智能化健身与身体活动水平数据化监测日益流行，线上线下相融合的"互联网+健身"模式日益主流化；体育主题购物中心、运动社交型商业街、数字化运动娱乐馆等新型体育产业形式涌现；体质监测与健身指导走向融合，体育与医疗走向深度融合等。

二、体育参与更为具身化

体育运动是以人的身体为基础性媒介的一种运动，身体是意义的提供主体，是分析体育运动的第一原理[①]，具有"身心一体"的"具身化"价值内涵。因为，人们的认知形成于身体的动作经验中，人们的伦理和情绪嵌入身体动作中。这不仅是因为身体活动是延缓老年人认知老化、提高青少年认知功能、改善学生学习习惯等的重要因素[②③]，并具有较强的抗抑郁效应[④]；而且是因为体育参与是不同身体之间的意义建构过程，如选择坚持健身房训练，实质上就选择了关于健康、美丽的意义，有了关于"马甲线""人鱼线"的追求和展现，如果是定期的团队训练，还会包括伙伴关系、同一品牌的选择等意义行为。在新发展阶段，一方面体育活动参与的日常仪式感增强，马拉松赛、广场健身操、健步走、共享健身仓等就在人们的身边；另一方面体育社交媒体促进身体锻炼行为与体验得以呈现、被关注并互动言说。健身打卡成为具身性的身体记录与管理方式，人们的日常锻炼实现了生活空间、技术场域与具身体验三者的共同在场，每天 1 万步日益成为日常问候语。身

---

① SPRY T.Critical embodiment and possibilities [C] //LINCOLN Y S, DENZIN N K. Collecting and interpreting qualitative materials 4ed. Los Angeles：Sage Publications, 2012：213.

② 张连成，高淑青.身体锻炼对认知老化的延迟作用：来自脑科学的证据[J].天津体育学院学报，2014（4）：309-312.

③ HOWIE E K, SCHATZ J, PATE R R. Acute effects of classroom exercise breaks on executive function and math performance：a dose-response study [J]. Research quarterly for exercise & sport, 2015, 86（3）：217.

④ 方黎明，郭静.体育锻炼促进了健康公平吗？——体育锻炼对中国城乡居民抑郁风险的影响[J].体育科学，2019（10）：65-74.

体活动带来的这类情感愉悦感、社交和谐感、精神饱满感，以及以数据化方式呈现出的自我效能感与目标感，转化为人们积极的生活态度和自我认同，转化为对自我能力与意志的掌控感，转化为敬畏生命、热爱生命的意识，从而成为应对疾疫风险感和脆弱感的无形资本。这些体验、认知、意识均依赖跑、跳、蹦、走、扭、舞等具身化动作与过程中。

三、体育与经济社会发展的互动融合效应明显

推进体育强国战略既是强身健体与健全人格培养的需要，又是经济社会发展的重要驱动力。在新发展阶段，体育发展出现了数字化、个性化、居家化转型，出现了体育制造业、体育新零售、智慧体育场馆等发展新模式，小型健身器材销售出现了逆势增长。2021年全国两会聚焦体育场馆的智慧化、冰雪体育产业发展。这些表明，国家与社会在贯彻全民健身战略、实施健康中国行动上强化了时代责任，体育日益成为与政治、经济、社会发展联动共振的系统。我国自2019年以来发布的相关体育政策充分凸显出体教、体卫、体医、体旅融合互动发展特征（表6-1），为提升人民身体健康素养提供了新启蒙空间。

表6-1 我国2019年以来发布的体育政策及其特征

发布年份	政策名称	体育与经济社会互动融合特征表现
2019	体育强国建设纲要	实施包括全民健身普及活动工程在内的九项重大工程计划；体育产业成为国民经济支柱性产业
2020	关于深化体教融合促进青少年健康发展的意见	提出加强学校体育工作、成立青少年体育俱乐部、完善青少年体育赛事体系等任务，达到推动青少年文化学习和体育锻炼协调发展目标
2020	国务院办公厅关于加强全民健身场地设施建设 发展群众体育的意见	加强全民健身场地设施建设、实施群众体育提升行动、推进互联网+健身、推动居家健身等

续表

发布年份	政策名称	体育与经济社会互动融合特征表现
2021	全民健身计划（2021—2025年）	大力发展运动项目产业，积极培育户外运动、智能体育等体育产业；深化体教融合；推动体卫融合；促进体旅融合
2022	关于构建更高水平的全民健身公共服务体系的意见	加强冰雪、山地等户外运动营地及登山道、徒步道、骑行道等设施建设；加快运用5G等新一代信息技术改进场馆管理和赛事服务等

第三节　新媒体时代学校体育生活化推进路径

生活体育是一种理念，体育生活化是一种过程与目标，是将兴趣、健身、休闲、交往、创造等多元价值融于一体的自觉自为与自主选择的过程，具有从微观路径和感知维度介入并改造人的日常生活的现实可能性，体现出社交化、生命化、信仰化特征。现在人们的健康意识进一步觉醒，运动多元价值认同进一步提升，从而促进不同年龄阶段人们健身需求的多样性发展、体育运动场景的多元化发展、身体活动监测的数据化发展。进一步深化生活体育理念，充分实现体育生活化，可以从理念认同、动员参与、政策融通3个层面加以推进发展。

一、推进体育运动多重益处的理解与认可

从个体层面来说，定期的足量的体育活动参与能够预防心脏病、中风、糖尿病、腺癌和结肠癌等慢性疾病，也有助于预防高血压、超重和肥胖，并改善心理健康、生活质量和幸福感，为人们提供了愉悦心情、形象管理、关系拓展、身体审美、自我实现、和谐社会等多层面的价值，这在某种意义上构成了人的一种终身发展能力，是人们应对不确定的健康风险的重要方面。从社会发展层面来说，体育作为一种绿色生活方式，不仅会创造充满活力的社会，还会带动旅游、就业和基础设施

建设，并能使人们减少使用化石燃料，从而产生净化空气、疏解拥堵、使道路更安全的社会发展效应，进而形成有特色的城市文化、有细分市场的体育产业、有基因传承的体育文化。

从外部生态来说，需要建立"政校社家企"协同推进模式，大力倡导与鼓励生活体育，促进体育活动从个体到团队、到学校、到家庭、到社区、到企业全方位的认同与参与，促进体育活动的社交化转变；需要社会媒体与相关机构、社会组织大力普及全民健身文化，大力弘扬体育精神，讲好体育故事；需要挖掘放大体育锻炼者和运动爱好群体的直觉感受与体验，促进人们在体育活动中感受自我超越和自我完善，树立健康信念，从而让体育走进生活，让生活融入体育，促进全民健康生活方式的形成。

从内部生态来说，学生体育生活化理念最本质的思想是让体育嵌入生活，成为学生日常生活的重要组成部分，而不仅仅是每周两节体育课时的学习与任务安排。影响这一理念认同的因素有很多，但最为关键的是体育运动价值的认同与推广。这是因为体育育人价值的实现与其他学科专业课程不同，其他学科专业课程多以间接经验学习为主，而体育活动是通过身体的直接在场参与、团队的合作互动参与来唤醒身体感官的互动、情绪的互动、智力的互动、道德感的互动，从而达成团队协作、沟通交流、共享情感、责任与道德等方面的个人效能与社会适应能力的培养，这是美好生活的旨归之一。因而，学生体育生活化理念认同机制架构的第一步是师生对美好生活理念的认同，追求美好生活的目标感、充实感、成就感与意义感，从而应对网络虚拟无聊感、消极休闲的宅感、非理性消费的炫感等。第二步是师生对体育多元价值的理解与认可。体育不仅具有强身健体的价值，同时为人们提供了愉悦心情、形象管理、关系拓展、身体审美、自我实现、和谐社会等多层面的价值，这在某种意义上构成了人的一种终身发展能力。第三步是师生对学生体育生活化价值的审视与重视。随着我国改革开放的纵深发展、互联网技术的快速更新，以及高等教育向普及化阶段迈进，学生存在如沉迷网游、精神抑郁、厌学、课堂沉默等学习状态，而诸多研究表明，体育运动作为一种干预方式，可以改善学生的学习状态，促进学生对不同阶段学习生涯的适应与发展。因而,体育生活化将体育运动嵌入学生宿舍、课堂、校园公共空间,融合在学生的社会实践、专业实习、心理健康教育活动等方方面面,必然会改善与提升学生的整体学习状态与学习氛围。因而,学校应重新审视与重视体育生活化对促进学生全面发展具有的非凡意义。

二、推进体育教育跨领域跨部门的协同治理

体育健身活动不单单是有氧运动和休闲类的活动,还包括如步行、骑车这样的日常生活运动,也包括武术、龙舟、围棋、健身气功等传统体育文化活动。生活体育本身意味着体育活动成为日常生活场景的重要组成部分。

从外部生态来说,秉承全人群、全生命周期覆盖的原则,让更多的人在日常生活中进行身体锻炼是当前体育部门、卫生部门、教育部门、环境规划部门、交通部门、社区、社会组织等的共同目标。需要建立和加强跨领域跨部门的协同治理机制,将体育与健康融入所有部门与所有政策的决策过程,实现体育资源与平台的共享,各级各类体育活动或赛事的有序参与。一是体育运动人群的动员与参与。有针对性地分别为儿童、青少年、中年人、老年人等各年龄段人群,以及孕期和产后妇女、残疾人、慢性疾病患者等不同特征人群提供身体活动建议、体育参与空间与机会,实现体育健身需求的精准化供给。二是体育活动空间的动员与参与。动员与促进人们积极地关注或投入体育社会组织、健身活动空间、体育表演活动空间及公共空间(如公共体育场馆、体育小镇、绿地空间、住宅楼体育活动空间、健身APP等)。每一类空间均应具备有效的教练指导与互动载体,增强人们体育运动的具身化体验,提升体育活动参与的持续性。三是体育活动时间的动员与参与。需要建立人们参加体育活动锻炼的运动积分制,人们可以获得个人运动标识,如将健身打卡纳入学习强国积分,将校园阳光跑纳入学生体育课程考核评分体系,从而有效提升人们参与体育活动的积极性与时常性,走向体育生活化。

从内部生态来说,动员参与机制是指学校及相关机构(如政府相

关职能部门、社会组织等）基于体育生活化理念，搭建多元平台，采用一定方式影响与促进学生积极参与课内外体育活动，并将体育活动作为日常生活与生命活动的基本要素之一的机制。从当前学校体育活动发展实际来看，学生体育生活化动员参与机制可以分别从体育活动空间与体育活动时间两个层面加以谋划与实践。学生体育生活化的空间动员与参与，首先是指体育课堂空间的动员与参与，也就是如何让体育课堂成为生活化课堂，让学生喜欢上体育课堂。一方面，学生体育课程结构应根据高校的办学特点与定位进行重构，在传统的体育活动项目之外，建立与生活有机结合的开放性体育课程和个性化体育课程，以满足学生多元的体育需求。比如，可以将体育课程与生命科学、经济管理科学、信息化技术等学科内容相结合，重构体育课程内容；可以依据学生所学专业的职业发展要求开设体育课程，如电力专业开展爬杆教学、社会工作专业开展体育游戏教学等；还可依据塑身和素质拓展需求，开设体育欣赏、体育心理相关课程等。另一方面，学生体育课程教学方法要从学做练方式走向体验教学方式。因为体育运动在精神、心理、社会适应方面的价值实现需要依靠体验与反思并积极尝试再行动，其价值才能沉淀内化为人的美好品质。因此，教师要创设丰富多元的体育活动情境，依次引导学生完成"具体体验、反思观察、抽象概括、行动应用"4个递进式的教学内容设计。其次是指体育课外活动空间的动员与参与。学生体育课外活动空间主要包括学生体育社团空间、学生体育竞赛空间、学生体育表演活动空间及校园体育公共空间（如校园跑道、学生公寓体育活动空间等），每一个空间均应具备有效的教师指导、师生互动，同时要将空间中的活动实践列入学生体育课程考核评价体系中，如此，学生参与体育活动的积极性才能得到有效动员，并走向体育生活化。学生体育生活化的时间动员与参与是指将体育活动有计划地渗透到学生的日常生活时间中。第一，学校可以分层分类设计与组织学生日常生活中的体育活动，对于高校来说，可以为大一同学组织早操锻炼、为考研的大三学生组织夜跑活动、为有特定兴趣的同学组织阳光长跑运动、为学业发展适应不良的学生提供基于体育活动的团队辅导活动等；第二，学校体育课程可以与学生事务工作中的军训工作、新生适应教育工作、心理咨询工作、党团教育工作结合起来,从而在时间和活动形态上做到广泛覆盖;第三,学校可以在体育典型人物宣传、体育文化氛围营造等方面加大支持与投入,引导引领学生热爱生活中的体育。

三、推进学生体育参与的规范化与科学化

当前,我国全民健身进入融合发展阶段,生活体育理念的建构有了更多学科、行业、部门之间的协同合作,相应的,需要有制度供给与政策融通,以促进生活体育理念的建构有目标可立、有章可循。《全民健身计划(2021—2025年)》明确:"到2025年,各运动项目参与人数持续提升,经常参加体育锻炼人数比例达到38.5%,县(市、区)、乡镇(街道)、行政村(社区)三级公共健身设施和社区15分钟健身圈实现全覆盖,每4人拥有社会体育指导员2.16名,带动全国体育产业总规模达到5万亿元。"达成这一目标需要人力、财力的专门投入,需要整合融通相关政策规范。

从外部生态来说,一是各地可依据已有的地理与人文资源,设立全民健身运动促进专项经费,建构有特色的区域化生活体育文化。《上海市运动促进健康三年行动计划(2021—2023年)》制定了长者运动健康之家建设计划,为老年人提供"一站式"运动康养服务;制定了市民运动健身公益补贴计划,持续推进"你运动,我补贴"上海体育消费券配送;制定了社区健康运动会推广计划,推出全国首个以健康为主题的社区运动会——上海社区健康运动会等12项举措,以打造"处处时时人人可健身"的城市活力环境,这种做法值得借鉴与推广。二是建立专门性全民健身促进机构,明确政府体育部门、卫生部门等多部门的各自职责与目标任务,以政策学习与共同研讨的方式促进部门之间政策规范的衔接融通,从而实现整合利用家庭、社区、社会、行业资源,因地制宜地开展生活体育活动,共同为生活体育创新发展提供保障。比如,城市绿道规划、绿色低碳交通体系规划政策与全民健身场地设施供给政策之间的融通,《关于开展倡导文明健康绿色环保生活方式活动的意见》(2021年)与其他相关政策意见的融通等。三是构建体育生活化评价指标体系,为体育生活化的有序推进提供方向。当前,我国一些大

城市社区已尝试建立了包括社区体育服务体系、社区体育社会化程度、居民体育科学素养及锻炼行为和效果、体育家庭4个一级指标及12个二级指标在内的社区体育生活化评价指标体系[①]。这非常值得借鉴和推广，如构建城市体育生活化评价指标体系，并纳入政府部门业务考核，从而有效形成生活体育的支持性环境，促进人们身体活动效能感与运动信念的产生，养成终身体育意识，提升健康水平。

从内部生态来说，体育生活化的制度化整合机制是为了促进学生体育生活化理念与实践更加规范化与科学化，做到有目标可立、有章可循。首先，相关教育部门与学校可以为学生体育生活化提供专项经费，这些经费投入可用于加强基础设施和场地建设，如健身房、各类球馆等；可用于建立校园体育指导员工作站，满足学生个性化需求；也可用于激励与支持学生体育骨干与学生体育俱乐部的活动开展、对外交流等，从而建构有特色的学生生活体育文化。其次，建立学生体育生活化协调机构与团队，从而整合利用社区、社会、相关体育中心的资源，因地制宜地开展生活体育活动，并有针对性地融入学生职业发展、心理发展、社会化发展等活动中。最后，提供更多的体育学习资源与平台，要实施"请进来，走出去"策略，协同专业学院、学生管理部门、学生社团和学生社区、居民社区、相关企业共同进行课程开发，通过活动和赛事体系建设及学校体育环境建设，实现体育课程课上课下一体化贯通。同时，协同体育管理部门和体育类社会组织进行体育教师发展与培养、体育赛事系统设计、赛事运营与管理、运动员与裁判员培养、智慧体育建设、体育大数据研究、体育场地场馆和环境建设等合作，丰富和提高了校园体育活动的类型和质量，提升学生参与体育活动的积极性和有效性。从某种意义上来说，促进学生体育生活化，养成终身体育意识，从育人的视角来看，主要在于学校能否提供可持续发展的体育活动平台与个性化体育服务体系，从而实现美好生活的价值与意义追求，实现人的全面发展。

---

① 张枝梅，李月华.体育生活化社区评价指标体系研究[J].北京体育大学学报，2012（4）：34-39.

第七章 新媒体时代学校体育教育的传播生态

与体育活动积极者相比，体育活动不足者的社会网络表现出明显的差异，如不锻炼者往往聚集在经常不活动的群体中[①]。研究发现，社会网络不仅能够促进个人参与集体行动，"催化"大型集体行动，通过社会网络也更容易建立跨组织的联系[②]。新媒体在凸显场景重要性的同时，还引起了传播学者对人们身体的关注。体育锻炼和身体活动是媒体关注与传播的重要内容。

第一节 奥运精神的传播与教育

推动人类命运共同体的构建是当前社会发展的必然趋势，作为全球性的社会文化活动，奥林匹克运动的发展同样也在人类命运共同体理念下获得了新的契机。奥林匹克教育贯穿奥林匹克运动发展的始终，基于"文明共生，交流互鉴"的目标，人类命运共同体理念为奥林匹克教育的实施提供了新的起点，同时奥林匹克教育也通过搭建文化传播环境、提供文化传播媒介和丰富文化传播形式的途径，践行着"更快，更高，更强，更团结"的奥林匹克格言，并向着人类命运共同体发展目标不断迈进。北京冬奥会奥林匹克教育在中华文明所蕴含的人类

---

① MÖTTELI S, SIMONE D. Egocentric social network correlates of physical activity[J]. Journal of sport and health science, 2017（1）：1-6.
② 洪兆平. 社会网络与集体行动研究综述[J]. 河海大学学报（哲学社会科学版）, 2015, 17（3）：45-51.

命运共同体基因的基础上，着眼实现个人"动起来"的奥林匹克教育，突出认同通过冰雪运动文化的传承与发展实现本土化的奥林匹克教育，聚焦全球通过国际理解教育和可持续发展教育来实现多元化的奥林匹克教育①。综观奥运会的发展历史，现代奥运会并没有像它的创始人皮埃尔·德·顾拜旦所设想的那样，成为一个纯粹的，只是不同国家、不同民族的人们聚集在一个地方，进行公平、友好竞争的盛会，它的背后隐含着更具现实主义的目的性——每个主办国均想通过奥运会传达一定的信息，这种信息或是与该国的政治或意识形态有关，或是与民族认同、民族复兴有关，或是反映了该国的某一时期的社会转型。比如，1920年，一群来自美国南加州的小工商业者不远万里、漂洋过海来到欧洲，为洛杉矶这个城市申办奥运会。为了此次的申办，他们特意准备了一个地球仪，并在上面注明洛杉矶的地理位置。从此以后，洛杉矶便出现在全球视野之中。1948年的伦敦奥运会和1952年的赫尔辛基奥运会均将奥运会诠释为民族复兴的征兆。1956年的墨尔本奥运会帮助澳大利亚摘掉了"戴在头上的那顶牧羊帽"。1964年的东京奥运会让全世界看到第二次世界大战后日本的新兴模样。比如，在开幕式上，出生在原子弹投放广岛那天的运动员坂井义点燃了奥运圣火。1980年的莫斯科奥运会和1984年的洛杉矶奥运会是两个超级大国在"冷战"中竞相展示自己的舞台。1988年的汉城奥运会和1992年的巴塞罗那奥运会向世人展示了两个正处在社会转型中的国家。1996年的亚特兰大奥运会消除了人们对美国南部存在种族歧视传统的不好印象。2000年的悉尼奥运会向全球展示了一个有着多元文化传统的澳大利亚。中国经过多年的改革开放，其国际地位和国家综合实力显著提升。2008年北京奥运会中的中国国家形象被官方描述为"一个繁荣、稳定、现代化和全球化的中国"②。无论是出于何种目的，每届奥运会的主办国均能表达出与奥林匹克精神的共识。可以说，奥运会就是主办国传达其国家信息的一个契

---

① 王月，孙葆丽. 人类命运共同体视域下奥林匹克教育的三维度审视——以北京冬奥会奥林匹克教育为例［J］. 北京体育大学学报，2022，45（1）：116–122.

② MONROE E P, DANIEL D. Owing the Olympics：narratives of new China［M］. Ann Arbor, Mi：University of Michigan Press, 2008：11.

机。而无论传达哪一种信息，目的都是在一定程度上塑造并提升该国国家形象，并使奥运会成为体育教育的重要载体。

一、奥运精神与国家形象

奥运精神集体育精神、民族精神、国际主义精神于一体，一向是学校体育教育课程的重要内容。2022年4月8日，习近平总书记在北京冬奥会冬残奥会总结表彰大会上提出了"胸怀大局、自信开放、迎难而上、追求卓越、共创未来"的北京冬奥精神。兼具文明性、精神性、历史性、现代性、开放性的北京冬奥精神，为我国发展提供了指引。后冬奥时代，如何理解北京冬奥精神，如何传播与实践北京冬奥精神，成为我们所要思考的问题。专家们认为：北京冬奥精神是在中华文明的延续、中国共产党精神谱系的继承、新时代多主体参与积极性的提升等背景下提出的；本质包含跨时空和解与交流的现代性呈现，从"我"到"我们"的集体性强化，秩序重构与关系互依的开放性建构；在"中国梦"的国家形象建构中，具有在交流互鉴中展现大国担当、人民主体性的价值旨归、后奥运时代的记忆传递等意义[①]。因而，"加强北京冬奥精神教育，丰富国家形象基础内容来源；讲好北京冬奥精神故事，提升国家形象话语建构能力；践行共创未来交往范式，提高国家形象国际认同度"[②]是后奥运时代体育教育的重要策略。

国家形象可以理解为由代表国家的形象客体和感知国家形象的主体构成的。王红英认为，代表国家的形象客体是指一个国家在政治、经济、社会、文化与地理等方面的客观历史资料及数据。她还将国家形象解释为在特定时期，为了国家特定政策目标，可以对外强调的国家形象，以打破偏见或塑造新形象为目的，是一个国家可以操控的范围，其

---

① 于海渤，邹佳辰，陈晞，等. 新时代的伟大精神与中国力量：《体育与科学》"北京冬奥精神：'中国梦'的国家形象建构"学术工作坊综述[J]. 体育与科学，2022，43（3）：44-49.
② 曾诚，邓星华. 北京冬奥精神与新时代中国国家形象建构研究[J]. 武汉体育学院学报，2022，56（8）：22-27.

效力则需视其他国家对于该国既有印象的强烈程度而定①。这是因为感知国家形象的主体有两类：一类是国家内部的公众；另一类是国家外部的公众。对于国家内部的公众而言，国家形象更意味着爱国主义、民族自信心与自豪感等自我形象。对于国家外部的公众而言，国家形象则被更多地解读为国际形象，是一个国家整体实力的体现。美国政治学家布汀②将国家形象分为两个部分：一方面，国家形象是一个国家在发展过程中形成的自我认知；另一方面，国家形象是国际社会中其他行为主体对该国的认知。国家形象是一系列信息输入和输出产生的结果，是一个结构十分明确的信息资本。总体来说，国家形象是国家的外部公众和内部公众对国家本身、国家行为、国家的各项活动及其成果所给予的总的评价和认定，其中既包含着对于国家的认识，也包含着理性评价和感性态度。

综上所述，我们可以对国家形象的特征进行如下总结：从国家形象的内涵来看，国家形象兼有客观性与主观性。这也就意味着，一方面，国家形象是客观存在的，可以被感知、被评价；另一方面，感知和评价国家形象的主体是有所差异的，差异取决于感知和评论者实际获取的相关信息及其具体的视角、经历、知识、价值观和感情等方面。因此，国家形象是可以被主观塑造的。其中，感知和评论者实际获取的相关信息是极为关键的。在信息全球化时代，国家形象可以通过经济交流、外事活动、人际交往、传媒等途径在全世界进行传播。但是，信息的传播不一定都是客观和公正的，它往往被赋予了很多主观的色彩。《举办奥运——有关新中国的多种叙事》一书中，集合了16篇对于2008年北京奥运会进行思考的学术论文，这些文章从政治、社会、经济等方面入手，描述了中国是如何借助2008年北京奥运会提升国际形象的，这其中有中国官方对于国家形象的描述，但更多的描述则是来自中国之外的主观色彩很浓的叙述。

---

① WANG H Y. National image building and Chinese foreign policy [J]. China: an international journal, 2003, 1 (1): 59-60.

② BOULDING E K. National images and international systems [J]. Journal of conflict resolution, 1959, 3 (2): 120-131.

第七章 新媒体时代学校体育教育的传播生态

从国家形象的客体来看,国家形象具有多样性。它包含了国家的政治、经济、文化、科技、体育,以及政府行为、国民素质、社会风尚、生活质量等方面。因而,对于国家形象的评价不可能覆盖其所有的方面。可以认为,国际公众眼中的中国国家形象大多是针对某一方面的评价,并不能反映中国的全部状况。就像盲人摸象一样,人们对于事物的判断并不能完全等同于事物的本身,在不同人们的眼中,同一事物存在着不同的形象。从国家形象主体感知形象客体这一过程来看,一方面,国家形象具有主观可塑性;另一方面,这种主观可塑性可以加以利用,如果能够在形象客体感知的过程中施以外界的引导,形象主体感知的结果可以改变,甚至国家形象是预设的。而这种外界的引导在信息社会中,主要是靠各种媒介进行传播的。在这里,这些媒介可以是新闻、大众媒体、网络媒体。由此可见:

第一,国家形象的塑造其实是对一个国家正面预设的建设。国家形象实际上构成了人们对于一个国家的心理预设。正面的国家形象可以使这个国家更能为受众所理解、接纳,负面的国家形象则相反。而国家形象的主体性决定了国家形象是一种主体意识,需要在准确地定位及确定其内涵后,首先形成国家内部的共识,然后借助适当的媒介向外传播,从而达成国家形象的正面预设。从国家形象的客体构成来看,能够使一个国家与另一个国家有所差别的最基本也是最重要的因素是国家的民族性。民族性差异决定了国家在历史文化传统、人们思维方式及行动方式等方面的差异。比如,一提到日本,就会想到武士道精神;一提到美国,就会联想到"星条旗永不落";一提到英国,就会在脑海里浮现出"绅士""创意"等关键词。而传统文化常常被东方国家用来塑造自身的形象,如桑德拉·柯林斯在《奥运会中亚洲民族认同的脆弱性》("The Fragility of Asian National Identity in the Olympics Games")一文中指出,亚洲国家在举办奥运会的过程中,都不约而同地使用了自我东方化的策略去塑造自己的国家形象。而自我东方化常引用传统文化及古老的历史,将自身塑造为"古老的文化传统与现代化发展的并存"。因而,国家形象的塑造不是一个静态的过程,在对传统文化的引用之外,还需要融合更多现代化和国际化的元素。

第二，由于国家形象客体代表的是国家，那么，政府作为代表国家行使管理职能的权力机构，在国家形象塑造方面，必将发挥着主导性的作用。一方面，政府代表国家从事各种政治、经济、军事、外交活动，不断生产着国家形象客体；另一方面，政府代表国家不仅通过各类媒介直接发布信息，为了保证国家形象的正面预设，必将对这些信息进行控制，对使国家形象产生负面影响的信息进行监督和消除。虽然奥运会为国家与社会提供了一个重要的进程仪式，通过该仪式，媒体获得自由、政府管理透明化、环境问题等得以控制，可能进一步促使中国更多地参与全球化。而诸如博客和播客这样的新技术被大众广泛地使用起来，奥运精神的传播更为快捷、多元、深入，国家形象的塑造也需要更多的观测与监督。

二、奥林匹克的教育意蕴

奥林匹克教育往往是在奥运理念与行动中加以实现的。在2008年北京奥运会中，我国政府提出了3个奥运理念，分别为绿色奥运、科技奥运和人文奥运。绿色奥运理念要求用保护环境、保护资源、保护生态平衡的可持续发展思想筹办2008年北京奥运会，要求广泛开展环境保护宣传教育活动，促进中国环保基础设施的建设和生态环境的改善，倡导绿色健康的生活方式和消费方式。环境保护和可持续发展是一个全球化的议题，从奥运会的发展史来看，在20世纪60年代以后的各届奥运会的筹办中，主办国都朝着建设的大型化和现代化大步迈进，却较少考虑这些建设对城市和自然环境的影响，这给主办城市带来了一些不良后果，也直接影响了奥林匹克运动自身的发展。自20世纪80年代以来，国际奥委会和各举办城市都开始重视环保问题。在2008年北京奥运会中，一系列活动和措施都紧锣密鼓地展开了，如一项名为绿色奥运行动的计划，旨在改变北京城市环境，从而摘掉环境污染严重的帽子，在中央政府支持下，政府、企事业单位和公众协作展开。中国政府借助2008年北京奥运会多方位地向内外受众展示了北京"变绿"的实力，兑现了自己的诺言。科技奥运理念要求紧密结合国内外科技的最新进展，集成全国科技创新成果，举办一届科技含量高的奥运会。科技奥运理念还要求提高北京科技创新能力，推进高新技术成果的产业化和在人民生活中的广泛应用，使2008年北京奥运会成为展示新技术成果和创新实力的窗口。可以看出，科技奥运理念主要是致力塑造中国现代化、全球化科技大国的形象预设。在2022年北京冬奥会中，21种新技术广泛地应用于奥运会的策划设计、组织管理、信息发布传播等活动中，展现出从"中国制造"走向"中国创造"的国家形象。国家形象所蕴含的教育意味在于，它是爱国主义教育的重要媒介、载体、资源和抓手，能够激发学生的爱国之情、强国之志、报国之行。因为，国家象征具有标识、承载、激励和约束四大作用。更为重要的是，2008年北京奥运会的人文奥运理念要求传播现代奥林匹克思想，通过奥运会展示中华民族的灿烂文化，展现北京历史文化名城风貌和市民的良好精神风貌，推动中外文化的交流，加深全世界各国人民之间的了解与友谊，促进人与自然、个人与社会、人的精神与体魄之间的和谐发展，突出"以人为本"的思想，以运动员为中心提供优质服务，努力建设使奥运会参与者满意的自然和人文环境。这里隐含着我国政府表现软实力的一种实践。美国哈佛大学教授约瑟夫·奈认为，一个国家的综合实力既包括由经济、科技和军事实力等体现的"硬实力"，还包括在本国文化、社会制度、生活方式和意识形态等价值观念层面所体现出来的"软实力"。一个国家的软实力在国际社会的传播、认可和被尊重，在本质上是该国核心价值观念在世界范围之内的被理解和被推崇。总之，我国对于奥运会中国家形象的建设是不遗余力的，因为国家形象的塑造过程本身是体育教育的过程。无论是视觉化的符号还是隐喻的手法，中国文化更进一步地走向了全球受众，并获得关注。从满载中国元素的奥运会徽标、吉祥物、奖章到开幕式的设计，再到使用在中国具有名望的体育明星、电影明星拍摄奥运宣传片，无论是哪一种国家形象的主体（受众）都能深刻地感受到，中国无论是传统还是现代的文化与奥林匹克精神的融合，人文奥运理念从某种程度上满足了国内外华裔受众民族复兴的愿望。

在后奥运时代，国家形象需要获得全球公众的持续性认同，人的形象建设这一维度是关键变量。人的形象建设最重要的部分是价值观的塑造。奥林匹克价值观随着实践不断发展丰富。国际奥委会前主席罗格用3个词对奥林匹克价值体系进行了概括：卓越（excellence）、友谊（friendship）、尊重（respect）。国际奥委会2014年通过《奥林匹克2020议程》，其中指出进一步加强体育与文化的融合，加强奥林匹克价值观教育。国际奥委会主席托马斯·巴赫在讲话中指出，奥林匹克价值观包括卓越（excellence）、尊重（respect）、友谊（friendship）、平等对话（dialogue）、多元文化（diversity）、没有歧视（non-discrimination）、宽容（tolerance）、公平竞赛（fair-play）、团结（solidarity）、发展（development）、和平（peace）等。他强调奥林匹克价值的传播，不是通过传统的学校课程模式，而是通过运动员的鲜活的榜样示范，引领青年学生认同奥林匹克价值观，从而影响整个社会。

三、奥林匹克教育的优化路径

体育的魅力有关于胜负、输赢与成败，更关乎进步、成长与教育，奥林匹克运动以其人本化、艺术化与道德化的特征独树一帜，区别于其他以一味地争胜为核心目标的商业体育竞赛。同时，它所呈现的教育价值为人的全面发展提供了极大的理论支撑与实际应用，是体育与文化教育结合的有效途径。《奥林匹克宪章》规定："奥林匹克运动的宗旨是，通过开展没有任何形式的歧视并按照奥林匹克精神——以相互理解、友谊、团结和公平比赛精神的体育活动来教育青年，从而为建立一个和平而更美好的世界作出贡献。"萨马兰奇认为"离开了教育，奥林匹克主义就不可能达到其崇高的目标"。由此可见，按照奥林匹克精神开展的体育活动，目的是教育青年学生，从而推动人类文明进步。我国自20世纪80年代便开始关注奥林匹克教育与学校体育的融合发展。2008年北京举办奥运会，即制定了"北京2008"中小学生奥林匹克教育计划，主要包括将奥林匹克教育纳入学校常规教育教学工作、开展奥林匹克主题教育活动、开展"同心结"国际交流活动、建设"北京2008奥林匹克教育示范学校"、组织开发奥林匹克教育课程资源、加强奥林匹克教育研究等。2022年北京举办冬奥会期间，我国专门印发了《北京2022年冬奥会和冬残奥会中小学生奥林匹克教育计划》，在主要任务与实施途径上与2008年变化不大，变化较大的是更多地运用了新媒介技术与方式。比如，全景"在场"的VR慢直播，轻量级传播的短视频，前方视角的沉浸式Vlog报道，还有大量的数据短视频、创意短视频，这些多元且强烈的视频氛围感和现场感，使用户全天候徜徉在北京冬奥会报道之中，虽然不在现场，但是时时有临场感。英特尔的容积拍摄技术（volumetric technology）在体育赛事转播中还能生成多角度、多轨迹的回放视频。这些构成了体育教育的全媒体传播教育态势。可见，一方面，先进媒介技术的应用大大拓展了大型体育赛事和仪式的呈现方式；另一方面，一种新的媒介行为——"云观看"正在形成并改变着人们观看体育赛事的传统习惯①。

第一，促进奥林匹克教育融入体育课堂。传统的体育课程是学技巧与动作的课程，是提升体质与体能的过程，而将奥林匹克运动融入体育课程，首先是要形成一种文化体育的课堂，要将奥运会的历史传统、人物史、事件史融入课堂，如历届奥运会展示的先进文化和仪式场景、我国获得第一块奥运会金牌的运动员、我国致力奥林匹克教育的教育家等。当然，这部分不能缺少相应教材、视频，以及奥林匹克建设遗产、体育课程师资等资源的支撑。其次是要形成一种竞技运动的体育课堂，而且力争为每一项竞技运动做减法，将其变成游戏，在游戏中促进奥林匹克教育与体育教育的融合。"竞技运动的起点是玩耍（play），玩的过程中，人类赋予其不同的规则，就变成了游戏（game），再不断规范化，就是竞技体育（sport），再往上是精英体育（elite sport）。青少年的体育教育，更注重以game和play为主，比如把竞技运动篮球作减法，就变成了game，再减就是play。"②这需要教师进行理念的转变和教学方式的创新，真正在游戏的课堂中实现身体素养的提升。

第二，深化奥林匹克教育资源的协同共建。教育和体育等部门要

---

① LIČEN S, HORKY T, FRANDSEN K, et al. A smarter and greener Olympics: mediatization and public reception in the preparation stage of the Beijing 2022 Winter Olympics [J]. Communication & sport, 2022, 10（5）: 951-972.
② 杨飒. 从奥运会到体育课：以运动作为育人载体 [EB/OL]. （2021-08-10）[2022-10-10]. https://m.gmw.cn/baijia/2021-08-10/35066925.html.

结合国家教育改革顶层设计,以及地方、学校建设规划等各方因素,优化奥林匹克教育遗产的传承保护和开发治理,因地制宜地制订奥林匹克教育计划,提升奥林匹克教育在提升青少年学生运动能力、健康行为和体育品德上的作用。一是专门师资的共建共培。以北京国际奥林匹克学院为中心,通过多样的形式培养更多奥林匹克体育教育和研究人才,更好地扩大奥林匹克文化的普及和传播,提升对奥林匹克的研究水平。二是体育和教育部门资源的协同共享。体育部门要在奥林匹克教育的政策引导与体制机制支持上提供更多的资源;教育部门要结合奥林匹克教育跨学科的属性,搭建多样化的奥林匹克教育课程体系和运动竞赛体系,加强奥林匹克教育与体育竞赛之间的结合,拓展我国体育后备人才选拔范围和成才渠道。

第三,打造奥林匹克教育的标杆项目与品牌。目前,我国奥林匹克教育示范学校已达到1000余所,冰雪运动特色学校计划将一直持续到2025年,计划遴选出5000所冰雪运动特色学校。这些学校之间要形成大联盟、大平台、大项目,由此形成区域联动、跨校联动的方式,强化奥林匹克教育的实践典范。比如,2022年北京市教委启动京张"姊妹校"共建活动,共享办奥成果,在研学实践教育主题活动、多样交流展示活动、2022年冬奥会和冬残奥会场馆使用方面,推动不同区域之间资源和技术互通互补,形成奥运遗产传承保护和奥林匹克教育持续开展的有效衔接。同时,也可以尝试将北京和张家口的奥林匹克教育经验分享出去,以中国为中心带动周边国家和地区的奥林匹克教育氛围。

第二节 学生网络体育社交的健康发展

据中国互联网络信息中心(CNNIC)《第50次中国互联网络发展状况统计报告》显示,截至2022年6月,我国网民规模为10.51亿人,互联网普及率达74.4%。我国网民规模持续提升,互联网应用也在持续发展。其中，短视频增长最为明显，用户规模达 9.62 亿人，较 2021 年 12 月增长 2805 万人，占网民整体的 91.5%。相应的，以网络户外俱乐部、QQ 体育联盟等为平台的网络体育自组织开始成为我国休闲体育发展的重要领域。通过互联网，同城市、同地域的许多网民寻找到志同道合的健身者和体育爱好者并加入共同的网络群，从虚拟世界走向现实生活，组成健身群、休闲会或者球队进行各种锻炼和比赛，以满足自己健身及提高运动技术水平愿望的网络体育群体发展到很大规模，从而产生网络体育自组织。这一变化使网民在参与体育活动、开展体育论坛和进行体育交往上更有优势，新时代的学生作为网络原住民，在网络体育社交方面非常活跃。

一、互联网+体育社交

随着微博、微信、博客、播客、QQ、知乎、抖音等社交媒体的发展，以体育为主要兴趣爱好的虚拟组织应运而生，也出现了虚拟体育赛事。这一虚拟组织形态为一种非正式自组织。自组织的研究开始于 20 世纪 70 年代初，哈肯在其所著的《协同学》一书中对自组织进行了定义："如果系统获得空间的、时间的或功能的结构过程中，没有外界的特定干预，我们便说是'自组织'。"[1] 它是指系统在没有外部力量强行驱使的情况下，内部各要素协调运作，进行自行创生、自行演化、自我协同、自我激发，最终导致空间的、时间的或功能上的联合行动，出现有序的、活的结构。自组织有广义和狭义之分，按活动性质和范围可分为网络自组织、草根自组织，按活动领域可分为环保自组织、扶贫自组织、体育自组织等。网络体育自组织是以网络与体育运动相结合为前提，在没有任何外来力量的介入下，由网友借助网站平台自行创造的一种虚实相结合自主管理的结构形态，一方面可为运动爱好者组织体育活动提供真实的地理空间；另一方面也可为体育网友提供虚拟空间发表自己的运动感悟。这一双重身份在网络空间与地理空间中得到了同步真实

---

[1] 黄若涧，张永. 网络体育群体：互联网时代体育活动的新形式 [J]. 体育成人教育学刊，2010，26（4）：1-3.

的体验，是网络体育自组织的最大特点。从定义上可将其界定为借助网络平台，本着自愿、自助和互助原则，通过网络虚拟空间来组织真实地理空间的户外活动，并借助网络来分享每一次体育运动乐趣与精神的非正式组织形态，参与者只需要在电脑终端点击鼠标就可加入。按照网络体育组织存在的不同平台和空间，其可分为四类形式：即时通信、社交网络平台、论坛贴吧、移动互联网兴起后的新型网络社群。按照是否在现实中组织"线下"体育活动，其又可分为虚拟网络体育组织和半虚拟网络体育组织[①]。半虚拟网络体育组织是线下和线上体育活动相结合的体育组织。

搜索百度网可发现，体育联盟作为QQ群中的一项，共分有12种运动类别（篮球、足球、排球、乒乓球、羽毛球、网球、健身运动、户外运动、水上运动、极限运动、棋类、其他）；从群数量上看：篮球群871个、足球群910个、排球群453个、乒乓球群740个、羽毛球群928个、网球群756个、健身运动群895个、户外运动群981个、水上运动群818个、极限运动群786个、棋类群883个、其他群950个；从用户数量上看，前5位依次是户外运动（452 103人）、篮球（385 721人）、足球（265 871人）、其他（154 682人）、羽毛球（125 836人）。网络体育自组织如绿野户外、自由行走户外、天涯户外等借助网络平台为参与者提供了一个发布信息、交流经验、讨论装备、放飞心情的自由话语空间，是网友兼体育运动爱好者双向交流的场所，也是网络传播条件下公平参与的虚拟社区。与传统的体育组织相比，它们在组织形式、会员身份、信息发布途径及效果反馈方式等方面都存在较大差异（表7–1）。从表中所反映的基本特点来看，网络体育自组织主要表现为草根性、流动性和非营利性。

---

① 黄亚玲，邵焱颉. 网络体育组织发展：虚拟与现实的挑战［J］. 北京体育大学学报，2015，38（11）：1-6.

表 7-1 传统体育组织与网络体育自组织异同点比较

比较项目	传统体育组织（传统线下运动模式）	网络体育自组织（线上或线上线下相结合运动模式）
组织形式	依托店铺的实体组织	便捷的网站论坛
会员身份	相对专业化的真实身份	虚实结合的双重身份（网友兼"驴友"）
活动项目	较单一，无弹性	种类繁多，灵活性强
信息发布	口耳相传为主	通过网络发帖、回帖、留言形式进行
效果反馈	面对面交流为主	点对点交流为主，自述、图文、评说方式相结合
活动次数	较少	较多，几乎每天都有活动
出行人数	数量不多，3~5人	数量规模很庞大，体育公益活动可达上百人
安全	自救与他救能力强	自救与他救能力参差不齐

二、网络体育社交的特点

第一，草根性。"草根"一词来自英语的"grass roots"，草根组织指植根社区基层并主要服务社区居民、具有较强民间性的组织，网络体育自组织是一种自发自治的草根组织。网络隐藏了每一位网友的真实身份，他们在网络空间中都是平等的主体，而不仅仅依赖网络空间的版主或管理员的组织活动或专题讨论。每一位成员均可介入论坛各项事务，如活动线路、流程攻略、费用预算、网站运行管理等，并可利用自身的现实资源成为某一活动的领队（"头驴"或"铁杆"），组织中的成员没有严格的筛选机制，只要有兴趣、有时间就可响应网络户外活动召集帖。因此，其活动形式也体现出非专业化与多层次性，主要表现在3个层面：一是利用本区域的自然资源定期组织固定方便的户外活动，如爬山、暴走等；二是结合固定的室内运动（如打羽毛球）、自助旅游行走和聚餐等活动形式，开展环保、帮困助学等公益活动，如西祠胡同的自由行走俱乐部组织的大别山鹞落坪国家自然保护区暨一帮一助学等活动;三是进行网帖叙事,凡注册会员均可在网络空间将现实活动的感想、精神的愉悦、旅途的快乐、生活的烦恼、工作的心得等传递上网,与他人共享。以某网络体育论坛为例,从栏目上看,分为驴友大厅、结伴出游、城市休闲、图片交流、装备技术、救援与自救、大地公益、游记攻略、情感随笔、美容服饰等多样叙事空间。从帖子内容上看,其中涉及体育运动的帖子数量占总帖的55%,情感帖占34%,常识、社会话题类及其他帖占11%,而且栏目的分类没有严格意义上的限制,如驴友大厅栏目中也出现了名为"如果没有2008""谨此献给1980—1985年出生的人"的帖子,前者是对2008年公共性大事的反思,后者是对"80后"这一代青春的感慨。这一比例分布说明,在日益脱离"单位人"角色身份的社会转型期,网络体育自组织以虚实结合的体育运动为广大网络公众提供了便捷灵活的交流平台,提供了多重角色的精神归属空间。

第二,流动性。网络体育自组织的流动性是其区别于其他正式体育组织的重要特征。这种流动性集中表现在3个方面:一是成员的流动性强。网络体育自组织的参与者年龄、体能、地位均有差异,成员间的异质性程度极高,有知识分子、工人、公务员、私营老板、大学生、退休人员等阶层,各阶层的人通过在网络体育自组织中的对话与沟通,形成一种"关系桥","为人们提供了获得超出其所属社会圈子可利用的信息和资源的通道"①,从而在社会生活的其他方面获得行动的机会与资源。这种在网络匿名的陌生情境中的自由交往,没有"单位人"或熟人的身份意识,在不同年龄层次和不同阶层中形成循环流动,易于打破阶层之间的壁垒,使社会各阶层成员的心态在运动交流中获得调整,能有效激发人的积极性和进取精神,并给网络体育自组织的阶层结构增强了弹性与活力。二是活动的流动性强。网络体育自组织活动资源的投入是流动的,任何成员无固定提供资源与劳动的义务,在任何时期或任何活动中,组织中的成员都可利用自身资源以发帖形式成为组织活动召集人(领队或"头驴"等)。而在其活动效果、经验及价值评价上,组织成

---

① 李继宏.强弱之外:关系概念的再思考[J].社会学研究,2003(3):42-50.

员往往可以利用网络平台与多媒体的形式将其多元化呈现出来,并在网络体育自组织间自由流动与共享。以绿野户外论坛为例,板块中的栏目丰富,涵盖了登山活动、攀岩攀冰、长城活动、骑马论坛、活动照片、户外安全、装备团购及出行经验交流等内容,每一个栏目中的信息资源不仅发布快速,而且反馈及时、互动热烈,通过搜索引擎和网帖书写方式传递信息,实现了资源共享;绿野热帖中的报名须知(自愿、团结、友爱、奉献及自行购买户外保险)和活动备注(环保、自助、节俭、友爱),对组织中的成员形成激励引导和身份认同,而重复的、可调整的网帖书写是这一引导与认同的催化剂;体育运动的感悟结合了图像、文字、视频等形式,以二度传播的方式呈现了体育运动的精彩和成员间的团结协作。

第三,非营利性。网络体育自组织的非营利性包括3个层面的含义:一是分配与收入约束机制,如经济学所谓"不分配约束";二是组织运作和管理机制,也称为"非牟利控制";三是财产保全机制,也称为"财产保全限制"。上述3个层面的非营利性在不同的自组织身上往往有不同程度的表现。比如,网络户外运动论坛中一般设有户外装备子栏目,包括各类户外装备的流行款式、功能效果、展销节、二手装备交易等信息,形成了一种特有的营销文化,但它通常是会员间以个人名义进行的一种无偿共享的宣传与介绍,是细分精准的及时反馈的非正式营销模式,与借助专业的策划、技术、设备等资源,以赛事赞助、体育明星代言等形式进行的传统体育组织商业性体育用品营销模式不同(表7-2)。

表7-2 传统体育组织与网络体育自组织营销模式比较

比较项目	传统体育组织	网络体育自组织
营销条件	必须具备两个条件:一是合格的技术人员;二是符合要求的技术器材	无硬性条件,根据个人本身的需要、兴趣、条件,通过网络论坛提供户外产品与服务信息
营销形式	以纯粹的买方与卖方关系进行	以品牌交流、购用经验分享、二手转让或赠送等形式进行

续表

比较项目	传统体育组织	网络体育自组织
营销经费	培训创收、户外用品的利润	不以创收为目的,无偿的信息与资源共享
营销空间	店铺或商场	网络—会员—店铺"三位一体"循环营销模式

网络体育自组织是具有"非牟利控制""不分配约束"的民间组织,它强调的是人际的信任互动与非利润的信息及资源共享。比如,西祠胡同的自由行走、逐鹿、苍穹等网络户外运动俱乐部中都设有装备介绍、户外设备、广告超市等形式的专题论坛,这些户外专题论坛基于网络这一虚拟平台,营销优势主要体现在:网络户外运动产品与服务信息通常基于各会员实际的资源和购用经验基础上,是一种针对性强的个人体验式推荐,具有细分营销与精准营销、双向互动营销、参与式营销的特点。

"从朋友那里搞到这样的棉衣(配图),是出口到加拿大的,保证正品!""由于是加大版,有些宽松,所以较胖一些的朋友穿着也可以,×××试穿过是L号,××也穿着L号,如果有需要,请主动与×××联系。""两个色,深蓝(新到货),橘红色(我穿着的)。"

以上是西祠胡同有名的自由行走俱乐部的装备介绍专题论坛的帖子,同时配有丰富的图片。第一人称的讲述、亲切的日常话语在很大程度上促进了会员间的良好关系和团队归属意识。在这种装备介绍与购买服务形式下,购买者因为无法直接到现场店铺进行挑选,所以这种购销行为更多的是在相互信任情境中进行的。"社会生活中那些表现为网络、互惠规范和信任的特征构成了一个社会的'社会资本'"[①],它能够为信息共享及成员间的集体行动提供非正式框架,在不断变动的信息环境与频繁的非人际虚拟互动中形成固定的需求与关注,并在一定程度上规

---

① 曹荣湘,罗雪群.社会资本与公民社会:一种元制度分析[J].马克思主义与现实,2003(2):70-74.

避了网络匿名性所带来的欺诈性与不正当的机会主义,形成一种诚信友好的约定式社会关系,营销效果好,也有利于群体会员间身份意识的认同,形成良性的网络体育论坛秩序。

三、网络体育社交的意义

社会学视野是从社会关系和社会结构的高度来观察和解释社会万象的一种心智品质。米尔斯所讲的"社会学想象力"要求个体要善于把握与反思个体与社会结构的关系、社会结构状态与社会变迁的关系,并在其中找到个体的能动性。组织是社会结构的媒介基础,网络体育自组织是社会结构与关系变迁的结果,是一种新兴的组织形态,它对于我国体育组织的发展及体育文化有怎样的社会学意义呢?

一是为全民健身活动开辟了一种新模式。现代社会技术与物质的快速发展使"身体这个最天然的工具"时刻处于被控的焦虑中,所导致的病痛与风险使劳动力的再生产遇到障碍。全民健身活动是国家与政府应对这种障碍的一种策略,社区各类体育组织、健身房、俱乐部则是应对这种障碍的细分化市场,但根本缺陷是它依然是一个技术化的封闭式仿空间,缺乏新鲜的空气、开放的空间和真实的自我体验。而且传统的全民健身活动主要依赖社区或学校等,主要的组织方式也是自上而下的组织化动员体制,个体主动性与积极性未能充分发挥出来,户外则是代替实现这种自由自主空间体验的最佳途径。网络体育自组织在活动方式上真正形成了"因地制宜、业余自愿、小型多样、就近就便"的特点,在组织管理与资源动员方式上具有信息的横向、平等交流的特点,在活动主题上体育活动与旅游、网络书写、摄影、乡村文化等结合在一起,由于体育运动虚拟空间与真实的社区生活有高度的仿真性,给网络时代的人们提供了身份归属和情感支持空间,开拓了崭新的人际关系。目前,城市中的各类体育俱乐部均开始重视网络在活动中的连接与沟通功能,以便吸引更多的会员。

二是提升了体育发展的人文环境。现代体育的发展在各层面上均存在一定程度的偏颇。从社会体育层面来看,我国国民对现代体育的认识大多停留于一种体力观或奢侈观;从竞技体育层面来看,体育比赛强调的是经济和技术成分，关注的则是结果和分数，为此产生了众多的体育社会问题，尤其是体育领域出现了"唯成绩论"，这是体育发展的"物化观""数字观"。学校体育则始终处于一种边缘位置，在一些家长和教师眼中，体育是巨人的运动，学生进行体育活动是浪费时间，这种偏见在他们的脑海中逐渐形成了体育发展的"天赋观""不务正业观"。因此，我们要改变国民对体育的片面看法，要在一定程度上解决体育社会问题，要使体育的真正本质（促使人的全面发展）勿有偏废。网络体育自组织作为一种自主性组织，能让更多的人自觉地从了解体育、关注体育、热爱体育到身体力行地参加体育锻炼，能以时尚性、日常性、个性化、可描述性等方式在增加人体健康存量的同时提升会员的公共意识和社区群体身份意识，充分展现体育人文价值，营造良好的体育文化发展氛围。

三是针对成瘾性网络休闲的治理功能。网络体育自组织在治理不文明、不健康的网络生活中表现了独有的特点优势。第一，网络体育自组织模式下的体育活动项目日益拓展。比如，中国第一家绿野户外网，界面由登山、攀岩、野外生存、野营活动的Flash动画和雪山绿水、沙丘海岸等景观的变换窗口组成，操作简易，融户外活动、旅游休闲活动、日常健身活动、公益环保活动于一体，超出了传统体育运动的专业性框架。第二，由虚而实的交往形态能有效规避网络空间的匿名性带来的负面影响（如恶搞、暴力、淫秽等语言与行为），也可以有效抵制和延缓网络媚俗化与低俗化趋势。这是因为网络体育自组织的会员都是熟悉和喜欢网络生活方式的个体，对健康文明时尚的生活方式和理性精神价值有着共同的追求。第三，体育运动论坛本身是信息时代发展的结果，这一新形态的体育交往方式是对体育本质功能的延伸与创新，如重庆驴友空间户外论坛融身心和谐、快乐交往、自我超越、自觉创造与全面发展于一体，能对网络不良信息传递、非法网页论坛与网络成瘾现象起到一种不自觉的有效治理作用。

四、发挥网络体育社交育人功能

一是规范网络体育自组织网站的运行。以网络为媒介，体育自组织主要依赖网友自治的管理制度，如绿野户外在20多年的发展历程中，摸索总结制定了《绿野网站管理体系》《铁杆提案表决程序》《版主工作和选举制度》《五人管理小组选举方法》《版主管理办法》《关于活动余款的规定》等自治规范，这些规范都是以民主投票的方式通过的，主要依赖于各网站管理员及"驴友"间的互相支持与信任。因此，从内部规范建设来看，各个网络体育自组织应相互学习与借鉴，在实践中不断健全模式组织结构，明确模式组织宗旨和活动目标，建立和完善会员准入制度、监控制度、安全保障制度、奖惩制度和反馈评价制度。从外部规范来说，目前几乎还是空白。唯一的"大规范"是体育网站域名与论坛均需在各地通信管理部门备案，尚没有针对网络体育自组织这一时尚事物的专门性备案规范与相应的整治措施。因此，政府应高度关注和积极介入，规范网络体育模式的行为准则，建立激励机制，通过相关信息管理机构和专业户外协会组织的力量，加强对网络户外运动的指导、培训和监督，如可建立对"头驴"资格的鉴定准入与考核机制，也可要求网络体育自组织内部设置常规性的培训目标。

二是积极发挥各类媒体的舆论导向作用。各类媒体要进行正面舆论导向，大力介绍推广各网络体育自组织发展的成功经验。在组织开展网络与现场相结合的活动中，提醒会员警惕自由结伴存在的多虚拟性和高风险性；引导会员自觉纠正攀比显阔的心理倾向，加强社会伦理道德价值的广泛宣传，达到不断提升各组织模式的自身品位和文化内涵、保证体育活动的正常开展、保障会员的合法权益、增强会员的安全意识的目的；促进各网络体育自组织之间经常交流，正面放大网络体育自组织与政府机构联合举办的诸如山地节、帐篷节、菜花节的体育文化意义，在注重风格各异、特色鲜明的同时，促进网络体育自组织间的资源整合与共享。

三是发挥学校学生体育社交的"示范田"效应。学生是一个不容忽视的庞大群体，他们思想前卫、敢为人先，又具有网络快捷沟通能力和充裕的体育运动时间。对他们而言，加入网络体育自组织无疑是一种缓解压力、宣泄情感与追求时尚的生活方式。我们应该看到在学校开展网络体育自组织研究的必要性和有利条件：学生具备网络体育运动的活跃

新媒体时代学校体育教育生态研究

因素和心理需求；有学校的宏观指导，有学生社团、协会等组织基础，有专业的师资；很多智能运动软件强化了打卡排行等社交功能，可以有效应用于学生的体能训练与日常运动生活。我们应充分利用以上有利条件，在网络体育自组织开展活动时，对学生进行必要的思想品质教育、安全意识教育和运动技能培训，正确引导学生参与活动，并在活动中不断发现问题、找到解决方法、积累经验、逐步推广，让学校的网络体育社交活动健康发展。

第三节　校园休闲体育文化的建构

体育教学不仅要对学生进行身体训练和运动技能培训，还要关注体育知识的建构并发展体育文化①。建构积极健康的休闲体育文化是学校体育教育的重要生态因子之一。随着现代科学技术的快速发展和社会生产力水平的不断提高，社会的物质财富极大地丰富起来，劳动者已从过去繁重的劳作中解放出来，余暇时间逐渐增多，身体与生产能力在很大程度上产生了分离。在学校"双减"政策引领下，在全民健身战略和健康中国战略框架中，身体的健康与自由享受成为学生全面发展的重要目标之一，学校体育的时尚消费和健身运动的开展就是具体表征，如在常规的三大球之外，轮滑、冰球、击剑、拉丁舞、马拉松等进入学校，进入学生的日常生活情境。人们往往以"休闲体育"这一概念来分析这种现象，休闲体育研究已成为学术界关注的热点。

一、休闲体育及其特征

休闲体育作为一种大众文化形态，是现代社会转型和生活方式变革的结果。对于休闲体育的内涵，哲学家认为其是一种动态生命境界，

---

① 徐卫平，杨明金.关注体育知识弘扬体育文化：新课程理念关照下体育教学改革的尝试［J］.学科教育，2004（2）：45.

社会学家认为其是一种社会变迁和建构,经济学家认为其是一种生产和消费的矛盾运动,体育学家则认为其是"在工业社会和后工业社会创造的物质财富和精神财富基础上,人们抱着自我完善、自由充实的自觉态度,积极主动追求和享受体育活动乐趣的一种现代行为方式"[①],是指进入小康社会的人们在摆脱了物质与文化环境的外在压力和支付了各种必要时间后,所从事的一种相对自由的生活活动,这种以体育活动为主要内容的活动为个人所喜爱且本能地感到有价值,从而成为满足人自身精神文化的、心理与生理需要的重要活动方式[②]。笔者认为在对休闲体育内涵进行总结和分析的基础上,要全面理解休闲体育内涵,还要在结合自由时间和消费资本的基础上,考虑参与者的精神性追求及活动的生态性,即文化属性,从而为生活于其中的人们提供特有的意义和价值,并保持人类自我的独立与自由。休闲体育的精神性即指休闲体育不是外部因素(如国家政治、经济运作)作用的结果,也不是空闲时间的必然,而是建立于时间和财富根基上的、以身和心为运动之基点的一种轻松自如、愉悦开心的精神状态和生活态度,愉悦的健康性与高尚的文化品格是其根本特点。休闲体育的生态性是指为不断满足科学、文明、健康休闲需要而不断呈现和敞开的运动体验,欣赏并建构一种高层次、高品位和高质态的生存状态和发展状态,以达到个体身心和意志品质的全面提升和自由发展的运动过程。因此,一项体育活动能否成为休闲产品不在于运动项目本身,而是取决于人们自身的客观条件、内在的精神需要及所处的环境。综上所述,休闲体育是以一定的自由时间和消费能力为前提,通过自主自愿选择或创设适合自己的运动项目,以达到身心饱满、稳健、和美,实现自我形象规划,突显个性价值的开放而富有弹性的动态生活方式。

(一)休闲体育的"积极自由性"

哈贝马斯认为,一个科学技术先进的社会,看来接近于一个与其

---

① 于涛.余暇体育,还是休闲体育?关于 Leisure Sport 概念和定义的批判[J].天津体育学院学报,2001,15(5):32-35.
② 许宗祥.中国小康社会休闲体育发展的构思[J].广州体育学院学报,2005,25(1):1-4.

说受规范指导的，不如说受外界刺激控制的行为监督模式。科学的物化模式变成了社会文化的生活世界并且通过自我理解赢得了客观的力量①。在这一社会模式中，通过虚假的刺激进行控制的现象增加了，尤其在所谓的主体自由领域（选举行为、消费行为、业余时间行为）。既然刺激是虚假的，自由同样也是虚假的。因为这种伪自由既不表现为不合理的，又不表现为政治的，恰恰相反，媒体技术给这种伪自由提供了巨大的合理性，即表现为增加了的财富和舒适，扩大了的轻松和快感②。休闲体育作为大众文化的一种形态呈现的并不是哈贝马斯的"伪自由"或者"消极自由（经验主义自由）"，而是一种"积极自由"③，既包括先验的、自我支配式的感性体验的一面，又包括需以理性加以规范和约束的经验界的乌托邦式冲动和欲望的一面。因为，从外部因素来说，休闲体育是个体于生存需要之外的对自我自由时间的一种支配，这种支配又是建立于精神需要之上的高度自主的选择，而不是无聊或被动的选择；还有，在科技和传媒的共同影响下可以自由创设新的休闲运动形成新的休闲运动"热"，如蹦极、城市探险等。从运动过程的内在本质来说，休闲体育运动过程是一种没有紧张感的自由舒畅、没有负累的心情愉快、没有输赢的自我轻松纯粹的身心体验。所以，广大公众参与的自由随意性及从中获得的身心快乐与自由之感是休闲体育作为现代文明一部分的真正价值，因为它保障了社会成员的精力充沛与身心和谐，是社会和谐的基本前提。

（二）休闲体育的流动性

现代社会展现在人们面前的是一个变动不息的世界，也正是在这一意义上，齐格蒙特·鲍曼认为，现代性是一个从起点就已经开始"液化"（liquefaction）的进程；"溶解液体中的固形物"（melting the solids）是现代性主要的消遣方式和首要的成就④。也就是说，流动性是现代社

---

① 吴开明. 技术发展的前景：哈贝马斯与马尔库塞的辩论[J]. 科学技术与辩证法，2002（4）：40–42，48.
② 哈贝马斯. 作为"意识形态"的技术与科学[M]. 上海：学林出版社，1999：109.
③ 刘军宁. 市场逻辑与国家观念[M]. 北京：三联书店出版社，1995：56.
④ 齐格蒙特·鲍曼. 流动的现代性[M]. 上海：三联书店出版社，2002：86.

会的本质特征,休闲体育也是这种本质特征的明显体现。休闲体育的流动性主要体现在两个层面:一是时尚性,像城市探险、攀岩、溜旱冰等休闲运动项目的时兴总是在一定的时空中完成其周期性变化,并且同一运动项目可以在不同阶层中流动形成不同群体锻炼健身热。二是日常性,因为有日常热爱才会有需求,才会形成自我的文化辐射力,像篮球、足球、乒乓球、羽毛球、游泳、健美操、网球等贴近人们生活的运动项目,为广大民众的精神生活提供了巨大的舞台,参与热情和体育精神意识可以在不同年龄层次和不同阶层中形成循环流动,从而提升个体精神形象,优化文明和谐社会环境。休闲体育的流动性并不同于现代社会中的那种不确定性和非安全性的品质,其特殊性在于它是对现代人"机器"式与"碎片"式生存状态的一种积极应对,是大众文化中审美疲劳的自然结果,也是对人类力量的重新求证,而不是短时期内一种流行的观念、实物或者明星,其文化魅力重在过程中的身心愉悦体验和自我超越的品质。

(三)休闲体育的消费性

"消费是一种积极的关系方式(不仅于物,而且于集体和世界),是一种系统的行为和总体反应方式。"[1] 休闲体育的消费也是一种积极的建立关系的方式,是通过操纵符号而不是物来建构差异的一种日常行为。所以休闲体育运动除获得身心方面的收益外,还有一种符号收益,它是指像网球、高尔夫球这类稀缺运动所具有的,与某个阶层品味与身份相联系的紧密性而带来的"区隔"效果。"休闲的基本规定性就是区别于劳动时间的束缚……在其一切符号之中、在其一切姿态之中、在其一切实践之中及在其一切话语之中,休闲靠着对这样的自我、对这种持续的炫耀、对这个标志、对这张标签的这种展示和过度展示而存在。"[2] 这就是"符号"效益,让参与其中的人有一种归属的认定的阶层意识,如"中产阶层""小资"生活等。正是鉴于这种种因素,现代休闲体育活动在人们心中已成为一种事业和工作的延伸,是人际交往能力与高雅

---

[1] 让·波德里亚.消费社会[M].南京:南京大学出版社,2001:1.
[2] 让·波德里亚.消费社会[M].南京:南京大学出版社,2001:178.

品质的重要表现，也是促进事业进步、获得更多利益与资源的一种方式。

二、休闲体育兴起的文化意义

（一）休闲体育是一种"积极生活"方式

人要在生命的各阶段将思想、身体和精神凝结到体育活动中，并使其成为日常生活和休闲追求的一个内在组成部分，即只有把体育活动放到一个涉及个人整体系统的大框架中，身心健美的好处才有可能实现，这就是一种"积极生活"，休闲体育是实现这种生活的最积极、最有益、最有趣的方式。从休闲体育的流动性可以看出，人类可在生命的不同阶段选择不同的运动项目来维护和保持自身的生命力量，延续和发展人性中的自然秉性和运动野性，消除和弥补因现代科技和信息的发达而失去的"力度"和"灵活"。休闲体育生活方式的积极性具体体现在以下3个方面：首先，它是一种"身心投入"的活动方式。休闲体育活动在很大程度上不像其他休闲方式可以戴着面具而游离于休闲本身，它是一种不能藏假和装假的空间，其腾挪跌宕之间都是真性情、真内在的充分体现，这些性情倾向是在进入休闲体育运动这一"场域"预先存在并在运动中能充分展现的。其次，它是各自运动技能与身份地位"竞争"的活动方式。具有良好运动技能与运动魅力的参与者往往能得到圈内人的更多注意，或者是更多的赏识；在这之外，身份地位往往与参与者的运动技能与魅力评价交织在一起，即每个参与者的背景话语，如教育程度、角色系统、地位权力、资源、信息等是一个多信息节点交织的情境。最后，休闲体育运动是建立在兴趣爱好与性情倾向的相投，技能动作与技巧的切磋与探讨，对运动魅力和精神的共同享受，参与者之间形成良好的团队精神与交往关系，各自的背景话语形成沟通与流通等方面的。这些方面都是提升人类精神状态、维护良好社会人际关系、促进社会稳定的重要方面。

（二）休闲体育是一种健康的身体文化

从历史渊源来看，身体在西方哲学和人类学中往往成为智慧、知识、真理、意识的障碍和对立面，直到尼采和德勒兹提出身体是力与力之间的关系，只要有两种不同的力发生关系就形成了身体，这才打破身体与意识二元对立形态，与中医认为的身体是气化的结果，是内部之气与外界之气综合作用的结果有异曲同工之妙。这两种身体观念都道出了身体的流变性或者可塑性。休闲体育是实现这种可塑性的一种力或者气。在现代消费社会，身体不再是罪恶与机器，而是生活目的本身或者享受本身，人们借助高科技如生物技术或其他人工技术来追求理想身体所带来的好处，因为"身体形象在理解与评价公共领域中的自我方面发挥着独特的作用。特别是身体的外表是广告、自我推销及公共关系的核心。它也是社会歧视的核心，现代的消费自我是一个再现性的存在。"①但技术仿造与克隆和禁欲（如饮食）的结果还是对身体的一种处罚与控制，而不是放松与快乐。休闲体育在这里的相对意义体现在它是从自愿出发，在休闲体育运动中找到相应的适应自身改善印象的管理策略，是一种自然、开放的身体之力的作用。所谓印象管理是在感知他人对自己印象的基础上，个体为获得他人对自己理想的印象而努力控制自己行为表现的过程，如推销员总是试图制造出与他们所售物品相符的形象。这对于体育锻炼有4个方面的作用，分别体现在参加体育锻炼的动机、选择锻炼的项目和情境、运动表现的水平、锻炼者参加体育锻炼的情绪反应②。如肥胖的人自觉在健身房获得了健康、美丽的自信形象，"白领"阶层可以在网球、体育旅游、高尔夫球等运动项目中获得活力和愉悦并存的阶层意识。有研究认为，人们从事休闲体育活动的大障碍并不在于缺乏时间、金钱或资源，而在于"个人心理状态和特性"，在于"人们以什么样的方式评价自己在自由的时间里做什么样的事情才比较得体"。也就是说，自我呈现动机强的人参与休闲体育活动的指数往往较高，因为，其可以在休闲体育活动中获得一种自愿自觉的改善自我健康与形象的快乐活动体验。

（三）休闲体育是一种和谐大众的文化

首先，"请人吃饭不如请人流汗"道出的正是休闲体育作为一种大众文化休闲方式所独有的本质魅力——精神的愉悦性和自我的发展性。

---

① BRYAN S T. The body and society [M]. London: Sage Publications, 1996: 52.
② 张立敏. 运动领域中的印象管理 [J]. 上海体育学院学报, 2007 (10): 48-50.

休闲体育运动正是在健康的精神愉悦与快乐的消费中与大众文化亲密接触，代表着高品位和高质量的生活，也代表着群体认同与趣味区隔。其次，体育休闲活动的消费"符号区隔"效益让表征参与者性情倾向与身份地位的亚文化群体初步形成，这种亚文化群体在以体育活动为媒介的开放式互动中，逐渐形成明确的行为规范模式和共同一致的群体意识，亚文化群体中个体的文化观、价值观、人生观在与整个国家和社会的核心价值观体系及其他各种社会思潮与时尚文化的交流碰撞中，会产生新的文化价值观念，如阳刚之美与竞争精神等。最后，休闲体育的这种文化内涵可以转化为当代人的价值观念、思维方式、经营理念和生存智慧，可以影响社会风气，对于社会秩序的建立和维护发挥着文化整合作用。

从以上论述可以看出，休闲体育运动方式与理念精神正是在交流、适应、模仿乃至对立的方式中实现对社会文化大规则和资源的汲取和融合，并塑造和确立自身积极的健康文化理念，不仅有助于克服试图破坏社会系统稳定的各种大众文化思潮，其所孕育的新价值理念和生活方式也丰富甚至重构了社会文化体系。至此可以认为，休闲体育的蓬勃发展对于大众文化中那些不文明、不科学、不道德的休闲方式来说具有积极的净化和提升功能，当休闲体育运动成为更多人参与的一种时尚潮流运动，那些消极的不良的休闲方式就会在这种对照中淡出。所以说，休闲体育运动具有"和谐大众文化"、培育"和谐大众"的功能与意义。在大众文化对形而上号召力和终极意义进行解构，代之以变化无端、飘忽不定、虚实相生及真假难辨的文化符码游戏的现代情境中，大众丧失了诊断自己和诊断环境的能力，成为"一切皆可"的"飘的一代"。现代休闲体育运动则以一种健康和谐的方式和个体的发展、社会的消费及文化体系紧密相连，培育着和谐的大众，成为大众文化中雅俗兼顾的一种阳光休闲方式，对大众文化中的媚俗与圈禁之力有提升和解围之效。当然，休闲体育的发展依然需要社会主义核心价值体系的引领，避免出现偏离休闲体育本质内涵与特性的过度休闲和奢侈休闲。

三、休闲体育教育的传播路径

校园休闲体育文化呈现的学生和教师体育参与方面的一种状态，

是教师和学生对体育参与的认知、态度、行动及其传播宣传方面的一种综合表现。从这个意义来讲，学校休闲体育教育的路径依据主体参与的不同可以分为以下3个层面。

（一）提升学校对休闲体育教育的认同

"教育是一个引导人自我完善、人性丰满的过程。"[1] 斯宾塞认为："不能教会孩子们支配余暇时间的教育是一种不完整的教育。"不过，休闲有高低层次之分，高品质的休闲需要通过休闲教育才能实现。同样，高品质的体育休闲也需要教育才能实现。因而，重视和积极认知休闲体育的教育意义对于学校的教师、管理者来说特别重要。因而，学校与社会要通过体育宣传报道、体育赛事转播、体育报刊书籍、体育音乐电影等多样形式，摒弃对"闲"的异化与曲解。因为，健康是任何事业的起点与基础，休闲体育是人体健康存量增加的重要投资方式，是实现社会劳动力再生产的一个基础环节。大多数人都过分强调了人力资本中的知识、技能、经验等要素，忽视了健康存量为人类创造的社会财富与价值。事实上，人力资本理论告诉我们，健康是所有人力资本中首要的要素，没有健康，知识和技能也就失去了增值的基本保障和依附，也就失去了在任何领域构建各种和谐关系的基础能力；没有健康，学生的学习和考试也就不能持续。而且，休闲体育的"游戏"效能体现为活动中的非技术性和非思想性，是一种没有紧张感的自由舒畅、没有负累的心情愉快、没有输赢的自我轻松纯粹的身心体验，是抵抗身体调适能力下降，以及自然免疫力低，心理耐受能力差，抑郁、自闭、焦虑、孤独、退缩等心理问题的重要途径。所以说，学校作为育人主体，应充分认同休闲体育在强身健体和娱乐享受方面的效应，这是一种身心健康的投入与投资，是增加个体人力资本储量的重要方面。对于学生的未来发展具有潜在的重要影响。

（二）提供多元的休闲体育资源与平台

在当前五育并举的教育理念下，在国家发布《关于全面加强和改

---

[1] KANT I, CHURTON A. Kant on education [M]. Ann Arbor, Mi: The University of Michigan Press, 1971: 180.

进新时代学校体育工作的意见》（2020年）之后，各地纷纷推行体育课改，如增加体育学时，将体育学科纳入中考，在大一至大四全年级开设体育课，推进选课的个性化、多样化，制定课余锻炼管理办法等。这类课改方向有利于提升学生休闲体育活动水平。因而，学校可推进课内课外全年级体育学习一体化模式。一是将体育课程学习评价与学生课外体育锻炼投入结合起来评价，如每周2次跑步合计10千米以上可折算成体育平时成绩。二是可为有运动技能学习需要、自主需要、归属需要的学生开设体育选修课，提供体育特色课程，并纳入学生学分体系。三是倡导开发学生喜爱的体育社团，为他们提供更多技能性、融合性和时尚性的体育活动项目，增进体育运动选择的多样性和可达性，如公益劳动项目、手工活动项目、轮滑运动项目等，也可纳入学生社会实践学分体系。同时，倡导推进学生生活化健身行为。"生活化健身"是指"在每天的生活中进行累计30分钟以上、自主选择的、中等以上强度的各种身体活动（包括闲暇时间的体育运动、职业体力活动和家务劳动），每周累计达到450 mets以上"①。生活化健身突出了个体的自主选择、活动的多样化和随时随地性，以及运动量的累计性，这对于改变人们久坐不动的生活方式来说是一种重要策略。对于学生来说，生活化健身意味着将体育活动有计划地渗透到日常生活中，如早操锻炼、步行、阳光长跑运动、宿舍服务活动、团队辅导活动、志愿服务活动等。对于中小学来说，学校还可以强化交通性体育活动（走路上学等）、家务性身体活动（养植物、做菜、打扫等）。同时，学校可将学校体育课程、体育社团与学生事务工作中的新生适应教育工作、心理咨询工作、党团教育工作结合起来，从而在时间上和活动形态上做到促进学生体育活动的广泛覆盖。

（三）发挥休闲体育文化的传播交流功能

学校可以在体育典型人物宣传、体育文化氛围营造等方面加大支

---

① DUNN A L, ANDERSEN R E, JAKICIC J M. Lifestyle physical activity interventions. History, short-and long-term effects, and recommendations [J]. American journal of preventive medicine, 1998, 15（4）：398-412.

第七章 新媒体时代学校体育教育的传播生态

持与投入,引导引领学生热爱生活中的运动,从而建构有特色的校园休闲体育文化,充分发挥环境育人功能。尤其是在新媒体时代,在人际传播、群体传播、组织传播之外,应充分发挥新媒体技术优势。因为,网络媒体不仅是一种信息传播的载体,更意味着学生网民以此为基础形成的一种新的交往形态、一种新的舆论参与方式。网络宣传、网络评判、网络监督、网络参与等已成为一种常态,标志着网络媒体完成了从边缘到主流地位的转向,完成了人类对网络从抵制批判到容纳升级的价值判断转型。布迪厄指出,语言是权力关系的一种工具或媒介,每一次语言表达都是一次权力行为。因为,网络传播中的传、受者都是虚拟的,在身体姿势、表情、声音的传播之外,最为纯粹自由的是语言表达,正是在这种纯粹的语言表达中形成了一种话语权,即定义现实世界的媒介权力。鼠标点击的阅读方式和网民的自由表达一经结合,即产生了一种自下而上的宣传传播优势。网络互联互通的每一次技术变革(如超链接、搜索引擎)和网民每一次支持与反对的点击都将这些(网志,图片,音频,视频,关于作者、标题的元数据,E-mail 的主题,RSS 的内容列表等)零星散乱的数据与表达聚沙成塔,成为网络神奇力量的真正来源[1]。而且,新媒体的表达方式是一种追求多元性与差异性体验的、更具创造力与活力的意义理解方式与故事讲述方式,有着强大的体验感和叠加效应。学校要充分营造新媒体叙事情境,构成学生个体的丰富体育记忆,形成体育伦理道德责任意识,帮助学生选择个性化的体育活动,使休闲体育文化不仅贯穿在体育教学管理中,更是回归学生日常生活中,从而切实提高学校体育教育水平。

---

[1] 喻国明.中国传媒业 30 年:发展逻辑与现实走势[J].北方论丛,2008(4):56-61.

第八章　新媒体时代家校社体育育人共同体的构建

家庭教育、学校教育、社区教育本质上构成了一种生态因子影响链。家庭、学校、社区体育的关联发展研究最早出现于20世纪末。英国、美国、日本等发达国家早已实施由政府主导，整合家庭、学校及社会资源的体育促进青少年学生健康发展的融合性战略[①]。20世纪70年代，国外已把开展家庭体育作为促进大众体育发展的手段，如德国提出的"家庭体育奖章制度"、比利时推行的"每家一千米计划"、苏联开展的"爸爸、妈妈和我——体育之家"活动、新加坡的"家庭体育节"等。1989年，美国圣迭戈州立大学实施SPARK（The Sport, Play, and Active Recreation for Kids，即儿童运动、游戏和娱乐活动）课程研究计划，将游戏、休闲娱乐和体育运动有效结合起来，将学校体育课上激发的体育兴趣以家庭体育作业的形式加以巩固和培养，这必然包括家庭和社区成员的参与，从而实现家校社的一体化，提升学生体育活动参与的频度与效度。尤其是在2014年，为促进家校社体育的合作与衔接，美国卫生及公共服务部将"综合性学校体育活动计划"正式确定为美国学校体育的基本框架，并配套了相应的资源保障；推出了"全学校、全社区、全儿童"（Whole School, Whole Community, Whole Child Model）的健康教育模式。澳大利亚为预防青少年学生肥胖情况的进一步扩大，弥补因文化课挤压导致的学校体育课时不足，实施了为期十年（2005—2014年）的"课外社区体育活动"计划。可见，一些发达国家的青少年体育发展规划起步早，且有较为完备的保障机制与实施方案，其成功

[①] 张加林，唐炎，胡月英. 我国儿童青少年体育环境特征与存在问题研究[J]. 体育科学，2017，37（3）：15.

第八章 新媒体时代家校社体育育人共同体的构建

经验值得国内借鉴。2018年，习近平总书记在全国教育大会上指出，"全社会要担负起青少年成长成才的责任"。青少年学生的健康促进是一项系统工程，需要有协同育人生态，而促进学校、家庭和社区体育的衔接发展，形成学校体育育人共同体是发挥"协同""合力"的关键问题所在。近年来，我国一直探索"家校社"协同育人的体育发展体系，这与我国深化教育改革、全面推进素质教育的政策背景密切相关，从而助推实现健康中国和体育强国的远大愿景。

第一节　家校社体育育人共同体的要素

共同体是人类求生存谋发展的基本方式，所有的共同体都是为了某种善而建立起来的，借助协作、分工、互助的力量实现共同目标与共同事业的"自由人联合体"。个体均存在于多样的共同体中，如血缘共同体、地缘共同体、精神共同体、政治共同体、利益共同体等。共同体是"通过某种积极的关系而形成的群体，是统一地对内对外发挥作用的一种结合关系，是现实的和有机的"生命体[1]。"只有在共同体中，个人才能获得全面发展其才能的手段，也就是说，只有在共同体中才可能有个人自由。"[2] 马克思认为，共同体以实践活动为生成前提，以关系思维为价值关怀，以利益维度为现实观照。因而，共同体是指人们在对共同善的追求与参与过程中，通过互动的实践、关系的协调、利益的尊重而结成的一种相对稳定的正式或非正式的社会组织形态。相应的，体育育人共同体是以愿景的一致性、研究的合作性、资源的共享性、文化的融合性[3]为特征的交互主体间的互动实践。因而，家校社体育育人共

---

[1] 斐迪南·滕尼斯.共同体与社会[M].林荣远，译.北京：商务印书馆，1999：48.
[2] 马克思，恩格斯.马克思恩格斯文集（第1卷）[M].中央编译局，译.北京：人民出版社，2009：571.
[3] 刘杰，李欣，王建，等.高校与中小学体育教育共同体构建研究：基于成都大学的考察[J].教育与教学研究，2020（7）：74-86.

同体是指家庭父母、社区工作人员、学校教师与管理人员等多方主体基于育人目标的一致性、主体交互性、集体协同性而形成的育人行动。各主体间的连接贯通方式、关系的组合排列方式、利益的偏好共赢方式就构成了不同类型的家校社体育育人共同体。从形式来说,可以建立基地体育育人共同体;从类型来说,可以建立足球、篮球等不同球类育人共同体;从主体的主导性来说,可以建立社区体育育人共同体;还可以建立"高等学校、主管部门、行业机构、优质中小学"四位一体的体育教师教育共同体等。

一、体育育人共同体目标的一致性

家庭是个体最初社会化的主体单位。家庭不仅塑造了青少年体育参与的喜好与习惯,也影响着青少年体育参与的方式、程度和持久度[①②]。诸多研究均表明,家庭体育对于学生的影响效应很强。家庭体育经历、家庭体育品味、家庭体育氛围、家庭体育投入与青少年体育参与存在显著相关性,其中,家庭体育氛围与青少年体育参与的相关程度最高,即父母与青少年的体育互动对青少年体育参与影响较大[③]。家庭体育教育是致力改变当前家庭过于重视分数,对于学生体育参与过于忽视的现状,而有意识、有目标地促进学生完成体育家庭作业、积极参与课外体育活动、养成体育锻炼习惯,进而增进亲子关系的一种体育教育模式。学校体育是青年学生参与体育锻炼、学习运动技能的主阵地。我国《义务教育体育与健康课程标准(2022年版)》明确体育与健康课程倡导在应用情境中评价学生习得的知识与技能,在丰富多彩、生动有趣的学练活动中实现素养提升,其教育目标主要在于:掌握与运用体能和运动技能训练技巧,提高运动能力;学会运用健康与安全的知识和

---

① 丹豫晋,刘映海.家庭体育支持与青少年体质的关系研究[J].教育理论与实践,2015,35(34):30-33.
② 吕树庭,刘一隆,宋会军,等.家庭对中学生参与体育的影响[J].上海体育学院学报,1995(3):9-14.
③ 孙湛宁,龙笠.家庭体育资本的维度与作用机制:基于青少年体育参与的实证研究[J].中国青年研究,2020(8):51-56,64.

第八章 新媒体时代家校社体育育人共同体的构建

技能，形成健康的生活方式；积极参与体育活动，养成良好的体育品德。对于学校体育来说，这些主要是通过体育课程和"学练赛"的方式实现的（图8-1）。社区体育是社会体育的基层功能单元，是指以基层微型社区为区域范围，以辖区自然环境和体育设施为物质基础，以全体社区成员为主体，以满足社区成员的健身与休闲需求、增进社区感情为目的，就地就近开展的区域性群众体育。在当前经济社会转型向纵深发展的阶段，除需要社区组织者和推动者之外，社区体育还需要更多的社会组织、社会团队、志愿者、社会精英的参与与推动，是一种在政府主导下、多元主体自治的共同体教育生态。可以认为，社区体育是联结学校体育与家庭体育的桥梁。从以上分析可以看出，健康促进是家庭体育、学校体育、社区体育的共同目标。正是基于体育教育发展目标的一致性，家校社体育育人共同体才能形成坚实的协同合作基础。

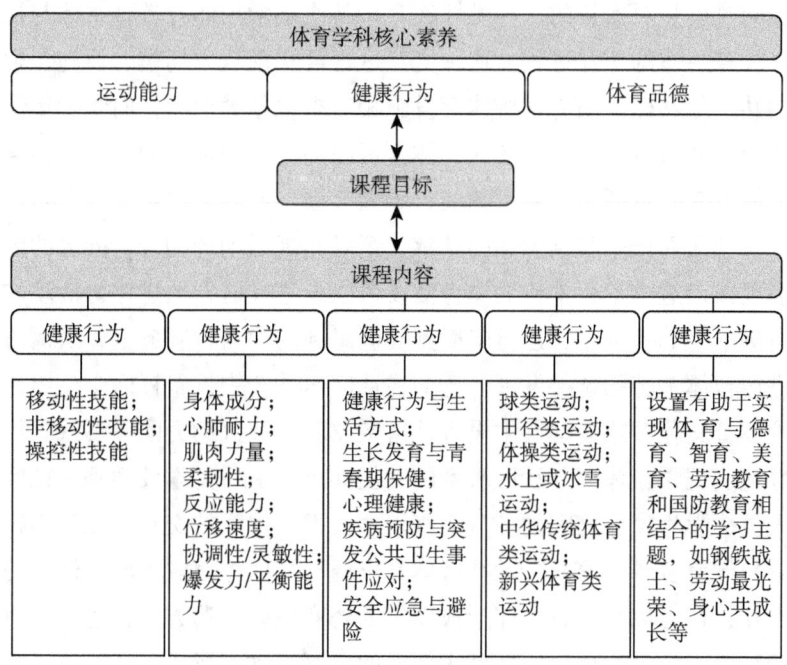

图8-1 学校体育与健康课程内容结构

二、体育育人共同体主体的交互性

体育教育的不同社会主体间围绕人才培养的共同目标而建立起一种协同共同体,这一协同的过程就是交互的过程。首先是学校体育与家庭教育主体间的交互,即教师与学生家长的交互。这一交互过程主要包括3个方面:达成促进学生积极参与体育锻炼共识的过程;家长积极协助学校体育目标和任务完成的过程;家长提供资源与保障,为学生提供参与体育活动的便利,或者带头示范参与体育活动,形成一种家校合一的体育文化氛围,而不能相反。比如,在以往过程中,有些家长认为学生参加学校运动会浪费了学习时间,而不支持学生的训练与投入,这就是学校体育与家庭体育不同频的现象。在这一情境中,非常有必要加强家长教育,充分提升家长对体育锻炼的认知与认同,并能做到积极提供学生在体育参与中的后勤保障服务。而教师应充分借助新媒体展示学生在体育参与中的美好、活力和专注,甚至优势与特长,既增强学生的自信,同时也是对家长的一种隐性教育。其次是学校体育教育主体与社区体育教育主体的交互过程。这一交互过程可实现双方场馆、设施、师资等的共享与共建,因为学校体育设施相对来说是紧俏的,而青少年学生的体育活动若分散到各个社区,体育资源则会得到很大的拓展,而且学生的体育交往资源也得到了拓展,不同年级、不同阶层背景的学生因为同一个社区而产生联结感和团结感;还可实现活动的融合,社区的体育活动可以走进学校,学校的体育活动可以走进社区,通过体育活动的融合增进学生的社区感,还可辐射到社区事务的参与、服务上,从而可以促进德智体美劳的统一发展。比如在社区运动会中设置社区学生组,在学校体育文化节或运动会中设置社区亲友团、社区助力团等形式,可以很好地实现学校体育与社区教育的共促共进。最后是学校教师、社区工作人员、学生家长之间的三方交互。这三类主体间的交互可以是学校带动家长体育资源、家长带动社区体育资源、社区体育嵌入学校体育的环式交互,也可以是三方主体形成固定的协商联席沟通方式,通过三方参与的特色的活动与项目而撬动主体间的良好互动,形成家校社体育育人一体化的良好氛围。

三、体育育人共同体的集体协同性

表征治理主体之间关联度与依赖性的核心要素——目标、利益、行政安排和信任的不同组合，决定了地方治理中协同关系的类型及运作，功能性机制及其对应的操作性机制，共同构成了协同治理机制的框架体系①。在教育行动研究的协同关系中，存在着"理论工作者的'独舞'""礼貌背后的'我们—你们'二维关系"等问题，参与各主体角色不明，难以恰当"入位"，导致合作协同研究在经过短暂的兴奋后，最终搁浅。很多研究指出在合作性行动研究中建立协同合作关系的关键行动，包括权力均衡、信任的建立、交流沟通与反思。协同的动力在于基于信任的交互与均衡。因为，学校体育教育的目标与任务是在学校运行的框架中，面向的是教育行政部门；社区体育教育的目标和任务是在社会治理运行的轨道中，面向的是政府的公共服务、民政等领域；而家庭体育的禀赋、认知、资源保障水平又各有差异。因此，三方之间围绕学生的健康成长要实现友好的、有效的交互，需要强有力的信息共享与政策支持。学校体育教育要充分把握好政策信息与资源，促进这些信息与资源在家长、社区之间的流动共享与共建。成都海滨小学即将跳绳校本课程作为三方教育的枢纽，构建了家校社一体化体育课程教育模式：学校开设跳绳课、跳绳大课间、跳绳三级梯队训练，促使学生掌握规范化的跳绳技能；组建学校家委会，开展家庭跳绳活动，具体形式为亲子运动会、家长社团及家庭体育作业，从而引导和激励学生节假日坚持跳绳锻炼，培养良好的体育锻炼习惯；利用社区资源互补的优势，推广跳绳运动在社区的影响力，促进学生社会适应能力②。从这一案例中可以看出，学校体育教育通常是家校社一体化中的主导力量，是挖掘和打通家校社一体化的策划者、组织者和推进者。体育俱乐部尤其是青少年体育俱乐部也是学校、家庭、社区沟通的中坚力量。因为体育俱

---

① 郁建兴，张利萍. 地方治理体系中的协同机制及其整合［J］. 思想战线，2013（6）：95-100.
② 高际云. 成都市海滨小学构建"家校社一体化"跳绳校本课程现状研究［D］. 成都：成都体育学院，2018.

部兼具公益性与市场性，主要任务是培养青少年体育兴趣、爱好和终身体育锻炼的习惯，增强青少年体质，并向其传授体育运动技能，发现培养体育人才。随着体教融合教育理念的逐步深入与成熟，体育俱乐部必将更多地将体育赛事、体育活动与学校体育、社区体育教育紧密结合起来，成为推进家校社体育育人共同体的重要力量。当前，在新媒体时代，网络也是促进家校社共同体形成的关键枢纽之一。创设"家校社"协同育人的媒介与平台，实现体育活动、体育赛事、体育服务的信息化发展，从而打破"家校社"联通的信息壁垒与宣传传播的地域壁垒。比如，广东省积极打造"五位一体"的青少年体育数字化平台，打通体育部门与家校社的多方连通渠道，形成全新的青少年体育文化传播模式等。

第二节 家校社体育育人共同体的实践路径

家校社体育育人共同体的建设本质上是将学校体育教育的基础生态、中间生态、上层生态及内外生态有效连通起来的过程。在这一生态系统中包括政府、学校、家庭、社区、社会组织等主体的多元交叉参与，因而，构建学校体育教育家校社协同促进机制尤为重要。这主要包括探索政府引导、学校主导、家庭参与、社区联动的家校社协同动力机制；探索政策支持、标准先行、信息互动、资源开放的家校社资源共享机制；探索建立青少年家校社健康促进联盟，吸纳政府部门、学校、家庭、社区、社会组织等多元主体共建，包括刚性举措、综合平台、大数据监测、校内外体育活动互促的家校社行动融合机制。

政府主导在这里意味着政策激励机制的供给，从战略定位、发展方向、学生发展目标上对家校社体育育人共同体建设提供支撑与保障。美国于2012年在国家层面制定的《综合性学校体育活动计划》（Comprehensive School Physical Activity Programs，CSPAP），是一项旨在以身体素养理念为基础和导向，改善全美学生当前所面临的肥胖、高血

第八章　新媒体时代家校社体育育人共同体的构建

压及由于缺乏锻炼所导致的健康问题而推行的一项计划[1]，被美国体育教育领域誉为21世纪指导美国学校体育事业发展的最全面的指南[2]。该计划以项目管理委员会的形式统筹进行推进与管理，对于家庭、学校和社区在这项计划中的职责提出了明确要求（表8-1）[3]，真正有效实现了家校社一体化。CSPAP管理委员会成员包括了国家、地方政府部门、当地媒体和社区负责人及社区居民，以至接受体育教育的学生本人，而且在资金支持、场地支持、人员支持方面形成了约定，形成了一个完全的学校体育教育生态链，是我国促进形成学校体育教育共同体的有益借鉴。另外，有些国家运用财政、税收、市场等综合工具，促进学生身体活动的参与，为家校社一体化提供保障性政策，如加拿大青少年身体活动参与的减税政策，主要应对由家长支付的青少年参与体育活动的消费和会费支出，在解决学生体育活动参与的成本障碍后，有效提升学生体育活动参与率。

表 8-1　CSPAP 管理委员会成员类别及其分工

成员类别	分工
校长/学校行政人员	获得教职工的支持与承诺；分配 CSPAP 资源并进行开发和实施；为教职工树立榜样
体育研究者/体育教师	规划学生身体素养培育课程；整合校内外的 CSPAP 资源为培育学生的身体素养服务
学生	在 CSPAP 实施期间可以建议增设符合个人身体素养养成习惯的体力活动内容

---

[1] BURNS R D, BRUSSEAU T A, HANNON J C. Effect of a comprehensive school physical activity program on school day step counts in children [J]. Journal of physical activity & health, 2015, 12（12）：1536–1542.

[2] BEDDOES Z, CASTELLI D M. Comprehensive school physical activity programs in middle schools [J]. Journal of physical education recreation & dance, 2017, 88（6）：26–32.

[3] 闫静, 徐双双. 基于身体素养的美国"综合学校体力活动计划"推行及启示[J]. 武汉体育学院学报, 2021（5）：87–92.

续表

成员类别	分工
家长和有兴趣的社区居民	作为儿童的榜样，鼓励他们进行身体活动；筹集资金支持 CSPAP 的实施；建议校长支持和资助更多的 CSPAP 优质方案；鼓励志愿者参与学生身体素养培育过程
学校卫生委员会（SHC）	志愿成为 CSPAP 管理委员会的成员；提升 CSPAP 对决策者和其他利益相关者的重要性；制定和执行学生身体素养培育政策、制度和方案
学区总监/体育协调员	为体育教师、体育协调员和其他 CSPAP 管理委员会成员提供培训；支持 CSPAP 在全国范围扩展；协调和管理学区范围内的 CSPAP；分配资源用于实施、评估和维持各学区/学校的"学生身体素养培育计划"
学校董事会	分配学校资金和资源；支持 CSPAP 的需要，鼓励 CSPAP 开发学生身体素养培育课程
医疗保健机构	组织学校基金募捐和社区倡议；提升外联活动的知名度
地方和国家卫生部门	为 CSPAP 管理委员会和学校提供支持、资源和指导，以更好地开发和实施 CSPAP；说服关键决策者并获得其支持；提供关于青少年儿童身体素养培育力度不够的地方数据；协助获得 CSPAP 资金
社区负责人	提供物质资源来支持 CSPAP；呼应 CSPAP 举措，自愿承担学生校外体育活动指导任务；在大学和学院举办培训讲习班和研讨会；提供继续教育机会；向学校提供技术支持；协助制定、改进和评估学生身体素养培育方案
当地企业	捐赠设备和用品，资助学校和社区体育活动；提供筹款
本地媒体（电视、报纸、互联网）	向公众通报 CSPAP 的益处；推行学校的成功经验

目前，我国在政府主导上特色明显，分别在家庭教育、学校教育、社会教育领域颁布了相应的政策规范。2021 年《中华人民共和国国民经济和社会发展第十四个五年规划和 2035 年远景目标纲要》提出"健全学校家庭社会协同育人机制"。同年 7 月，我国印发了《关于进

一步减轻义务教育阶段学生作业负担和校外培训负担的意见》，着眼建设高质量教育体系，构建教育良好生态。但实质性的家校社项目或计划还在酝酿中。部分省市有了一些探索，比如，江苏省下发《关于利用优质体育与科技教育资源开展中小学生课后服务试点工作的通知》，启动中小学生体育科技教育课后服务试点工作，体育课后服务资源类型包括"阳光体育"专业团队进校园、体育社团专家进校园、社会体育指导员进校园。

一、推进以家庭为基础的生活化教育活动

具体来说，完成体育作业、建立健康体能卡、日常休闲娱乐活动平台化，实现学生主动减少久坐行为，增强身体活动频率与时间，形成健康生活方式。本书第六章第三节已阐释了社会教育中的体育生活化促进方式和学校体育生活化路径。在此，重点分析家庭教育中体育生活化的路径。首先，从家庭体育环境来说，家庭基于自己的经济实力应为青少年学生提供必要的运动设备、用品，提供参与课外体育俱乐部的机会，如果从"健康第一"的思想理念来讲，甚至应该优先保障这方面的供给。其次，从家庭体育文化来说，父母作为学生的第一顺位教育者，平时在生活中可以和孩子共同关注体育类职业赛事、体育类文化作品、社区体育动向，并能安排出时间与孩子一起参加体育活动，或者陪同孩子参与体育活动，从而促进孩子形成自觉主动体育锻炼的惯习。惯习是一个持久的、可转移的禀性系统。利普·柯尔库夫认为"禀性是以某种方式感知、感觉、行动及思考的倾向。此倾向是每个个体因其生存的客观条件和社会经历而通常以无意识的方式内在化并纳入自身的"[①]。布迪厄认为"惯习在意识和语言之下、内省研究或者意愿控制之上发挥作用"[②]。也就是说，体育惯习会在潜意识层面沉淀为一种内在品格与气质，在这一沉淀过程中，家庭体育情境的营造无疑有着相当重要的影响。最后，家庭体育教育要与学校体育教育产生同频共振。对于学校布

---

① 利普·柯尔库夫.新社会学[M].北京：社会科学文献出版社，2000：63.
② BOURDIEU P. Distinction[M]. London：Routledge and Kegan Paul，1984：466.

新媒体时代学校体育教育生态研究

置体育课程作业、建立学生体能卡档案等教育行动要给予积极配合支持，并创新性地协助完成。比如，新冠肺炎疫情期间，大中小学体育课主要通过视频、提供体育作业或 APP 运动记录的形式展开，作为家长需要充分认识到体育的多元智力价值，全力配合完成规定性任务，进一步巩固学生的体育惯习，而不是敷衍，或者随意占用孩子的体育活动时间。相关数据表明，疫情期间投入体育锻炼时间比疫情前更多的学生，对在线学习的认同和学习效率均更高。因此，家庭应充分提升对体育教育的认知，通过从物质的充分保障、体育文化的充分渗透、与学校体育教育的充分互动，实现家庭教育中体育的生活化，让家庭教育成为有效培养学生体育人格的基础。

二、推进以学校为主导的课程化体育教育活动

我国体育育人理念经历了从单一的身体锻炼理念发展到当前健康第一、终身体育与快乐体育的多元综合理念的过程。但当前学校体育育人目标主要还是通过每周两节的体育课来完成身体锻炼和体质达标，这类目标具有外显的技术性、工具性、客体性，而没有切实认识到任何教育行为都是一种整体性存在，因为一切教育均会影响学生的各个方面。所以，当前融合健康第一、终身体育、快乐体育理念的课程平台与活动载体还不多，融德育、智育、体育为一体的体育课程建设缺乏理论，相应的关于如何通过体育课程来增进个性能力、社会能力培养的课程实践很少。而且在当前的学校体育课程设置与考评方式中，不同形态的体育课程如体育课堂教学与课外体育活动参与，不同形式的体育锻炼如阳光长跑与体育社团活动，不同水平的体育竞赛如竞技类与表演类体育活动等，未形成整体互动的体系化课程，从而未能有效实现健康第一、终身体育的育人目标。在当前大中小学体育课程一体化建设与研究中，对不同学段体育课程提出阶梯式教学与育人目标；相应的，同一学段中的不同形态与内容的体育课程首先应该一体化，一方面可为不同学段体育课程的一体化奠定基础；另一方面可为不同形态与内容的体育课程架构情感智力、团队协作、沟通协商等个性能力与社会能力培养的共性框架与实施方式。因而，可以从以下 3 个方面推进以学校为主导的课程化体育

第八章 新媒体时代家校社体育育人共同体的构建

教育活动。

一要创新学校课程理念。"健全的精神,宿于健全的身体""夫完全人格,首在体育。体育最要之事为运动"[①] "以运动为一种方法,借此方法完成良好之性格、道德与学问"[②]。可以认为,体育课程是实现"完全人格"价值的载体,从而具有超越知识与技能技术的"全人教育"价值。培养全人就是培养"完整的人"——"躯体、心智、情感、精神、心灵力量融会一体的人"[③]。对于学校来说,创设更多的资源与情境,通过体育课程理论与实践来培养学生的社会能力与个性能力,正是一种心智、情感、精神、心灵力量的培养。因而,学校体育课程价值理念的创新包括:①管理者理念的创新,即管理者应具有全人教育思想,将体育课程纳入通识教育课程体系,并重视体育课程对人的社会性、人文性发展价值。②体育任课教师理念创新,即任课教师要树立融强身健体、健康第一、快乐体育、终身体育、休闲体育为一体的体育课程价值观,并在课程实施中根据教学内容创新教学方法,有所重点地加以实现。③学生体育理念的创新,即一些学生应改变参与体育课程的学习只是为了获取学分的功利性思想,改变以应付的心态参加校内外体育文化活动的心理,学会体验感悟体育课程中人际交往、团队协作、意志品质等力量与品质的形成。

二要推进大中小学体育课程一体化。体育课程一体化重在"横向一致、内在统一、形式联合"[④],要充分挖掘体育课程教学一体化各环节的育人功能,构建体育课程一体化体系,发挥体育课程在协同育人中的作用,实现体育课程与学校人才培养定位的深度耦合,从而改变学生喜欢体育运动不喜欢体育课程的困境,这是实现体育课程"全人教育"理念的重要路径。还应明确学校体育课程一体化的目标方向。体育课程目标通常由运动技能、心理健康、身体健康、运动参与、社会适应五大

---

① 高平叔.蔡元培教育论著选[M].北京:人民教育出版社,2017:78.
② 竺可桢.竺可桢全集(卷二)[M].上海:上海科学技术出版社,2004:446.
③ 吴式颖,任钟印.外国教育思想通史(第十卷)[M].长沙:湖南教育出版社,2002:142.
④ 于素梅.一体化体育课程的旨趣与建构[J].教育研究,2019(12):51-58.

新媒体时代学校体育教育生态研究

目标构成。体育课程一体化建设首先是"五位一体"的目标一体化,由此,才能更好地彰显体育课程在人才培养中的功能与价值,发挥体育立德树人效能。应构建学校体育课程一体化的内容体系。比如,《全国普通高等学校体育课程教学指导纲要》明确提出,要把有目的、有计划、有组织的课外体育锻炼、校外(社会、野外)活动、运动训练等纳入体育课程,形成课内外、校内外有机联系的课程结构。当前,诸多高校与研究者探讨了体育课程课内外一体化的意义与体系,但在课内外一体化建设上限于课堂、课外、校外空间的一体化,限于课堂教学、课外体育锻炼、学生体育类竞赛形态的一体化。在当前德智体美劳五育并举的人才培养格局中,学校体育课程一体化可以分为体育课程内部的一体化、体育课程与外部环境的一体化两个模块。体育课程内部的一体化是坚持授课对象的一体化,将体育必修课和选修课覆盖学生全部修业年限,满足学生体育学习与锻炼需求,满足学生的个性发展与差异发展。体育课程内容的一体化也是坚持课程结构的一体化。比如,高校体育课程中可以适当增设民族传统体育类课程(如舞龙舞狮、珍珠球等)、休闲类体育课程(如定向越野、健身健美操等)、健康类体育课程(如运动损伤的护理与预防等),从而丰富体育课程结构,增强对学生团队合作能力、领导力的培养。体育课程与外部环境的一体化是指将体育课程嵌入其他学科、专业课程建设中,如将体育课程与社会工作中的体育拓展游戏结合起来,形成社会工作的一种重要方法。也是指将体育课程嵌入学生日常教育工作中,如将体育课程作为学生的网瘾干预方法之一,将体育课程与学生日常活动结合起来,有效发挥体育课程的正能量效应。还是指将体育课程嵌入体育社团文化活动中和校内外体育竞赛活动中,如将体育课程与轮滑、羽毛球、阳光长跑等结合起来,有效培养学生的运动与竞争意识、团队合作能力与意志品质等。

三要实施高校体育课程深度教学。体育课程中的个性能力与社会能力培养是一种非技术能力培养目标,要通过学校体育课程的实施来促进目标的达成,不能仅停留于浅层程式化的教学,而是应大力提倡深度教学模式。深度教学是学生在深度参与教学过程中获得对知识的把握,以及认识和体验知识学习背后的价值、思维、逻辑和方法,是一个具有创造性、研究性、生成性的具身认知实践过程[①]。可见，深度教学最根本的目标是促进学生深度学习，从知识的学习转向知识学习背后的价值意义体验、思维逻辑的发展等，本质上来说是一种整体学习和隐性学习，这意味着体育课程实施除了听讲学习、示范指导、反复练习、赛中讲解等基本教学方式外，还应采用互动探讨教学法、多维理解教学法、体验反思教学法，从体育知识与技能的训练延展到人的德智体美劳全面发展的整体维度，从体育课堂教学延展到关注并回应学生日常的课外体育实践和个性化需求，实现体育课程在价值道德发展、情感心理发展等方面的深度价值。互动探讨教学法是指在教学过程中教师应尽力留出一定的时空，让学生将参与体育活动的情感心理、领悟收获、动作创新、灵活应变、团队协作等细节叙述出来，并给予增权赋能性互动反馈；同时，教师应抓住特定的场景将体育技能与活动中的人文价值、社会价值挖掘、建构并有效呈现给学生。多维理解教学法是指教师充分发挥体育课程激发人的多维感知，如视觉、感觉、味觉、表情、心理等感知，促进学生在动态的情境中超越体育技能的学习，实现体育课程的多维价值。体验反思教学法是指教师引导学生将体育课程参与实践与自我的成长史、学校文化追求、时代社会精神关联起来，并通过反复的实践与积累固化为学生的个性能力品质，比如，体育教师在课程中将运动与摄影适当链接，让学生欣赏自己和同学的体育运动之美，是一种视觉的感知，也是一种情感的体验。总之，体育课程的深度教学模式是在师生之间、生生之间互动基础上的探究式学习与运动情境的反思，从而实现体育课程的文化内涵与价值追求。

三、推进以社会为支持的基地化教育形式

首先，要推进学生体育活动实践基地建设，构建体育教育与地方人文资源、科技创新资源、劳模工匠资源生态相融通，与日常教育、专业教育、创新创业教育相融通的选择性体育教育载体体系。上海体育学院附

---

① 周生旺，程传银，李洪波.身体在场与生命意蕴：深度体育教学的价值诉求与实践创生[J].天津体育学院学报，2021（6）：645-651.

属中学的"学生体育活动实践基地",选择杨浦少体校,依托其专业教练和丰富的场地资源,发挥体育育人作用,增强学校体育氛围和青少年参与体育运动的兴趣,提升青少年身体素质,为校园文化建设增添积极元素,实现学校体育和竞技体育双丰收。有了基地,社会化的体育活动实践就有了着落。因而,学校应坚持融通性与选择性相结合,将体育教育与学科教育、学术教育、双创教育、思想政治教育、美育结合起来,提供"高选择性"的体育实践项目体系,从而让不同特点的学生根据需求匹配参与适合自己的体育实践活动。其次,要建立高质量体育教育资源共享链,形成家校社体育教育协同育人格局。学校可结合区域与学校文化特色,开设有特点的体育教育课程,如有的学校融合校外基地、俱乐部师资和公共体育场馆设施,根据学生的实际发展情况和需要,采用不断拓宽课程领域、逐步增加课时、丰富课程内容的方法,加强学校体育课程改革的开发与实施。以南京某高校为例,近五年来,学校在原有的八段锦、五禽戏、足球、篮球、羽毛球、网球、武术、定向越野等特色课程的基础上,又新增了体育工程、轮滑、速滑等多项时尚体育课程,从而形成充满活力、多方协作、开放高效的文化体育新格局。另外,学校还可以将体育活动作为一种学习方式融入学生学科专业课程群中,促进知识的内化,涵养体育精神。比如,在心理健康教育课程中融入体育元素。因为,体育活动本身是一种基于知识的运用与创生的情境学习,包括情境、协作、交流与能力发展等要素。最后,可以整合区域资源,优化体育教育资源配置。很多时候,体育教育的情境本身并非是学校的课程、项目等能完全满足或仿真的。所以,体育教育资源需要从更大的区域范围上给予供给。比如:大中小学之间要建立衔接互动机制,建构学校体育教育区域共同体,如长三角、珠三角、长株潭高校体育教育区域共同体等,推动体育教育实践基地、青少年综合实践基地、全国示范性劳模和工匠人才创新工作室等体育教育资源的开放共享。还可建立区域化体育学科文化城,如新加坡的体育城,包括体育博物馆、体育名人堂、体育中心图书馆等;上海万国体育中心,设有高水平的击剑馆、游泳馆、篮球馆、空中骑行环道、体育舞蹈培训中心、综合健身房、多功能馆等众多运动设施和功能设计,从而实现同城同区域学校学生体育教育实践资源共建共享。

第九章 新媒体时代学校体育教育的数字化生态

数字化是现代信息社会的最大特征。运用互联网、大数据、云计算、人工智能、区块链等技术实现赛事运营数字化、运营场馆数字化、管理大健康数字化、服务消费配送数字化，让体育运动变得随时随地、轻松愉悦，让体育服务变得更便捷高效、精准多元。新冠肺炎疫情让室内运动有了人数控制，让人际交流有了距离限制，却让线上运动、户外运动项目有了发展空间。各类线上运动会、线上健身APP、线上体育课程、线上体育赛事遍地开花，露营、飞盘、腰旗橄榄球、骑行等个性化项目深受大众青睐；滑板、冲浪、竞技攀岩、空手道等项目首次亮相奥运会，以吸引更多年轻人参与，提升奥运赛事活力；2024年巴黎奥运会开幕式将首次突破体育场的限制，将长达6千米的塞纳河河道及沿线区域作为开幕式现场，充分体现出对开放性空间利用和对疫情风险的预判预防。体育服务业应抓住体育服务细分市场的发展趋势，提供个性化、差异化、品质化的服务，要投资数字化建设、改造商业体育场馆、扩招数字化技术人员，如橙狮体育（原阿里体育）提出专注于"全民健身馆经营管理与数字化""群众参与型赛事IP创建与数字化""线上健身行为数字化"3个数字化业务方向。体育教育的数字化同样成为一种发展方向，它体现于体育教育服务的数据化、便捷化、评价客观化，体现于体育审美体验的沉浸化、交互化、有趣化。

第一节　学校体育教育服务的智慧化

一、数字技术赋能体育课堂的有效性

数字赋能可以通过推动"部门体育"向"社会体育"变革、"在域体育"与"脱域体育"融合、"闭圈体育"向"破圈体育"转变、"精英体育"与"全民体育"共生，助力构建政府主导有力、社会充满活力、市场规范有序、人民积极参与的体育发展新格局[①]。目前，体育智能产品、智能健身平台日益兴起。Fitbit Flex（一款时尚智能乐活环）、小米手环、Tonal（一款家庭力量训练智能设备）、悦跑圈、Keep 等智能健身新兴产品都已拥有一定规模的用户基础，并在市场上受到资本的力捧。对于学校体育教育来说，这些智能设备与智能平台及应用创新了学校体育教育方式，拓展了体育教育平台，提升了体育教育效能。从体育教育方式来说，数字技术突破了传统的动作示范与反复练习的时空限制。在计算机视觉技术和相关智能算法的赋能下，教师可及时发现学生学练中的错误动作并及时纠正，学生也能通过计算机视觉技术的回放与动作对比功能，深入了解自身动作与标准动作的差别。学生还可以通过互联网的直播平台等自我学习。比如，江苏金陵中学启动了"智慧体育创新试验区"项目，在学校操场、舞蹈房、篮球馆和乒乓球室配置了智慧体育锻炼屏和智慧体育测试屏，根据学校需求，还定制化开发了"活力金中"小程序。智慧体育锻炼屏提供体能训练、球类运动、趣味锻炼、活力课堂、赛事活动、运动排行榜及体育百科等功能，将学生们平时常做的开合跳、深蹲、跑步、跳绳、篮球等运动融入游戏中，增加体育锻炼的趣味性。设备还可通过 AI 姿势比对，对学生的运动过程实时打分，纠正错误动作，提高运动质量。智慧体育测试屏则专门针对学校体能测试，将跑步、立定跳远、引体向上、跳绳、仰卧起坐、实心球等考试项目按照考试标准对学生进行测试，实时检测违规动作，实时输出测试成

[①] 吴彰忠，钟亚平．数字赋能构建体育发展新格局：理论逻辑与实践基础[J]．天津体育学院学报，2022，37（5）：553-558．

绩，还可生成专项能力测试报告及锻炼建议，真正成为体育老师的得力助手。有些学校还启用智慧体育屏为学生打造多片校园智慧锻炼区，为学生提供日常锻炼及云端作业指导等功能，可以保证学生在校的锻炼时间，同时保证学生在家完成体育作业的效果，学生的锻炼数据还可以上传至数据平台，连接学生的家校锻炼数据，实现家校互动，共同提升学生体质健康。

二、数字技术赋能体育教育评价的科学化

教育作为一种有目的的培养人的社会实践活动，离不开教育评价。教育评价事关教育发展方向，有什么样的评价指挥棒，就有什么样的办学导向。从本质上来说，评价是一种价值判断的活动过程，是对客体满足主体需要程度的判断。当前学校体育评价多采取学分制的随堂测试方法，偏重量化评价和结果评价，各项评价内容权重结构一般为：身体素质占30%，运动专项（任选一项）占60%，平时成绩占10%，有些学校则将健康理论与运动专项合并占60%。量化评价是检验教学质量与育人目标实现程度的重要手段，但当前体育课程的量化主要依靠教师评价，可能存在教师情绪影响评价客观性等情况。同时，评估学校体育课程在培养个性能力与社会能力方面的价值，只有量化评价是不够的。因为，个性能力与社会能力本身是不可指标化的。因而，学校体育课程评价要探索定性与定量相结合的多元评价方式，一是在课程评价定位上，应从知识与技能的评价定位转向态度、价值观、素养的评价定位。二是在课程评价内容上，将学生参与校内外体育竞赛活动纳入考核评价中，如学生参加马拉松活动、公益体育赛事活动等，可以与当前学校的"第二课堂成绩单""创新学分"评价体系有效结合起来，从而有效发挥体育课程在人才培养中的多维价值。三是在课程评价方式上，将形成性评价与终结性评价结合起来，形成性评价可以通过建立学生体育活动参与档案、提升平时体育活动参与成绩比重来实现。形成性评价不仅考核评价学生体育课程的到课率，同时考核评价学生在课外体育活动中的参与率与投入度，从而体现体育课程的过程性评价，也体现体育课程健康第一的理念。如有些学校规定将学生出早操和课外锻炼列入体育

成绩评定指标,学生达不到"运动参与"基本要求,学期体育成绩最高分为 60 分。终结性评价则可以参照学生对体育参与的自我陈述与总结反思,给予学生最符合其特质的评定。学校的体育课可以告别传统的尺子、哨子、秒表,借助智能穿戴技术、AI 运动视觉分析技术、云计算和大数据分析技术,通过智能采集设备信息化管理平台,有效获得学生跳远、短跑、跳绳等项目的数据,提高体育课的效率,也可以实时采集分析学生的运动数据,自动计算各项运动成绩,形成学生个性化的运动档案和成绩报告,解决了传统体育教学"难量化、难记录、难监督、难分析"的问题,让体育课堂变得更"智慧"。而且,从长期来看,这些数据化评价可以进行纵向追踪和横向比较,可以很好地用于分析与诊断体育教育存在的问题、目标达成的效果,有利于体育教育评价的客观化和规范化。但数字毕竟是没有温度的,学生参与体育活动还存在个体先天的生理与心理差异,因而在教育评价精准化与科学化的同时,定性评价也必然是不可少的,这也是体育多元智力价值导向的必然要求,因为在体质之外,体育对参与者社会能力与个性能力的培养更多地通过定性评价来实现。因此,要防止"一刀切"数据评价,预防简单粗暴的评价方式。同时,要对数据加以应用,在体育教育中发挥很好的数据驱动效能。比如,将即时的监测数据与测试数据(体质健康测试数据、生理指标数据、单元测试数据)、学习过程中的技术评价数据相结合,形成一个综合、系统、全面的,反映学生每学年、每学段、每一水平的成长,教师要对数据进行对比、处理和分析,让学生直观地看到自己所学技能的增多、身体素质的提升、生理指标的提高,让学生知其然、更知其所以然;让学生通过数据了解自己的身体,并了解哪些是身体发出的危险信号,遇到临界数据和特殊身体现象如何处理等,从而更好地为每一位学生的发展护航;让学生在课堂以外的锻炼中也能保护自己、科学锻炼,即利用数据及时发现问题,根据数据分析问题产生的原因,找到解决问题的办法[①]。

---

① 陈哲.体育课堂评价"数据化"误区与对策[J].体育师友,2021(6):7-8,23.

第二节　学校体育学习体验的沉浸化

在新媒体时代，随着社会的进步和竞技体育及新闻传媒的迅速发展，体育欣赏已经成为人们生活中的一个不可缺少的组成部分。随着体育的职业化，体育欣赏不但丰富着学生的文化生活，而且能大大提高学生个人文化修养水平。体育竞赛的魅力在于竞争，充满了真实性、娱乐性、新奇性、健美性和向上性。参加体育运动是一种娱乐身心的文明手段，而欣赏体育比赛则是一种赏心悦目的精神享受，也是投身体育、参与竞争的一种表现。在新媒体时代，体育竞赛的传播渠道更多、覆盖面更广、速度更快，面对不同的观看需求，也更具差异化、分层化、分众化，可以吸引更多的人观看，实现网络传播能力的最大化。

一、体育学习的沉浸化内涵

米哈里·契克森米哈最早于1975年提出沉浸是一种感觉，是一种将个人精力完全投注在某种活动上的感觉。沉浸感产生时人们完全被吸引并投入到活动情境当中，过滤掉了所有不相关的知觉，只对具体目标和明确的回馈有反应，通过对环境的操控产生一种控制感，并伴随高度的兴奋及充实感[1]。后来，Hoffman 和 Novak，Chen、Wigand 和 Nilan 将沉浸感分为3个阶段：沉浸的先前准备阶段、沉浸体验阶段、沉浸体验的结果。沉浸的先前准备阶段所考虑的要素包括注意力的集中、明确的目标、与玩家技能相平衡的挑战、活动的趣味性、简单快速的上手；沉浸体验阶段的体验包括行动与意识的统一、高度专注、对活动的控制感、时间感的变化、远程监控感；沉浸体验的结果是促进学习、激发玩家的探索行为、信息技术的接受及使用、行为控制的认知[2]。如果从感

---

[1] 王锐俊.沉浸体验与网络环境下的英语学习[J].现代远程教育研究，2005（6）：60-63，73.

[2] KRISTIAN K. Digital game-based learning: towards an experiential gaming model [J]. The internet and higher education, 2005, 8（1）: 13-24.

觉层面来说，学生参与体育活动的过程即是一种沉浸感，因为体育的本质即是游戏，有着物理情境、社会情境、群体情境的现实要求。而现在我们所讲的沉浸体验更多地是指人机互动中的沉浸感，是指观众依靠虚拟现实（VR）技术系统和技术装备，完全置身于人机界面所形成的虚拟环境之中，并通过听觉、视觉、触觉等身体感知系统，以及动作、表达、方向等行为系统，来认知和操控虚拟世界中的对象①。在"沉浸式"教学实践中，5G+VR将促进教学从片面沉浸化发展为全面沉浸化，并促成现实教学与虚拟教学的相互沉浸化②。而体育沉浸式体验是指由体育主题所引导，根据现代逻辑所设计，引导人们由心理驱动进行参与，利用其感官、心理情感及意识等，运用智能手段、高科技设备有效控制，来改变运动环境、营造视觉体验或者与参与者产生交互，让参与者享受某种体育运动状态，使其全神贯注投入其中，有一种置身于真实体育活动之中的一个服务过程。因而，体育沉浸式体验具有前沿性、沉浸性、体验性的特征③。也有研究表明，VR技术将真实的场景虚拟化，学生通过与虚拟环境互动后，在大脑里形成正确的知识和技能模型，能很好地帮助他们掌握动作技能，克服心理障碍，形成自主学习习惯④。

可以认为，体育学习的沉浸化包括现实在场的沉浸化和虚拟在场的沉浸化，也包括沉浸式学习情境的营造、沉浸式学习引擎的开发、沉浸式学习体验的激活。从沉浸式学习情境的营造来说，教师可以在体育教育中充分挖掘体育美的沉浸体验。体育表演和激烈运动竞赛时那种使人精神振奋、情绪高涨、陶醉、心旷神怡的喜悦心情，正是体育运动的

---

① 杭云，苏宝华. 虚拟现实与沉浸式传播的形成［J］. 现代传播（中国传媒大学学报），2007（6）：21-24.
② 安传迎. 5G+VR促进大学教学从片面沉浸化到全面沉浸化［J］. 重庆高教研究，2021，9（4）：59-68.
③ 胡杰，姜付高，王精朔. 体育沉浸式体验内涵特征及路径探求［C］//第十二届全国体育科学大会论文摘要汇编——体育产业分会，2022.
④ 孙华飞. 基于VR技术的沉浸式学习在体育教学中的实践研究：以跆拳道课程为例［J］. 大理大学学报，2019（6）：95-100.

艺术魅力所在。体育美是反映人的自由创造的形象。体育美之所以会带来身心愉悦，一方面是由于其具有宜人的形式，如体态均匀和谐、动作干净利索、节奏明快流畅等；另一方面，体育美的内容能充分反映人类在体育实践中的"自由创造"的特性，即征服、超越、开发、表现的能力。新媒体时代利用先进的网络技术传递着体育美，体育运动或体育竞赛通过图文、音频、视频直播及转播的全媒体推送，充分发挥各类新媒体平台的优势，运用鲜活生动的语言和易于接受的方式让人们理解和感受体育的魅力。而且，信息网络技术平台通过图文、音频、视频直播等形式展现人体在体育运动中的各种美，使体育美更具生动性和立体性，从而吸引更多的人通过体育运动展示自己的美感。正是由于体育能给予人们如此多的情感体验，所以才会有更多的人去关心它、了解它、欣赏它、体验它、参与它。从沉浸式学习引擎的开发来说，可以采用多维评价法提升体验深度与专注力。比如，在教学过程中采用追踪增值式评价法，遵循动作与速度由易到难、表演由简单到复杂增值评价，让学生沉浸其中，在一次次挑战中体会到成功的喜悦。沉浸式学习体验的激活则体现为让学生成为体育活动的主动参与者，让教师成为指导者和陪伴者，尤其在个性化课外活动中，教师成为积极的引导者、鼓励者和加油者，从而带动学生形成积极的体育情感与感受，并产生运动效能感，从而生成运动信仰，由此，体育学习的沉浸化力量就能获得最大效应。

二、沉浸化体育学习路径

在新的媒介生态环境下，媒介是人的舞台。可穿戴设备、仿生、人工智能、虚拟现实、增强现实、混合现实等新技术的发展则真正实现了技术与人体的互嵌，传播实践的主体从大众媒介时代以肉身为基础的生物人进化到新技术背景下人机互嵌的"赛博人"[①]。而身体活动的双系统理论认为，锻炼行为不仅由它所带来的效益决定（熟虑系统），也

---

① 吴倩.从意识沉浸到知觉沉浸：赛博人的具身阅读转向[J].编辑之友，2019（1）：20–24.

由理性控制之外的力量驱动(冲动系统)。熟虑系统受反思性思维影响，其作用路径为：行为选择—形成行为意图—启动行为计划—行为意图帮助实施行为；冲动系统受无意识思维影响，其作用路径为：知觉到刺激—激发冲动系统网络中的更多成分—激活行为图式。利用各种媒介和新媒体平台传播先进体育教育理念、人才观和健康观，积极营造以参与体育运动和拥有强健体魄为荣的个人发展理念和社会舆论氛围，无疑是实现无意识体育教育的重要途径。因而，体育学习的沉浸化是一种隐性育人力量，沉浸化体育学习与审美成为现实。

达到健康美是体育的最终目标。健康美一般是指身体的健康美、精神的健康美与行动的健康美。身体美包含体形、姿势、肌肉、肤色、精神面貌等要素，而体育审美欣赏的内容主要是竞技体育运动项目。通过欣赏能对各种常见的体育比赛项目的技术、战术、套路、身体素质要求等内容有较强的鉴别欣赏能力。区别好坏，识别美与不美，并能对各种常见体育比赛项目运动员的技术发挥，战术组合之名称、特点、效果、质量及比赛总体状况做较为详细、准确的评论。特别是新媒体平台提供了丰富的体育竞赛欣赏资源，人们可以随时随地寻找自己感兴趣的体育运动或体育比赛进行观看，从而提升自身的体育竞赛欣赏能力。因而，新媒体时代学生体育学习的沉浸化可以从以下方面开展：一是在体育课堂上运用媒介力量。可运用体育视频课程、共建师生体育课堂媒介空间、视频回放和展示等方式，如在讲解篮球中"三步上篮"这一动作时，传统的教学方式主要是教师的示范和讲解，但由于该动作具有连续性，且需要灵活辨别左右方向，学生往往对动作的认识不够清晰，导致做出的动作不够规范，久而久之将影响上篮的效果，也很容易挫伤学生学习篮球技术的自信心，降低体育学习的积极性。那么，在新媒体环境下，教师可以在网上搜集相关视频资料，如篮球明星的经典上篮运作，可以分析其中的技术性与形式美、动作美；也可以录制分解动作讲解视频，通过各种新媒体方式传送给学生，让学生在课余时间对比视频进行精确练习，以便于观察每一步动作、做好每一步动作，从而提升动作质量与技术水平。二是开设体育审美类课程或讲座。比如，开设"体育美学""体育艺术欣赏""体育电影赏析""体育与传播"等课程；同时，

第九章　新媒体时代学校体育教育的数字化生态

在学生的日常生活中，组织关于体育审美的讲座和沙龙活动，以听取各方面言论，经常组织学生通过现场或电视、录像观摩比赛，令学生在教师的引导下产生更为深刻的印象。总之，长期坚持此类活动，就能令学生系统广泛地了解相关知识，逐步提高欣赏体育竞赛的能力。三是促进形成生生之间、师生之间共同观赛的惯习。对自己喜爱或感兴趣的体育比赛项目，除观看和平时多阅读体育报刊及其他资料外，还可以邀请同学一起利用新媒体观看现场比赛或转播，结合比赛的具体情况共同评论与交流。因为，高影响力同伴互动更易使学生形成体育活动的能力感、价值感、胜任感和愉悦感，从而带动其体育活动参与水平的提升①。长期坚持，不仅乐在其中，还能逐步具备一定的指导训练和比赛，以及解说评论比赛的能力，提升体育审美能力。这方面，教师可以通过布置体育作业、撰写观后感等形式加以促进。

---

① KALAJA S, JAAKKOLA T, WATT A, et al. The associations between seventh grade finnish students' motivational climate, perceived competence, self-determined motivation, and fundamental movement skills [J]. European physical education review, 2009, 15 (3): 315-335.

第十章 学校身体活动教育促进的实证分析

随着自动化、网络化、智能化对人们社会生活领域的全面渗透,身体活动不足(physical inactivity)成为21世纪人类面临的最大公共健康问题[1]。身体活动是在日常生活场景中进行的运动,通常从频率、强度、时间和类型4个方面进行表征[2]。身体活动可以在学校、家庭、公共开放空间等场所中进行,具有综合性、日常性、全方位性。2020年,世界卫生组织发布新版《关于身体活动和久坐行为指南》,2021年我国发布《中国人群身体活动指南(2021)》,建议成年人每周至少进行150~300分钟中等到剧烈的有氧活动。由于电子屏幕使用时间过长,锻炼主动性不足,加之作为在线学习的主要人群,学生同样面临身体活动不足的身心健康困境。诸多研究表明,身体活动不足与学生睡眠质量低、心理抑郁、学业拖延、学习倦怠、手机成瘾等显著正相关[3][4][5][6]。学校加强身体活动教育具有重要意义。本章以大学生为例,从生态化教育促进机制层面,分析身体活动参与特征及其影响因素并提出对策建议。

---

[1] BLAIR S N.Physical inactivity:the biggest public health problem of the 21st century [J].British journal of sports medicine,2009,43(1):1-2.
[2] RHODES R E,JANSSEN I,BREDIN S,et al. Physical activity:health impact,prevalence,correlates and interventions [J].Psychology & health,2017,32(8):1-34.
[3] 贺静.不同身体练习方式对大学生睡眠质量的影响研究 [D].上海:华东师范大学,2019.
[4] ZHANG Y I. Associations between screen time,physical activity,and depressive symptoms during the 2019 coronavirus disease(COVID-19)outbreak among Chinesecollege students [J].Environmental health and preventive medicine,2021,26(1):107.
[5] SHI M Y,ZHAI X Y,LI S Y,et al.The relationship between physical activity,mobile phone addiction,and irrational procrastination in Chinese college students [J]. International journal of environmental research and public health,2021,18(10):1-12.
[6] 朱风书,吴雪萍,周成林.不同身体活动水平大学生不良行为习惯抑制能力的行为和脑电特征 [J].沈阳体育学院学报,2016,35(2):76-81,111.

第十章 学校身体活动教育促进的实证分析

第一节 研究设计

一、相关理论及其研究

不同类型的身体活动，如步行、骑车及其他运动锻炼和积极的娱乐活动（舞蹈、瑜伽、太极）等通过骨骼肌收缩消耗能量，促进机体新陈代谢。这方面研究主要包括社会认知理论、锻炼阶段模型理论、健康信念模型、计划行为理论等。这些理论有一个基本核心思想，认为身体活动参与的自主需要最能预测运动行为的持久性，不管这些动机是基于健康需求、形象管理，还是学习需求，中高强度身体活动对于改善精神状态，提升大脑执行力、情绪、认知能力、毅力、学业成就、主观幸福感等有长期积极影响[1][2][3]。有些研究还探讨了身体活动对学生手机成瘾、在线学习倦怠综合征、吸烟习惯等的抑制作用[4]。关于身体活动参与影响因素的研究，大多认为主要包括3个层面：一是个体态度动机因素，主要包括身体活动态度、自我效能、身体活动知识、身体活动参与动机等，其中，身体活动中的能力感与兴趣是个体积极参加身体活动的强预测因子。因而，如何根据学生的实际禀赋个性化实施身体活动教育非常关键。二是人际网络支持因素，如同伴支持、积极开展身体活动文

---

[1] 张连成，王肖，高淑青. 身体活动的认知效益：量效关系研究及其启示[J]. 体育学刊，2020，27（1）：66-75.
[2] 蒋长好，陈婷婷. 身体活动对情绪的影响及其脑机制[J]. 心理科学进展，2014，22（12）：1889-1898.
[3] DANIELS B T, HUMAN A E, GALLAGHER M K, et al. Relationships between grit, physical activity, and academic success in university students: domains of physical activity matter[J]. Journal of American college health, 2021（7）：1-9.
[4] 范玉川. 网络成瘾对大学生身体活动的影响：领悟社会支持的调节[J]. 天津体育学院学报，2020，35（4）：423-427，459.

新媒体时代学校体育教育生态研究

化建设等①②；这是因为身体活动很多时候是一种互动的团体性活动，人际间的相互交流、相互邀约、相互督促、相互分享会形成一种良好的积极身体锻炼氛围。有研究表明，同伴陪伴与融合、信息指导的支持行为对青少年身体活动具有正向显著影响，因年龄、运动能力及家庭经济背景的差异，同伴支持行为对青少年身体活动的影响机制有所不同③。还有深化体育课程体验，运用体感游戏等也是提升身体活动参与的重要策略。体感游戏会激发青少年身体活动动机、兴趣、自尊、自我效能和社会互动，通过体感游戏叙事化和体感游戏课程化来提高其覆盖时间和黏着度，正逐渐成为国际上流行的干预动向④。三是环境支持因素，如家庭体育环境、学校活动环境、社区环境、公共政策环境等。家庭体育环境包括家庭对学生参与运动的社会支持度、家庭运动的氛围等⑤⑥。家庭物质性支持包括提供运动装备、运动时间、运动培训等，而家庭应答性互动支持环境更为重要，比如父母子女一起参加身体活动，经常交流身体运动感受与体验等。学校活动环境包括体育课程的设置、体育项目的选择性、体育设施等。社区环境包括社区的运动设施、交通可达性、广场的使用率等。学校活动环境通过自我效能感对中学生锻炼态度影响效应小于社区环境和家庭环境，而社区环境通过自我效能感对中学

---

① DOMINICK M G, SAUNDERS P R, FRIEDMAN B D.Factors associated with provision of instrumental social support for physical activity in a foster parent population[J]. Children and youth services review, 2015, 52（5）: 1-7.

② 王军利.青少年身体活动行为的社会网络传播现象与机制研究[J].中国青年研究, 2019（9）: 88-94.

③ 李有强, 王瑞青, 侯同童, 等.走向叙事与课程: 体感游戏促进青少年身体活动的学理阐释及干预动向[J].天津体育学院学报, 2020, 35（3）: 341-349.

④ 王富百慧, 王元超, 谭芷晔.同伴支持行为对青少年身体活动的影响研究[J].中国体育科技, 2018, 54（5）: 18-24.

⑤ DIANE B.Explaining differences in sport participation rates among young adults: evidence from the South Caucasus[J].European physical education review, 2008, 14（3）: 283-298.

⑥ 阳家鹏, 向春玉, 徐佶.家庭体育环境影响青少年锻炼行为的模型及执行路径: 整合理论视角[J].南京体育学院学报（社会科学版）, 2017, 31（3）: 118-123.

生锻炼态度影响效应最大①。公共政策环境包括各类公园、公共绿地、公共自行车等硬件的配置，也包括公共交通规划、全民健身日的设立、步行日、阳光长跑等。因而，基于影响因素的分析，很多研究运用多样的研究方法，提出了身体活动教育促进策略。

有研究认为，人类行为是由直觉联想加工和逻辑规则加工驱动的双加工模型。这一思想应用于身体活动促进领域，即有研究者将理性决策的熟虑系统与非理性决策的冲动系统结合起来，提出身体活动促进的熟虑—冲动双系统理论，构建身体活动熟虑—冲动模型，提出强化学习视角下锻炼者—体育环境的互动模式，锻炼行为促进的助推策略等。因而，第一类助推策略基于人的无意识系统来实现，主要包括：改变行为背景，增加锻炼的可选择性；改变默认选项，促进锻炼的积极决策；进行榜样启动，增加锻炼的可见性。第二类助推策略基于人的反思性思维，让人们感受到行为动力进而激发人的行为，主要包括：公开自我承诺，促进锻炼的持久性；使用描述性社会规范，促进锻炼的积极性；进行日常提醒，克服锻炼的懒惰性；利用选择框架，增加锻炼的易得性；使用社会影响策略，提升锻炼的趣味性②。不过，有研究认为，相比认知干预、环境支持，以行为为基础的干预对锻炼行为的影响可能更长久③。

在大学生身体活动研究方面，较多研究探讨了身体活动在大学生社会性发展、情商发展、情绪健康方面的促进作用。社会性发展包括自信心、情绪调节、团队合作等方面；情商发展和情绪健康包括积极幸福感、心理烦恼的舒缓、疲劳感的缓解等④⑤。还有研究提出领悟社会支

---

① 陈作松，周爱光. 环境、自我效能感与中学生锻炼态度的关系［J］. 武汉体育学院学报，2007（4）：31-35.

② 张连成，刘洁，高淑青，等. 锻炼行为促进的助推策略研究综述及启示［J］. 体育学刊，2021，28（3）：63-70.

③ CHASE J A D. Interventions to increase physical activity among older adults: a meta-analysis［J］. The gerontologist，2015，55（4）：706-718.

④ 姜桂萍，李琼，王锋，等. 身体表现类运动对大学生社会性发展的促进研究［J］. 教育学报，2012，8（6）：110-118.

⑤ 钱娅艳，张君. 不同运动参与视角下大学生情商差异研究［J］. 北京体育大学学报，2017，40（9）：88-95.

持、校园环境、身体形象观等是大学生参与身体活动的激励因素①,揭示网上消极体育娱乐活动、网络成瘾是大学生身体活动参与的制约因素②,且构建了大学生身体活动行为预测干预模型与健康促进方案。研究认为,促使大学生行为意向的形成是重要的,而对身体活动行为的内部动力、他人的支持鼓励和个体对自身的自信心是促使行为意向形成的重要因素。因此,干预时重在提高大学生对身体活动行为的兴趣、乐趣和价值感,兼顾干预其他人的规范性压力和对自身的自信心③。有些研究关注了父母受教育程度、家庭经济状况等家庭背景因素是如何影响大学生身体活动参与的,发现"体质优生的家庭背景优于体质差生""家庭锻炼行为具有明显的代际互动关系""身体活动的教养方式存在家庭阶层的差异,家庭阶层对青少年身体活动的影响是通过教养方式实现的;家庭阶层越高,父母对子女身体活动的陪伴、支持和引导作用越强,子女身体活动达到推荐量的可能性越大"④⑤⑥,以及"早期生活在较差社会经济环境中的个体在成年阶段表现出了更高的缺乏身体活动的风险,女性表现得更加明显"等一系列观点⑦。

---

① 李先雄,阳慧敏,杨芳.校园环境对在校大学生身体活动参与度的影响研究[J].武汉体育学院学报,2018,52(1):74-81.
② YANG G, LI Y X, LIU S J, et al. Physical activity influences the mobile phone addiction among Chinese undergraduates: the moderating effect of exercise type [J]. Journal of behavioral addictions, 2021(1): 15-17.
③ 冯玉娟,毛志雄,车广伟.大学生身体活动行为预测干预模型的构建:自主动机与TPB扩展模型的结合[J].北京体育大学学报,2015,38(5):72-76.
④ 李鹏,马力.家庭背景对学生体质健康的影响[J].淮北煤炭师范学院学报(自然科学版),2010,31(4):73-76.
⑤ 王富百慧.家庭资本与教养方式:青少年身体活动的家庭阶层差异[J].体育科学,2019,39(3):48-57.
⑥ 王富百慧,王梅,张彦峰,等.中国家庭体育锻炼行为特点及代际互动关系研究[J].体育科学,2016,36(11):31-38.
⑦ BORIS C, STEFAN S, IDRIS G, et al. Effect of early- and adult-life socioeconomic circumstances on physical inactivity [J].Medicine and science in sports and exercise, 2018, 50(3): 476-485.

二、概念操作化及研究数据

（一）大学生身体活动参与因子及维度

相较于其他年龄段人群，大学生的身体活动空间多以居住空间（宿舍）为核心，向学习空间（教室）、运动空间（运动场馆）扩展，包括体育锻炼、校园活动、清洁劳动等类型，主要载体形式是体育课堂、社团组织、同伴协同、自主自发等。本研究主要运用自陈式量表，采用大学生自我陈述参与中高强度身体活动频率、时间、类型、运动效能感4个维度测量其身体活动参与情况。之所以将运动效能感作为衡量大学生身体活动参与水平指标，是因为诸多研究表明，运动效能感是预测锻炼的坚持性与水平的重要因素。运动效能感水平高的个体会在体育锻炼中形成一种积极的情感体验，进而提高锻炼动机的自我决定程度，并将过去的体育锻炼效果转化成一种摄入的外部规则，经过自身的判断，形成对行为结果的感知与评价，能坚持完成每天的锻炼任务，在运动中体验积极的情感，扩展个体的社交圈子，不会出现运动拖延现象[1]。

（二）大学生身体活动动机水平与支持感知水平因子及维度

身体活动是一种重要的健康行为。考虑到大学校园是一个相对独立的大社区，结合已有研究，可以将个体动机水平、人际支持水平、校园环境支持水平作为大学生身体活动参与的重要影响因子。同时，有研究表明青少年时期身体活动是影响成年期身体活动参与水平的重要潜在因素[2]。另外，大学生作为准职场人，相比已走进职场的成年人，和家庭之间有着更为密切的交流互动时空，因而家庭体育环境支持可以作为大学生身体活动的重要影响因子。所以，本研究将身体活动的动机水平、同伴支持感知水平、家庭体育环境支持感知水平、学校体育环境支持感知水平作为4个重要因子加以研究。

---

[1] 王振，胡国鹏，蔡玉军，等.拖延行为对大学生体育锻炼动机的影响：自我效能感的中介效应[J].北京体育大学学报，2015，38（4）：71-78.

[2] BEUNEN G，THOMIS M.Gene powered？ Where to go from heritability（h2）in muscle strength and power？ [J].Exercise & sport sciences reviews，2004，32（4）：148-154.

(三) 研究数据与样本特征

调查对象为来自13所高校的本科生，包括8所"双一流"建设高校，以及5所非"双一流"建设高校。调查前对各高校调查人员解释了调查目的和注意事项。通过问卷星平台发放问卷，共收回问卷6268份，剔除异常值后，有效问卷为5048份，有效问卷率为80.5%，样本分布特征如表10-1所示，其中男生占比48.9%，女生占比51.1%，第一代大学生占比74.1%，非第一代大学生占比25.9%；大一、大二、大三、大四年级占比分别为54.4%、26.9%、12.7%、6.1%，高中成绩表现为差、中等、好三个不同程度的学生分别为3.8%、49.1%、47.0%。

表10-1 调查样本分布

样本类别		样本数/份	占比
是否第一代大学生	家庭第一代大学生[①]	3743	74.1%
	非家庭第一代大学生	1305	25.9%
家庭所在地	城市	2483	49.2%
	农村	2565	50.8%
年级	大一	2744	54.4%
	大二	1356	26.9%
	大三	641	12.7%
	大四	307	6.1%
性别	男	2470	48.9%
	女	2578	51.1%

---

① 家庭第一代大学生在西方很多国家是指"家庭里第一个四年制大学生"。考虑到我国高等院校合并升格实际，通常将父母双方均未接受专科及以上学历高等教育的家庭中第一个大学生定义为家庭第一代大学生，也有诸多研究将其定义为父母双方受教育程度均在高中（含中专）及以下的家庭中第一个大学生，两者内涵上是一致的。已有相关研究表明，父母均没有接受过高等教育的第一代大学生，主要来自低收入阶层、农村家庭，较之非家庭第一代大学生，其经济资本与文化资本相对不足，在大学的适应、融入、科研参与、职业发展规划等在校表现方面多处于弱势地位，是"不易被察觉的""处境不利的"学生群体。

第十章　学校身体活动教育促进的实证分析

续表

样本类别		样本数/份	占比
家庭经济状况（父母月均收入和）	较差（6000元及以下）	2311	45.8%
	一般（6001~14 000元）	1999	39.6%
	较好（14 001元及以上）	738	14.6%

（四）测量工具

本研究采用自编《大学生身体活动参与情况调查问卷》。该问卷参照了《国际身体活动问卷》（International Physical Activity Questionnaire, IPAQ）、《成年人身体活动行为调查问卷》[①]、《运动参与动机调查表》（Sport participation Motivation Inventory）的测量题项。

身体活动参与因子由学生每周参与中等到高强度身体活动次数、时间、运动效能感、类型4个题项构成，不过，大学生的身体活动类型与已进入职场的成年人不一样。借鉴已有研究，将大学生身体活动类型划分为以下四类：组织型身体活动，如体育课、体育比赛/体育社团活动等；锻炼型身体活动，如散步/跑步/球类运动等；交通型身体活动，如步行/骑自行车等；家务型身体活动，如打扫/整理等、搬运等。

根据前文相关论述，将参与动机（自主型动机和控制型动机）、同伴支持感知、家庭物质性支持感知、家庭情感性支持感知、学校体育环境支持感知作为身体活动参与主要影响因子。自主型动机包括"规律的锻炼对我非常重要""我从锻炼中获得了快乐和满足"等测量题项。控制型动机包括"我认为充足的身体活动可以保持好的身材""我认为锻

---

① 段艳平，韦晓娜，WALTER B，等.成年人身体活动变化过程的理论建构及其测量工具的研究[J].体育科学，2011，31（7）：37-42.

炼是在浪费时间"等测量题项。同伴支持感知包括"你的同学或朋友跟你一起做身体活动或运动吗""你的同学或朋友说过你很擅长运动吗"等测量题项。家庭体育环境支持感知包括物质性支持感知与情感性支持感知两个层面，物质性支持感知包括"中小学阶段你父母给你报名参与课外体育培训吗？"等测量题项；情感性支持感知包括"中小学阶段你家人跟你一起做身体活动或运动吗"等测量题项。学校体育环境支持感知包括"学校体育场馆、绿道、公共活动空间充足"等测量题项。量表均采用四级评分，各变量的信效度分析结果如表10-2所示，各维度（身体活动类型除外）克隆巴赫系数在0.7以上；验证性因子分析中，自变量27个题项提取了5个公共因子，累计解释方差百分比为71.3%，2个题项在公因子上载荷少于0.4，给予删除；验证性因素分析中，CFI值和AGFI值大于0.9，RMSEA = 0.062，介于0.6~0.8，RMR值小于0.05，说明量表结构效度较好。

表10-2　问卷量表的信效度检验结果

因子	维度	题项数	α系数	模型拟合指数
身体活动参与因子	身体活动水平	3	0.717	
	身体活动类型	分类变量		
身体活动影响因子	自主型动机	4	0.820	$CFI=0.925$ $AGFI=0.950$ $RMSEA=0.062$ $RMR=0.0204$
	控制型动机	3	0.719	
	同伴支持感知	4	0.780	
	家庭物质性支持感知	4	0.853	
	家庭情感性支持感知	3	0.860	
	学校体育环境支持感知	4	0.797	

第二节　数据分析

一、描述统计及方差分析

研究采用均值比较与方差分析探讨了大学生总体、家庭第一代大学生、非家庭第一代大学生在身体活动各因子上的表现特征，并将家庭第一代大学生与非家庭第一代大学生进行比较分析（表10-3至表10-8）。

表10-3　大学生身体活动各因子均值

	身体活动水平	自主型动机	控制型动机	同伴支持感知	家庭体育环境感知	学校体育环境感知	因子均值和
大一	2.345	3.140	3.49	2.97	2.455	3.255	17.655
大二	2.415	3.205	3.575	3.14	2.225	3.225	17.785
大三	2.335	3.215	3.565	2.785	2.220	3.185	17.305
大四	2.380	3.420	3.625	2.745	2.235	3.175	17.58

表10-4　不同年级大学生身体活动各因子方差分析

	组间均方	组内均方	F	显著性
身体活动水平	118.675	8306.67	24.021	$P<0.001$
自主型动机	60.369	15 766.309	6.438	$P<0.001$
控制型动机	46.074	6788.951	11.411	$P<0.001$
同伴支持感知	436.278	31 281.519	23.449	$P<0.001$
家庭体育环境感知	1326.230	66 806.540	29.768	$P<0.001$
学校体育环境感知	448.623	18 590.289	40.574	$P<0.001$

表 10-5　家庭第一代大学生身体活动各因子均值

	身体活动水平	自主型动机	控制型动机	同伴支持感知	家庭体育环境感知	学校体育环境感知	因子均值和
大一	2.31	3.14	3.48	2.97	2.26	3.23	17.39
大二	2.25	3.08	3.41	3.06	2.15	3.10	17.05
大三	2.17	3.09	3.40	2.66	2.15	3.06	16.53
大四	2.21	3.12	3.46	2.62	2.00	3.05	16.46

表 10-6　不同年级家庭第一代大学生身体活动各因子方差分析

	组间均方	组内均方	F	显著性
身体活动水平	28.018	2.628	10.661	$P<0.001$
自主型动机	15.776	2.993	5.271	$P<0.01$
控制型动机	14.526	1.306	11.121	$P<0.001$
同伴支持感知	103.555	6.131	16.890	$P<0.001$
家庭体育环境感知	342.088	13.590	25.172	$P<0.001$
学校体育环境感知	113.484	3.635	31.220	$P<0.001$

表 10-7　非家庭第一代大学生身体活动各因子均值

	身体活动水平	自主型动机	控制型动机	同伴支持感知	家庭体育环境感知	学校体育环境感知	因子均值和
大一	2.38	3.14	3.50	2.88	2.65	3.28	17.83
大二	2.58	3.33	3.74	3.31	2.30	3.35	18.61
大三	2.50	3.34	3.73	2.91	2.29	3.31	18.08
大四	2.55	3.72	3.79	2.87	2.47	3.30	18.70
合计	10.01	13.53	14.76	11.97	9.71	13.24	73.22

第十章　学校身体活动教育促进的实证分析

表 10-8　不同年级非家庭第一代大学生身体活动各因子方差分析

	组间均方	组内均方	F	显著性
身体活动水平	31.530	2.767	11.394	$P<0.001$
自主型动机	8.213	3.508	2.342	$P>0.05$
控制型动机	1.532	1.455	1.053	$P>0.05$
同伴支持感知	43.622	6.349	6.871	$P<0.001$
家庭体育环境感知	85.422	14.408	5.929	$P<0.01$
学校体育环境感知	36.100	3.811	9.472	$P<0.001$

整体上，大学生身体活动在大二年级达到较高水平，其相应的同伴支持感知水平也很高；在身体活动参与动机方面，大学生参与动机在大四年级达到最高水平，而家庭体育环境感知水平、学校体育环境感知水平只在大一年级较高。不同年级大学生身体活动各因子水平有显著差异。而家庭第一代大学生身体活动水平、控制型动机、家庭体育环境感知、学校体育环境感知等各因子得分均值都低于非家庭第一代大学生。从年级控制变量上来看，家庭第一代大学生在大一年级达到身体活动各因子水平的最高值，并从大二开始呈现下降趋势。比如，在同伴支持感知水平上，大一的平均值为 2.97，大二为 3.06，大三为 2.66，大四为 2.62。方差分析表明，家庭第一代大学生身体活动各因子在年级变量上存在显著差异（表 10-6）。可见，家庭第一代大学生身体活动各因子水平并未随着年级的升高而升高，而是整体上呈现下降趋势。而非家庭第一代大学生身体活动各因子水平从大二开始整体呈现上升趋势，大四年级各因子均值和达到最高，为 18.70。方差分析也表明，非家庭第一代大学生身体活动除动机水平因子外，其他因子在年级变量上也存在显著差异。

研究采用独立样本 t 检验分析了家庭第一代大学生与非家庭第一代大学生身体活动各因子差异的显著性。数据显示，家庭第一代大学生与非家庭第一代大学生的身体活动整体水平差异显著（$t=-12.776$，$P<0.001$）。同时，两组别间除自主型动机因子外，控制型动机、同伴支

持感知、家庭体育环境感知、学校体育环境感知的差异水平显著性很高（表10-9）。基于4个年级子数据库的独立样本 t 检验分析结果显示，大一年级除自主型动机外，其他因子在家庭第一代大学生与非家庭第一代大学生的组间差异达到显著性水平；大二年级在控制型动机水平、家庭体育环境感知水平上的组间差异达到显著性水平；大三、大四年级中，家庭体育环境感知水平差异达到组间显著性水平（表10-10），这表明，家庭第一代大学生与非家庭第一代大学生身体活动的显著差异随着年级的升高依然存在，图10-1至图10-4直观地呈现了这种差异性。

表10-9　家庭第一大学生与非家庭第一代大学生身体活动各因子差异

因变量	组变量	均值	标准差	t 值及差异显著性水平
身体活动水平	家庭第一代大学生	2.27	1.627	−2.335*
	非家庭第一代大学生	2.31	1.683	
自主型动机	家庭第一代大学生	3.12	1.733	−0.035
	非家庭第一代大学生	3.12	1.875	
控制型动机	家庭第一代大学生	3.45	1.147	−2.601**
	非家庭第一代大学生	3.49	1.206	
同伴支持感知	家庭第一代大学生	2.73	2.491	−3.817***
	非家庭第一代大学生	2.81	2.536	
家庭体育环境感知	家庭第一代大学生	2.20	3.722	−22.842***
	非家庭第一代大学生	2.59	3.817	
学校体育环境感知	家庭第一代大学生	3.16	1.929	−3.282***
	非家庭第一代大学生	3.21	1.971	

注：* 表示 $P<0.05$；** 表示 $P<0.01$；*** 表示 $P<0.001$，下同。

第十章　学校身体活动教育促进的实证分析

表 10-10　不同年级大学生身体活动各因子在家庭第一代大学生与非家庭第一代大学生两组间的差异

t 值及显著性水平	身体活动水平	自主型动机	控制型动机	同伴支持感知	家庭体育环境感知	学校体育环境感知
大一	−2.929**	0.350	−1.092	−3.035**	−16.958***	−2.321*
大二	−0.127	−1.055	−2.201**	−1.835	−12.086***	−1.132
大三	1.098	1.389	−1.330	−0.408	−7.003***	−1.374
大四	−1.664	−0.640	−0.574	−1.624	−6.564***	−1.565

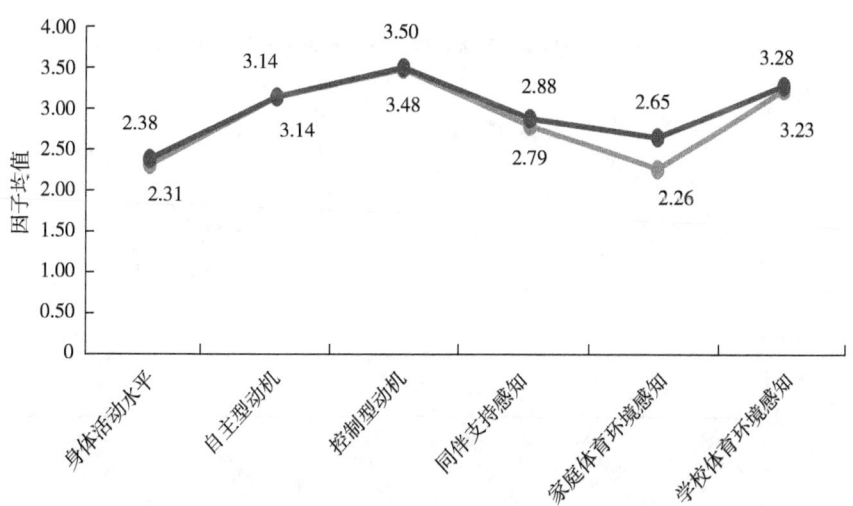

图 10-1　大一年级学生身体活动各因子组间均值差异比较

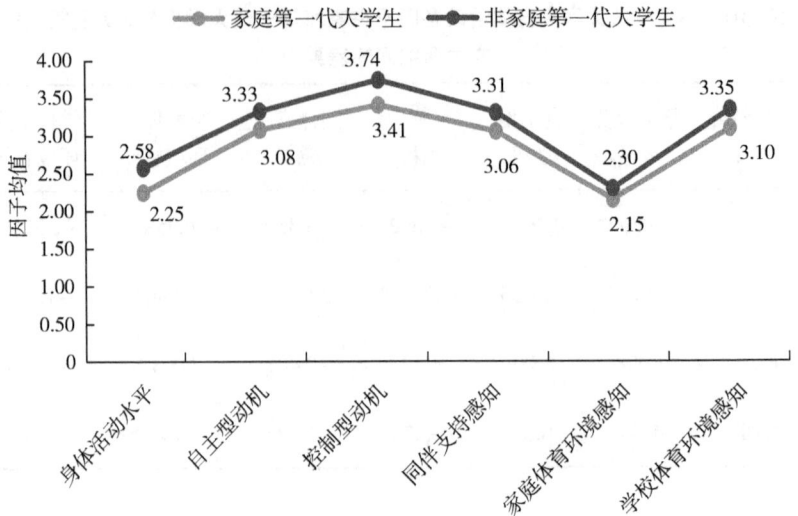

图 10-2 大二年级学生身体活动各因子组间均值差异比较

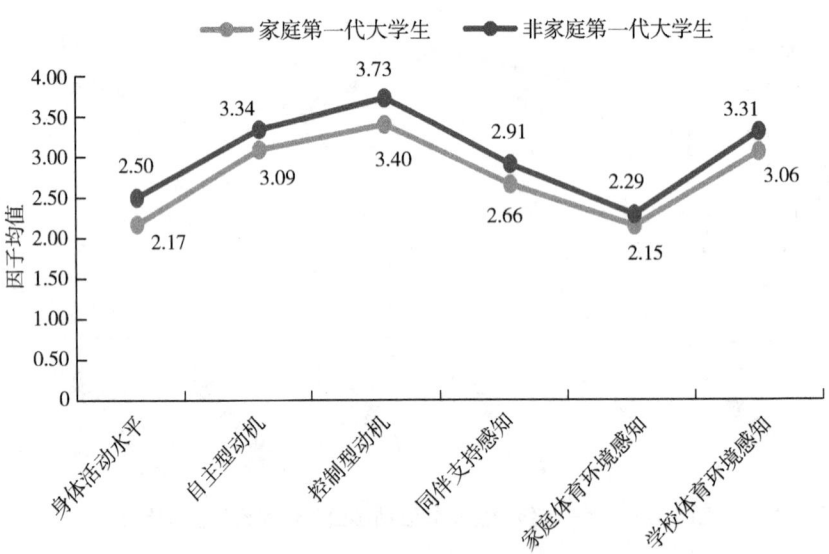

图 10-3 大三年级学生身体活动各因子组间均值差异比较

第十章 学校身体活动教育促进的实证分析

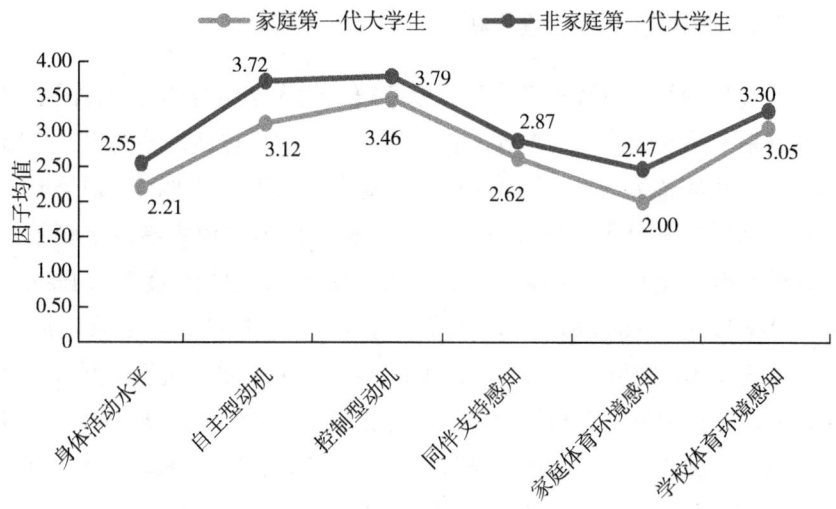

图 10-4 大四年级学生身体活动各因子组间均值差异比较

研究采用多重响应分析了大学生身体活动参与的类型特征。数据显示，家庭第一代大学生与非家庭第一代大学生一样，选择类型较多的前两项为体育课这类组织型身体活动和散步/跑步/球类运动等锻炼型身体活动（表 10-11）。不过，家庭第一代大学生在体育课、体育比赛/体育社团活动类型身体活动上的应答频数比非家庭第一代大学生分别低 0.8 和 1.2 个百分点；而在打扫/整理等类型身体活动、其他身体活动类型上，其应答频数比非家庭第一代大学生要高。

表 10-11 大学生身体活动类型多重响应交叉分析

	体育课	体育比赛/体育社团活动	散步/跑步/球类运动	步行/骑自行车	打扫/整理等	其他
家庭第一代大学生	32.5%	5.4%	25.9%	17.2%	14.1%	4.8%
非家庭第一代大学生	33.3%	6.6%	25.3%	17.1%	13.8%	3.9%

注：百分比和总计以响应者为基础。

175

二、多群组结构模型分析

研究采用结构方程模型检验了家庭第一代大学生身体活动各因子之间的因果关系及影响路径差异。首先建立大学生身体活动参与水平与影响因子之间的整体模型(图10-5),观察变量均用字母加测量题号形式命名。因样本量过大($N=5048 > 200$),模型的卡方值容易造成膨胀,导致模型拟合度不佳,数据未符合多元正态分布,故拟合度需由Bollen-Stine P-value correction 修正[①]。本研究经 Bollen-Stine bootstrap 修正后所得P值为0.00,故可接受以 Bollen Stine P-value correction 进行模型卡方值修正。修正后模型拟合指标卡方自由度比值为 $1.086 < 3$,$RMSEA=0.057 < 0.08$,$RMR=0.036 < 0.05$;$GFI=0.948$,$AGFI=0.929$,$CFI=0.931$,均大于0.9,说明理论模型与样本数据拟合良好,且自主型动机($P < 0.001$)、同伴支持感知($P < 0.001$)、家庭体育环境感知($P < 0.001$)、学校体育环境感知($P < 0.05$)对于身体活动参与水平的影响路径达到显著水平,影响路径系数分别为0.36、0.33、0.10、-0.05。这说明在不控制其他变量的情况下,自主型动机、同伴支持感知、家庭体育环境感知每提高一个单位,学生的身体活动参与水平分别增加0.36、0.33、0.10个单位;而学校体育环境感知对于大学生身体活动参与水平的影响为负值。

研究以是否为家庭第一代大学生为调节变量,进行结构方程模型多群组分析,以检验整体理论模型影响路径在家庭第一代大学生与非家庭第一代大学生组别间是否存在显著差异。分别计算家庭第一代大学生与非家庭第一代大学生两组数据与理论模型的拟合指数及影响路径系数(图10-6和图10-7),两组数据下的模型均与整体理论模型吻合,适合进行多群组分析。定义 $M_{第一代}$ 和 $M_{非第一代}$ 两个组别模型,设定未作任何限定模型M1、限定测量权重模型M2、结构权重模型M3、结构协方差模型M4、结构残差模型M5,计算5个模型的综合拟合指数(表10-12)。数据显示,$\Delta \chi^2$ 在相应的 Δdf 上均未达到P小于0.05的显著水平,这说明身体活动参与水平的各因子影响路径在家庭第一代大学生与非家庭第一

---

① BOLLEN K A, STINE R A. Bootstrapping goodness-of-fit measure in structural equation models [J].Sociological methods and research,1992,21(2):205.

第十章 学校身体活动教育促进的实证分析

代大学生组别间不存在显著差异,大学生身体活动参与水平与影响因子间的整体模型具有稳定性,理论解释力强。

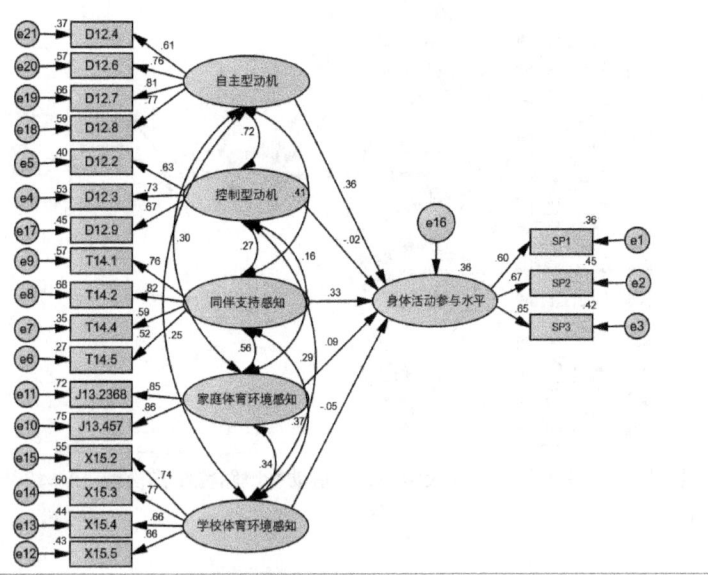

图 10-5 大学生身体活动影响因素结构模型(样本量=5048)

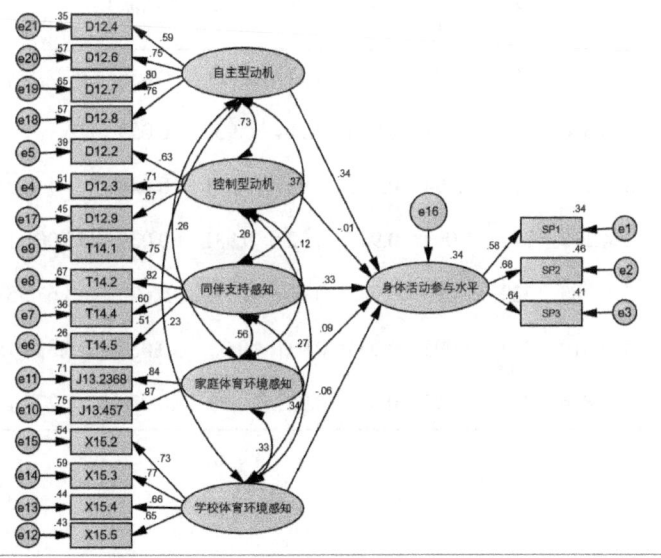

图 10-6 家庭第一代大学生身体活动影响路径结构模型(N=3743)

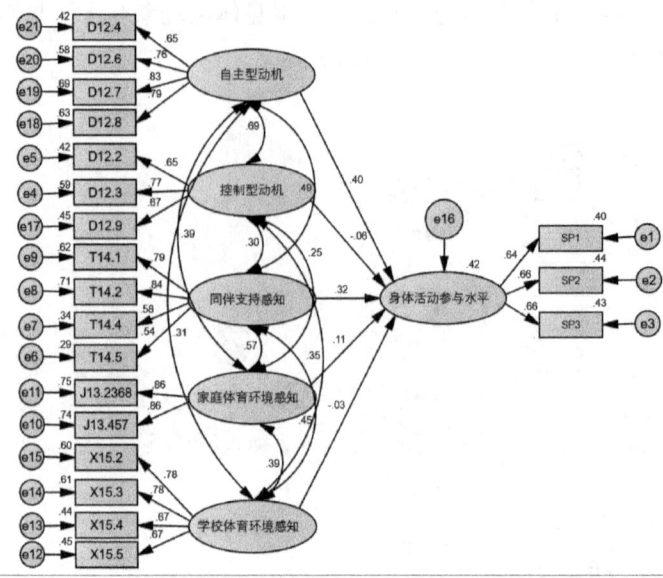

图 10-7 非家庭第一代大学生身体活动影响路径结构模型（N=1305）

表 10-12 多群组检验分析结果汇总

	χ^2	df	χ^2/df	GFI	AGFI	CFI	RMSEA	$\Delta\chi^2/\Delta df$	P
M第一代	167.867	155	1.083	0.948	0.929	0.93	0.056		
M非第一代	170.676	155	1.101	0.936	0.914	0.932	0.059		
M1	339.112	310	1.094	0.945	0.925	0.931	0.040		
M2	354.113	324	1.093	0.945	0.928	0.931	0.039	15.001/14	0.378
M3	359.785	329	1.094	0.945	0.929	0.931	0.039	5.672/5	0.339
M4	376.619	344	1.095	0.943	0.931	0.93	0.038	16.834/15	0.329
M5	377.896	345	1.095	0.943	0.931	0.93	0.038	1.277/1	0.258

第十章　学校身体活动教育促进的实证分析

第三节　结论及学校身体活动教育促进的建议

一、大学生身体活动表现特征

数据表明,大学生身体活动参与水平随着年级的不同有显著差异,在不同学生群体中差异显著。家庭第一代大学生身体活动各因子水平在大学期间整体呈下降趋势且差异显著。而非家庭第一代大学生身体活动各因子水平在大学期间整体呈上升趋势且差异显著。这两种截然相反的趋势表明,家庭背景较好的大学生,其身体活动参与表现为一种更为积极主动的姿态。受家庭经济与文化资本限制,家庭第一代大学生的家庭支持和指导资源较少,且有着兼职工作、就业准备等事务的多重影响,尤其在大四年级面临职业决策困难、就业机会与信息少等多种问题,迫使他们挤压了身体活动的主动安排与参与度。这与"较低家庭社会经济地位的个体表现出较少的身体活动"研究结论一致[1],与"家庭第一代大学生的助学贷款增加了他们的偿债压力,刺激他们提早进入劳动力市场就业的需求,增加了他们课外打工时间",从而其"升学意愿、实际升学和出国升学的可能性均更低"的研究发现具有内在一致逻辑[2][3]。

从参与类型来看,体育课作为培养身体素养、养成运动惯习最为重要的一种组织性身体活动形式,是家庭第一代大学生选择参与最多的一种身体活动类型。跑步/球类运动等作为一种课外锻炼,也是家庭第一代大学生选择参与较多的身体活动类型,这一类型身体活动深受时间、动机、同伴支持水平影响,所以整体上,非家庭第一代大学生比家庭第一代大学生参与的频率要高;而在体育比赛/体育社团活动类型身体活

---

[1] BORIS C, STEFAN S, IDRIS G, et al.Effect of early- and adult-life socioeconomic circumstances on physical inactivity [J].Medicine and science in sports and exercise, 2018, 50 (3): 476-485.

[2] 黄维, 要攀攀, 李凡. 助学贷款对中国第一代大学生学业发展的影响 [J]. 中国高教研究, 2016 (9): 77-82.

[3] 孙冉, 梁文艳. 第一代大学生身份是否会阻碍学生的生涯发展: 基于首都大学生成长追踪调查的实证研究 [J]. 中国高教研究, 2021 (5): 43-49, 108.

动上，两类学生群体选择参与频率差异最大。这可能是因为体育比赛/体育社团活动对运动技能要求较高、普及率较低，也可能是这类具有一定选拔性或者表演性的组织性身体活动同样与同伴支持水平紧密相关，而家庭第一代大学生的同伴支持相对较低。

二、大学生身体活动参与影响因素

研究表明，大学生身体活动自主型动机越强，同伴支持感知水平越高，越能显著正向影响其参与身体活动的时间、频率与运动效能感，影响路径系数分别为0.34、0.33，这与已有研究一致[1][2]，说明高自我决定的锻炼动机、高影响力同伴互动更易促进形成身体活动的能力感、价值感、胜任感和愉悦感，从而带动身体活动参与水平的提升。反之，运动技能的学习与运用、运动效能感的发展又会成为促进学生参与身体锻炼的重要动机[3]。因而，自主型动机、同伴支持感知与大学生身体活动参与之间是一个双向循环驱动提升的过程。而本研究及已有研究表明，家庭第一代大学生同伴支持感知水平显著低于非家庭第一代大学生，且随着年级的升高，这种显著差异仍然存在[4][5]。但研究也表明，身体活动参与水平的影响路径在家庭第一代大学生与非家庭第一代大学生之间不存在显著差异。另外，家庭体育环境感知虽然也能显著正向预测大学生身体

---

[1] 薛锋.大学生运动动机与锻炼行为的关系：自我决定理论的视角[J].武汉体育学院学报，2010，44（61）：44-47.

[2] 程晖.朋友支持提升大学生有氧体适能的路径：身体活动和自我效能的中介作用[J].体育与科学，2019（4）：114-120.

[3] KALAJA S, JAAKKOLA T, WATT A, et al.The associations between seventh grade finnish students' motivational climate, perceived competence, self-determined motivation, and fundamental movement skills[J].European physical education review，2009，15（3）：315-335.

[4] 陆根书，胡文静.师生、同伴互动与大学生能力发展：第一代与非第一代大学生的差异分析[J].高等工程教育研究，2015（5）：51-58.

[5] 季月，杜瑞军.第一代和非第一代大学生师生、同伴互动的差异分析：基于CCSEQ调查数据（2009年—2018年）的解析[J].北京教育（高教），2021（8）：81-83.

活动参与水平，但相对自主型动机、同伴互动因素而言，路径系数小，为 0.09。而且，家庭体育环境中的支持资本主要是一种先赋性因素，相对难以改善。而学校体育环境感知在本研究中对大学生身体活动参与是一种显著负向影响。这可能是因为大学生对学校体育环境的感知支持少，也可能因为对学校体育环境氛围本身的无意忽视，因而在本研究中学校体育环境资源并未发挥积极的正向影响作用。事实上，在已有青少年身体活动研究中，也得出过学校体育环境影响效应为负值的结论[①]。可见，要提升学生的身体活动水平，需要从自主型动机激发、促进同伴支持两个主要方面下功夫。

因而，从整体上看，家庭第一代大学生身体活动表现各因子水平呈现出一定的代际效应，且随着年级的升高，这种代际效应并未得到很好的改善，与非家庭第一代大学生的显著差异始终存在，但在影响路径上没有显著差异。主要结论如下：①家庭第一代大学生身体活动水平在大学期间呈下降趋势，并显著低于非家庭第一代大学生；②家庭第一代大学生选择参与最多的身体活动类型为组织型身体活动与锻炼型身体活动等，而在体育比赛/体育社团活动类型身体活动的参与度上则低于非家庭第一代大学生；③自主型动机、同伴支持感知与家庭体育环境感知对家庭第一代大学生具有显著正向影响，且自主型动机、同伴支持感知的影响效应高。

三、学校身体活动教育促进建议

此次调查研究最主要的发现是基于不同家庭背景的学生，其身体活动参与水平差异显著。从高校来说，这表现为家庭第一代大学生与非家庭第一代大学生的显著差异。由此，可以推论学生身体活动参与水平与家庭阶层与文化教育层次间存在密切相关性。虽然学校不能改善学生先赋性的家庭资本，但可以构建家庭第一代大学生身体活动支持体系，促进其形成主动健康意识，提升其身体资本存量。这对于突破代际效应，

---

① 王富百慧. 家庭资本与教养方式：青少年身体活动的家庭阶层差异[J]. 体育科学，2019，39（3）：48-57.

增进教育"获得、公平与包容"具有重要意义。

（一）增进学校对不同学生群体的认知与支持

不同的学生群体因其家庭背景的不同，其身体活动参与的动机、参与水平及其影响因素都有差异。学校身体活动教育促进策略应摸清学生发展现状，对于学业发展不良、心理发展不顺、网络成瘾等不同学生群体采取针对性的身体活动干预策略。以家庭第一代大学生为例，目前国外对于家庭第一代大学生的教育支持已形成生活—学习项目、教育机会基金项目、促进家庭第一代大学生与非家庭第一代大学生之间对话与融合的教育差异干预支持项目等。我国已有高校与企业开始尝试设立家庭第一代大学生支持项目，为家庭第一代大学生赋能和建构身份认同。因而，从身体活动促进层面，高校应增强对家庭第一代大学生这个群体的主动认知与关注支持，以"尊重""包容""接纳"的全纳性教育理念，化解高校教育过程内部资源配置的"能力取向""资本取向"和教师的"择优偏好"对家庭背景效应的强化现象[①]。同时，加强对家庭第一代大学生身体活动参与的干预，通过设立专门项目、配置特定资源、搭建个性化平台，提供更多的参与机会，带来更多的同伴支持，促进身体锻炼惯习的养成，从而实现身体活动参与的自主自觉。因为身体活动自主型动机的形成，是参与身体活动积极性体验巩固升华的过程，是一个由弱到强的持续生发过程。由此，形成伴随终生的身体素养，并作为生活方式的组成部分。这种体育教育及其参与机会的创建对于家庭第一代大学生来说尤其重要。

（二）优化学校身体活动教育促进的生态环境

虽然本研究表明，学校体育环境感知对于学生身体活动的影响为负向显著影响。但从现实来说，一个没有或者缺少体育场馆的学校无形中会影响学生参与身体活动的想法与动机。因为大学体育场馆都有相应的标准要求，有着相对充足的体育空间，所以，通常会出现"熟悉的地方无风景"的效应，学生对学校体育环境的感知偏弱。而且，本

---

① 周菲.家庭背景如何影响大学生的学习经历[J].高等教育研究，2016（7）：61-71.

第十章　学校身体活动教育促进的实证分析

研究中只着重设计了硬件上的体育环境感知指标，而对体育人文环境感知、体育制度环境感知、体育教学环境感知等没有设计题项，但是这些因素有些融入同伴支持、参与动机指标设计中。因而，优化学校身体活动教育促进的生态环境主要包括4个方面：一是从学校体育建筑环境来说，学校的顶层设计在进行各类建筑规划或者改造工程时，应充分考虑到学校体育建筑的合理布局、色调安排、功能区隔，既能充分体现校园特色，又能让学生方便、灵活地参与到身体活动中；二是从学校体育人文环境来说，对于师生的各类体育文化活动、体育社团、体育协会应加以支持与激励，并形成常态化的展示交流机制，要形成体育活动信息化交流互动平台；三是从学校体育制度环境来说，对于高水平运动员的培育、各层次学生体育竞赛和体育表演等，学校应出台相应的制度与办法，引领体育文化；四是从体育教学环境来说，体育学科目前处于我国学校教育的相对边缘地位，国家与社会及学校要提高对体育教育教学、教学改革、科学研究的重视，以此提升体育教师的专业认同感与职业认同感，使体育教师将更多的精力与心思投入学生身体活动教育促进工作中。

（三）建构学校身体活动教育促进的多元平台

从广义上来说，身体活动教育平台属于体育生态环境建设范畴，平台与载体建设是推动学生养成身体活动习惯的重要因素，平台是集中资源与力量为身体活动参与提供催化剂和养料的架构。这方面需要家庭、校园、社会的"一体化"协同联动与推进。首先是竞技赛事活动平台。依托各类体育运动学校与体育社会组织，为学生提供多类型、多层次的融娱乐与竞技为一体的青少年赛事活动。比如，长三角体育节单排轮滑球比赛作为自主品牌赛事极大地推动了青少年对轮滑运动项目的参与。其次是培训与学习教育平台。随着"双减"政策的深入推进，学校联合体育社会组织、体育培训机构，可以在课余为学生打造多样化的体育运动项目与培训项目，为学生参与身体运动提供多样化的选择。很多学校已将舞龙、武术等传统运动项目引进校园，并打造了"线上+线下"联动式身体运动参与方式，以运动小视频、运动直播或直拍等形式，增强身体活动参与的时尚感，提升学生参与身体运动的兴趣。最后是智慧化信息交流与指导平台。通过体育家庭作业、周末身体运动一小时记录、运动促进健康服务平台等形式，让学生记录、描述并呈现参与身体活动的成就感、兴奋感及心理体验，并为学生提供科学、有效、专业、安全的运动指导及服务，这也是促进学生积极参与身体活动的重要方面。

（四）提升学生身体活动参与的获得感

"获得感"是基于实际获得，需求满足或目标达成后产生的认同感和满意度，可包括"实在获得感"（如物质条件的获得）、"意义获得感"（如信息文化的获得与人际情感的获得等）。身体活动参与的获得感就来源于学生的需求，有需求才有动机。实证分析表明，自主型动机与同伴支持感知是影响学生身体活动最主要、最关键的因素。因而，一方面，学校与社会要大力推进身体活动健康效益的教育、宣传与认知，让学生充分意识到坚持参与身体活动对健康促进、形象管理、情绪调节、人际交往、荣誉获奖等多方面的益处，从而有效激发学生参与身体活动的内在动机。比如，学校的显示屏、文化墙与长廊、广播与微博等都可以定期设计推出身体运动的知识、人物、风采等。另一方面，体育教师无论是在课堂上还是在课堂外均应激励学生尝试和坚持身体活动，根据学生的特征、禀赋，为其提供有针对性的、个性化的身体运动方案，为学生提供团队式的身体活动任务，以增进同伴支持，提供身体活动的坚持性与人际效益。同时，要善于发现学生在身体活动参与方面的点滴进步，及时加以反馈鼓励，从而让学生充分体验到参与身体活动的获得感。老师也可以结合课程开发、课程评价、课程创新等方式，将学生多样的身体运动参与量与质融汇到家务型身体活动和交通型身体活动之中，从而形成课上课下一体化、生活化的教学与评价模式，促进学生参与身体活动。

第十一章 结论与展望

在快节奏与屏幕化的时代，体育锻炼"知而不行""行而不足"的困境明显，体育锻炼不足导致的学生身心健康问题尤其突出。而数字化的新媒体时代为体育育人价值的实现打开了新视野，教育生态学、生活世界理论、交往教学理论等的现实发展为探讨学校体育教育生态构建问题提供了基础。本书围绕新媒体时代学校体育不同主体和场域如何形成良好教育生态、新媒体时代学校"以体育人"良好生态生成的路径两大主要问题展开分析阐释。

第一节 主要结论

一、体育在五育并举中具有育人支架效应

体育在五育并举中具有强大的育人支架效应和"全人教育"功能。体育是"五育"中的底座，体育教育本身包括了技能训练与品格培养的多重价值，因而形成了由内到外的育人价值生态。只有身心健康才能有效实现五育并举的全面发展。就个体品质来说，体育不仅能培养学生的竞争意识，而且能培养其合作意识，并能求得两者内在的统一；体育不仅能培养竞争胜利者的良好心态，而且能锻炼竞争失败者的承受力；体育不仅能培养学生严密的组织纪律性、集体荣誉感、责任感，也能培养其对规范的服从，以及在客观规范的制约下发挥主观能动性与创造性的品质。人本主义心理学之父——马斯洛在《自我实现的人》一书中认为，体育是一种高峰体验，"高峰体验是一种如矢在弦、跃跃欲试的状态，是一种最高的竞技状态。它超越了支配—服从的两极分

化,既以人类的渺小虚弱为欢乐,又以人类的伟大力量为欢乐。它有一种凯旋的特性,又有解脱的性灵。它既是成熟的,又是童真的。它促使人产生一种'世界何等美好'的感悟,导致一种为这个世界行善的冲动,一种回报的渴望,一种责任感,它使人将高傲的英雄与谦卑的奴仆合为一体"[①]。所以,席勒说:"人只有在游戏中,才是完整的人。"可见,体育是人类在对自由的追寻中实现人的本质,从而实现以人为本的各方面教育内容的。当然,教育对体育有着制约和影响。在我国古代的原始社会和奴隶社会,体育是为了直接或间接地满足生存需要,是为了军事作战保护疆土的需要。到了封建社会,由于"罢黜百家,独尊儒术",体育一直被排斥在学校教育之外,只有军事武艺出于实用功利需要而得到发展。古希腊斯巴达人那种在今人看来过于苛刻的体育教育,也是源于他们危险的海盗生活,源于频繁的城邦战争,但他们的教育重视体育,崇尚人体力量和人体之美,正是这种体育教育拯救了斯巴达,也拯救了古希腊,从此,体育运动和舞蹈便成为希腊人最神圣的教育活动。所以说,统治者所发布的教育方针、教育宗旨、教育目的是制约和影响一个国家、一个民族的体育观念、体育发展方向、体育水平的重要因素。

鉴于当今国际竞争主要是人才竞争的认知,学校教育要树立健康第一的指导思想,国家更是提出了健康中国战略。什么是健康?世界卫生组织认为,健康不仅仅是没有疾病和不虚弱,而是生理、心理、社会方面都处于一种安宁完好的状态。体育不仅作为一种纯自然的活动,而且作为一种有意识的社会活动和社会文化现象,更应该树立健康第一的指导思想,旨在增强人民体质,增进人民幸福。健康是美好生活的基础性要素,无论德育、智育,还是美育和劳育,都不可能脱离身心健康这个宽广的载体和底座。可见,体育与其他四育之间是相互依赖、相互塑造的关系。因而,推进"体教融合""五育并举""体育思政"无疑是我国实施和贯彻党的教育方针、全面培养高素质人才的一个有效措施,是充分发挥体育和教育两个体系优势的科学方法,也是使人的本质发展到

---

① 许燕.人格心理学[M].北京:北京师范大学出版社,2020:167.

本真意义的重要内容。

二、建构新媒体时代学校体育教育内外循环的生态结构

本书阐释了新媒体时代学校体育教育的价值生态、生态圈层及其功能,为学校体育教育价值实现的最优机制和创新路径提供思路。首先,学校体育教育具有多元智力价值、主体个性价值、开放共融价值,其价值生成的逻辑在于体育教育具有实践学习、具身体验、仪式互动、品格迁移的育人特征。这些价值及育人特征是在学校体育教育的外生态——自然生态环境、社会生态环境、规范生态环境,以及内生态——基础生态、中间生态和上层生态中生成的。可以认为,学校体育教育生态的内循环主要在于体育课堂的生态化、体育教育的生活化,外循环主要在于体育教育的文化传播、体育育人共同体的形成及学校体育教育的沉浸化等。实质上,内外循环的生态结构(图11-1)中均蕴含了交叉融合要素。学校体育教育内外生态的互动循环实现了体育教育生态的"以体化人"内在功能和体育文化传承与发展的外在功能,从而提出新媒体时代学校体育教育生态优化管理的依据、原则与路径。学校体育课堂教学生态的形成包括树立生态化的体育课堂意识、建构动态和谐的体育课堂生态时空、开发实施多样体育课程模式、建设促进学生成长的体育课堂生态系统。学校体育教育的生活化推进包括推进体育运动多重益处的理解与认可、推进体育教育跨领域跨部门的协同治理、推进学生体育参与的规范化与科学化。体育教育的文化传播包括奥运精神的传播与教育、网络社交体育的健康发展、休闲体育文化的建构。学校体育育人共同体生态的构建分别包括体育教育主体的协同融合。体育教育的数字化转型包括智慧体育校园环境建设、体育教育教学的沉浸交互等方面。

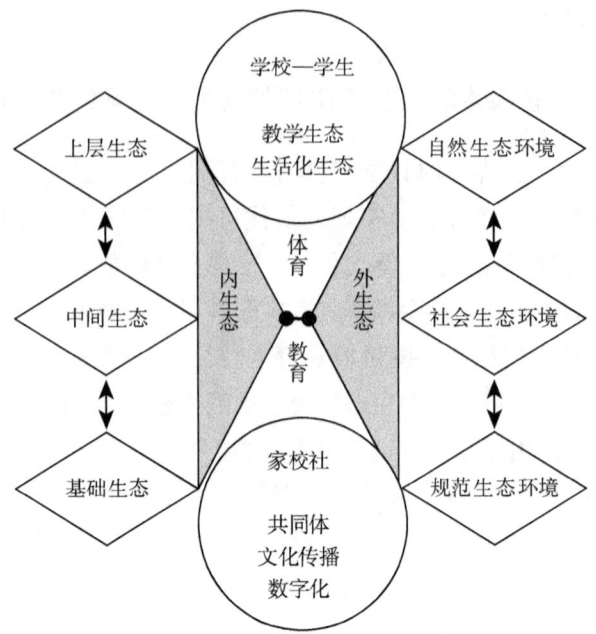

图 11-1　新媒体时代学校体育教育内外循环的生态结构

三、新媒体技术拓展了学校体育教育的沉浸化

本书提出了新媒体时代学校体育教育一体化生态发展思想。将家庭教育、学校课堂、社会支持、文化传播等要素纳入学校体育教育生态化结构，搭建家校社协同的教育机制，将学校体育育人实践由散点式单一化转向综合性一体化发展，延展体育教育生态学思维和体育生活化理念，提出促进学生认同体育活动多重健康与益处、学校共建共享身体活动的空间与资源、提供多元优质体育参与机会与体验、建构时尚社交体育文化等路径，推进学校体育教育社交化和生命化。而新媒体技术为体育教学与体育运动提供了多元工具与体验方式，拓展了交往教学理念与实践，成为学校体育教育生态的重要因子。2022 年，我国发布《虚拟现实与行业应用融合发展行动计划（2022—2026 年）》，推进虚拟现实＋体育健康工程，面向体育用品、运动设施、健身软件及平台，推动虚拟现实终端及内容兼容适配，支持虚拟现实落地户外与室内、有

第十一章 结论与展望

氧与无氧、单人与多人、休闲与竞技等多元体育运动领域，打造线上线下相结合的数字化、智能化、沉浸化的新型体育运动解决方案。这一政策的颁布更给学校体育教育的数字化带来红利。首先，体现在体育学科数字资源建设上，将涌现更多的线上教学资源、线上体育活动方案、数字体育教学服务平台，如"备课助手""教学助手""作业辅导助手"数字化服务平台。其次，体现在体育文化数字化传播上，如做好体育教育内容的推送与宣传，优化体育学习的沉浸互动形式等。尤其是大型、知名体育竞技赛事的文化传播本身成了体育教育的组成部分。2020年东京奥运会体育文化传播坚持运动员主体地位，引发受众共情共鸣；传播内容贯穿传统与现代，立体化展现体育文化；传播载体融入公共空间，提升对于公众的可见性；传播手段顺应时代潮流，挖掘数字化技术应用[1]。2022年北京冬奥会的四大仪式体现了自然之美、人文之美、运动之美，诠释了新时代中国可信、可爱、可敬的形象。"饱含圆融和合等中国理念的开闭幕式，构思独到，匠心独运，二十四节气、黄河之水、中国结、迎客松、折柳寄情、雪花主题歌……，听障演员的圆舞曲、手语版国歌、盲童合唱团的歌声、视障运动员的点火……，这些意蕴隽永的场面在人们心中留下了美轮美奂、直击人心的深刻印象，激发了海内外中华儿女万众一心、接续奋斗的昂扬激情！"[2]四场开闭幕式，俨然是四本精美绝伦的跨学科的教科书，成为后冬奥时期可持续开展奥林匹克教育、树中国文化自信思政教育的绝佳资源。这些教育价值既是通过现场观看体验到的，更是通过电视与互联网传播的，还是通过短视频等新媒体加以交流创作而深入人心的。最后，体育课堂的穿戴设备与社交APP的充分利用，可实现多元有效的体育评价与监测等。

总之，体育联结着生活世界中的文化知识储备、社会规则和秩序及自我价值的认同。体育是导向美好生活状态的一种自由自觉的实践。

---

[1] 崔璎楠. 2020年东京奥运会体育文化传播实践及启示[J]. 体育文化导刊，2021（9）：35-40.
[2] 新华网. 北京冬奥会冬残奥会总结表彰大会隆重举行 习近平发表重要讲话[EB/OL]. （2022-04-08）[2022-05-01]. http：//www.news.cn/politics/2022-04-08/c_1128543828.htm.

它"与美好生活在终极目标、推演逻辑和实现路径上表现出高度的契合"①。从教育生态的层面来看,由内及外深化学校体育教育,是运动技术的学习过程,是人的社会化过程,是主体性价值生成的过程,也是人的终身学习过程。这个过程是实现人的美好生活的根基之一,所以,体育教育联结美好生活"当下"之维与"未来"之维,即感受当下活力的、勇敢的、健康的生活,走向热爱生活、走向人与社会和谐关系的建构。这需要形成政府有效支持、学校积极主导、社会努力营造氛围、媒体引领宣传良好生态的共同之力。

第二节 不足与展望

一、主要不足

本书思考的问题既来源于对体育学科相对边缘化地位的思考,也来源于笔者多年对学生尤其是青少年体育教育的切身实践。笔者认为学校体育教育尚未在家庭教育层面得到更多重视,而社会教育层面更多地关注了市场和利润,没有形成对体育教育氛围重要性的认识,也没能有效发挥体育在"五育"中的支架性育人力量。因此,本书从教育生态的视角来探讨化解这些困惑的学理与方案,从动态的、联系的、协同的思维提供解决问题的方案。随着体育纳入中考、高考学业水平考试,相信学校体育教育将迎来重要的转型发展期。本书的主要不足在于量化分析思维,尤其在阐释新媒体环境对学校体育教育的影响及影响的因果路径上,更多的是一种学理分析,而未进行实证检验。

二、研究展望

笔者将继续跟进学校体育教育生态研究,尤其对学校体育教育教

---

① 宋玉芳,邱丽.美好生活:新时代体育的意义与生活转向[J].山东体育学院学报,2019(2):38-42.

学生态的评价方式与体系进行思考。因为,学校体育教育的生态因子是多元立体且交叉融合的,所以要识别出关键性生态影响因子,架构影响因子层级结构,思考评价指标,实现学校体育教育的反馈诊断与持续改进。因为教育是社会体系的一部分,所以我们理解和探讨许多教育问题时不能单靠教育体系的策略去求得解决,还需要社会各个部门的广泛、综合的策略。这就需要对体育教育生态系统的质量问题进行评价,以正确地判断教育生态的动态过程,科学地做出教育预测和决策。同时,还可以通过反馈机制能动地加以调控,促进学校体育教育健康发展。

附 录

附录 I 大学生身体活动参与情况调查问卷

亲爱的同学们:

你们好!我们学校课题组正在进行一项有关同学们参加身体活动的研究,非常需要你帮忙填写这份问卷。

问卷中提到的身体活动包括以下 4 种类型:组织型身体活动,如体育课、体育比赛/体育社团活动等;锻炼型身体活动如,散步/跑步/球类运动、舞蹈等;交通型身体活动,如步行/骑自行车等;家务型身体活动,如打扫/整理等、搬运等。中等强度身体活动心率一般为 120～150 次/分钟,高强度身体活动心率达 150 次/分钟以上。

问卷数据仅用于课题研究统计,请你依照自己最真实的感觉和平时的体育活动进行回答,感谢你的支持与合作。

1. 和同龄人相比,你的运动能力如何?
①很差 ②差 ③一般 ④好 ⑤非常好
2. 和同龄人相比,你平时主要参加以下哪类身体活动?
①体育课 ②体育比赛/体育社团活动 ③散步/跑步/球类运动 ④步行/骑自行车 ⑤打扫/整理等 ⑥其他
3. 你每周中等到高强度身体活动次数(持续 10 分钟以上为 1 次)为(　　)次。
①0 次 ②1～2 次 ③3～4 次 ④5 次以上
4. 你每天参与中等到高强度身体活动时间平均为(　　)分钟。
①10 分钟及以下 ②10～30 分钟 ③30～50 分钟

④ 50～60 分钟　　⑤ 60 分钟以上

5. 你觉得自己是否"每天累计达到至少 60 min 中等到高强度身体活动"？

①未达到　②达到

6. 你手机上有关注或加入的运动爱好群（QQ 群、微信群等）吗？

①没有　②有 1 个　③有 2 个　④有 3 个　⑤有 4 个及以上

7. 你手机上有运动健身类 APP 吗？（如咕咚、Keep 等）

①没有　②有 1 个　③有 2 个　④有 3 个　⑤有 4 个及以上

8. 估计你每天使用电子产品（用于休闲或游戏）平均时间是多少小时？

① 0～1 小时　② 1～2 小时　③ 2～3 小时　④ 3～4 小时

⑤ 4 小时以上

9. 估计你每天学习和做作业平均花费时间是多少小时？

① 0～1 小时　② 1～2 小时　③ 2～3 小时　④ 3～4 小时

⑤ 4 小时以上

10. 你在课外体育锻炼中，曾得到过以下哪些人的指导？

①老师　②家长　③体育专业教练　④同学（朋友）

⑤社会体育指导员　⑥志愿者　⑦没有指导

⑧没有课外体育锻炼　⑨其他

11-1 如果我不锻炼时我会感觉内疚。

①非常不同意　②不同意　③不确定　④同意

⑤非常同意

11-2 我认为充足的身体活动可以保持好的身材。

①非常不同意　②不同意　③不确定　④同意

⑤非常同意

11-3 我不理解锻炼有什么意义。

①非常不同意　②不同意　③不确定　④同意

⑤非常同意

11-4 我锻炼是因为它和我的人生目标相一致。

①非常不同意　②不同意　③不确定　④同意

⑤非常同意

11-5 我锻炼是因为我的朋友、家人和同学说我应该这样做。

①非常不同意　②不同意　③不确定

④同意　⑤非常同意

11-6 规律的锻炼对我非常重要。

①非常不同意　②不同意　③不确定

④同意　⑤非常同意

11-7 我认为锻炼是我身份的一部分。

①非常不同意　②不同意　③不确定

④同意　⑤非常同意

11-8 我从身体锻炼中获得了快乐和满足。

①非常不同意　②不同意　③不确定　④同意

⑤非常同意

11-9 我认为锻炼是在浪费时间。

①非常不同意　②不同意　③不确定　④同意

⑤非常同意

12-1 你父母参加身体活动或锻炼吗?

①没有　②很少　③一般(有时候)　④经常(很多)　⑤非常多

12-2 中小学阶段你父母给你报名参与课外体育培训吗?

①没有　②很少　③一般(有时候)　④经常(很多)　⑤非常多

12-3 中小学阶段你的家庭有运动装备或器材吗?(如跳绳、篮球、杠铃、跑步机等)

①没有　②很少　③一般(有时候)　④经常(很多)　⑤非常多

12-4 中小学阶段你家人观看你参加身体活动或体育运动?

①没有　②很少　③一般(有时候)　④经常(很多)　⑤非常多

12-5 你家人鼓励你去做身体活动或运动?

①没有　②很少　③一般(有时候)　④经常(很多)　⑤非常多

12-6 中小学阶段你家人在你要去做身体活动或运动时提供交通工具吗?

①没有　②很少　③一般(有时候)　④经常(很多)　⑤非常多

12-7 中小学阶段你家人跟你一起做身体活动或运动吗？

①没有　②很少　③一般（有时候）　④经常（很多）　⑤非常多

12-8 中小学阶段你家附近有公园、操场、健身房等很方便就能到达的场所吗？

①没有　②很少　③一般（有时候）　④经常（很多）　⑤非常多

12-9 你对中小学阶段学校提供的体育课、大课间活动、校运会是否满意？

①非常不满意　②很不满意　③满意　④很满意　⑤非常满意

13-1 你的同学或朋友会鼓励你做身体活动或运动吗？

①很少　②少　③有时　④经常

13-2 你的同学或朋友跟你一起做身体活动或运动吗？

①很少　②少　③有时　④经常

13-3 你朋友和同学会因为你不擅长身体活动而嘲弄你吗？

①经常　②有时　③少　④不会

13-4 你的同学或朋友会邀请你一起散步、骑车或去其他朋友家吗？

①很少　②少　③有时　④经常

13-5 你的同学或朋友说过你很擅长运动吗？

①很少　②少　③有时　④经常

14-1 宿舍有足够多的器械设备和体育用品（各种球、自行车、瑜伽垫等）。

①很少　②少　③有一些　④很多

14-2 学校体育场馆、绿道、公共活动空间充足。

①非常不充足　②不充足　③还好　④充足

14-3 学校器材室各种体育器材都很齐全。

①非常不齐全　②不齐全　③还好　④齐全

14-4 学校附近有公园、操场、健身房等很方便就能到达的场所。

14 很少　②少　③有一些　④很多

14-5 你对自身周边的锻炼环境是否满意？

①非常不满意　②不满意　③满意　④非常满意

15-1 你的性别？

①男 ②女

15-2 你的年级是?

①大一 ②大二 ③大三 ④大四毕业班

15-3 你现在主修的专业所属学科门类?

①工科 ②理科 ③文科

15-4 你高中时的学习成绩大概在班里所处的水平段?

①很差 ②差 ③比较差 ④比较好 ⑤好 ⑥很好

15-5 你父母月平均收入和?

① 2000 元及以下 ② 2001 ~ 6000 元 ③ 6001 ~ 10 000 元

④ 10 001 ~ 14 000 元 ⑤ 14 001 ~ 20 000 元

⑥ 20 001 ~ 30 000 元 ⑦ 30 001 元及以上

15-6 你父亲的文化教育程度?

①小学及以下 ②初中 ③高中或中专 ④大学专科

⑤大学本科 ⑥硕士及以上

15-7 你的家庭所在地属于城市还是农村?

①农村 ②城市

15-8 你的家庭所在地位于什么区域?

①苏南 ②苏中 ③苏北 ④江苏外省

附录Ⅱ 青少年身体活动与手机使用情况调查问卷

本研究为匿名调查,所有数据均严格保密。

调查内容仅涉及身体活动、手机使用,以及睡眠情况。

本调查一共 27 题,预计耗时 5 分钟。

1. 您是否已知晓研究的相关事项并自愿参与本调查? [单选题]

〇我自愿参与 〇我不愿意参与

2. 您的性别: [单选题]

〇男 〇女

3. 您的民族为？［单选题］

○汉族　○少数民族

4. 您的年龄为：［单选题］

○ 15 岁　○ 16 岁　○ 17 岁　○ 18 岁

○ 19 岁　○ 20 岁　○ 21 岁　○ 22 岁

○ 23 岁　○ 24 岁　○ 25 岁　○ 26 岁

○ 27 岁　○ 28 岁　○ 29 岁　○ 30 岁

5. 您的婚姻情况？［单选题］

○未婚　○已婚

6. 您的身高为？（注意单位是厘米）［填空题］

_____

7. 您的体重为？（注意单位是公斤）［填空题］

_____

8. 您的月收入为？（学生请估计父母的平均收入）［单选题］

○低于 3000 元　○ 3000 ~ 5000 元　○ 5001 ~ 7000 元

○ 7001 ~ 9000 元　○ 9001 ~ 11 000 元　○ 11 001 ~ 13 000 元

○ 13 001 ~ 15 000 元　○ 15 000 元以上

9. 您目前的学历为？［单选题］

○小学　○初中　○中专/高中　○专科　○本科　○研究生

10. 昨天你一共进行了多长时间的身体活动？

（身体活动包括步行、骑车，以及各类体育锻炼）［单选题］

○ 0 ~ 10 分钟　○ 10 ~ 20 分钟　○ 20 ~ 30 分钟

○ 30 ~ 40 分钟　○ 40 ~ 50 分钟　○ 50 ~ 60 分钟

○ 60 ~ 70 分钟　○ 70 ~ 80 分钟　○ 80 ~ 90 分钟

○ 90 分钟以上

11. 总的来说，你昨天进行的身体活动总体剧烈程度如何？

（0 分表示非常轻松，呼吸或心跳几乎不变；10 分表示非常剧烈，呼吸或心跳极快）［单选题］

○ 0　○ 1　○ 2　○ 3　○ 4　○ 5　○ 6　○ 7　○ 8

○9 ○10

12. 昨天你的微信步数为多少？

（微信搜索"微信运动"即可查看）

（如果没有开通微信步数，此题可以不填）［填空题］

13. 总的来说，昨天白天，你是否感到心情平静？［单选题］*
○完全没有 ○有点 ○中等 ○比较 ○非常

14. 总的来说，昨天白天，你是否感到神经紧绷？［单选题］*
○完全没有 ○有点 ○中等 ○比较 ○非常

15. 总的来说，昨天白天，你是否感到沮丧？［单选题］*
○完全没有 ○有点 ○中等 ○比较 ○非常

16. 总的来说，昨天白天，你是否感到放松？［单选题］*
○完全没有 ○有点 ○中等 ○比较 ○非常

17. 总的来说，昨天白天，你是否感到满足？［单选题］*
○完全没有 ○有点 ○中等 ○比较 ○非常

18. 总的来说，昨天白天，你是否感到担心或忧虑？［单选题］*
○完全没有 ○有点 ○中等 ○比较 ○非常

19. 你是否是抖音或快手用户？［单选题］*
○都不是 ○我是抖音用户 ○我是快手用户

20. 昨天在睡觉前，你是否躺着玩手机？［单选题］*
○是 ○否

21. 昨天在睡觉前，你躺着玩了多久的手机？［单选题］*
○0～10分钟   ○10～20分钟   ○20～30分钟
○30～40分钟 ○40～50分钟   ○50～60分钟
○60～70分钟 ○70～80分钟   ○80～90分钟
○90分钟以上

22. 请打开手机设置，查看并填写昨天睡前躺着看手机的时长。

（屏幕时间查看方法：第一步打开手机"设置"；第二步打开"屏幕时间管理"；第三步查看每天具体时间分布；第四部根据自己夜里卧床情况计算时间）［填空题］*

_____分钟

23. 昨天你是否因为睡前玩手机导致你比自己原想时间睡的更晚？[单选题] *

○是　○否

24. 总的来说，昨天白天你感到的精神压力有多大？
（0分表示完全没有压力，10分表示压力非常大）[单选题] *

○0　○1　○2　○3　○4　○5　○6　○7　○8
○9　○10

25. 总的来说，昨夜你的睡眠质量如何？
（0分表示睡眠非常差，10分表示睡眠非常好）[单选题] *

○0　○1　○2　○3　○4　○5　○6　○7　○8
○9　○10

26. 设备信息[矩阵文本题] *

操作系统_____

浏览器_____

屏幕分辨率_____

UserAgent_____

27. 你现在手机的操作系统是？[单选题] *

○安卓　○苹果

参考文献

中文文献

[1] 阿什比.科技发达时代的大学教育［M］.北京：人民教育出版社，1983：7-9.

[2] 艾里希·弗洛姆.健全的社会［M］.上海：上海译文出版社，2007：147.

[3] 安传迎.5G+VR促进大学教学从片面沉浸化到全面沉浸化［J］.重庆高教研究，2021，9（4）：59-68.

[4] 布特，段红艳，诺日布斯仁.从体教结合到体教融合：从资源耦合向制度耦合创新发展［J］.北京体育大学学报，2021（9）：33-44.

[5] 曹荣湘，罗雪群.社会资本与公民社会：一种元制度分析［J］.马克思主义与现实，2003（2）：70-74.

[6] 曾诚，邓星华.北京冬奥精神与新时代中国国家形象建构研究［J］.武汉体育学院学报，2022，56（8）：22-27.

[7] 陈桂生.教育原理［M］.上海：华东师范大学出版社，1993：86.

[8] 陈敏，徐晓琴.体育教学中社会互动的价值与策略：基于"镜中我"理论下的探析［J］.北京体育大学学报，2018，41（8）：84-89.

[9] 陈哲.体育课堂评价"数据化"误区与对策［J］.体育师友，2021（6）：7-8，23.

[10] 陈作松，周爱光.环境、自我效能感与中学生锻炼态度的关系［J］.武汉体育学院学报，2007（4）：31-35.

[11] 成守允，刘东辉.论教育生态环境与体育教育生态系统［J］.北京体育大学学报，1996，19（3）：12-15.

[12] 程传银，鲍志宏.关于大学体育课程改革的课程论思考［J］.体育与科学，2004（4）：75-77.

[13] 程晖.朋友支持提升大学生有氧体适能的路径：身体活动和自我效能的中介作用［J］.体育与科学，2019（4）：114-120.

[14] 程文广.我国体育教育价值诉求实现障碍的破解机制及路径研究［J］.北京体育大学学报，2019，42（1）：120-127.

参考文献

[15] 褚宏启.核心素养的国际视野与中国立场：21世纪中国的国民素质提升与教育目标转型[J].教育研究，2016（11）：8-18.

[16] 崔乐泉，陈沫.基于体育教育视角的中华优秀传统文化研究[J].北京体育大学学报，2020，43（2）：35-44.

[17] 崔璎楠.2020年东京奥运会体育文化传播实践及启示[J].体育文化导刊，2021，（9）：35-40.

[18] 丹豫晋，刘映海.家庭体育支持与青少年体质的关系研究[J].教育理论与实践，2015，35（34）：30-33.

[19] 邓若锋.运动技能学习层次构建[J].体育学刊，2018，25（1）：11-16.

[20] 邓跃宁.学校体育的生态化与发展对策[J].成都体育学院学报，2004（5）：89-91.

[21] 翟少红，胡巍.试论教学环境与体育教学系统的关系[J].湖北体育科技，2004，23（1）：127-128，131.

[22] 杜春华.浅议教学环境对体育教学系统的作用[J].体育学刊，1996（4）：83-84.

[23] 段黔冰，张红坚."场"视域下大学生体育生活化研究[J].北京体育大学学报，2008（4）：108-110.

[24] 段艳平，韦晓娜，WALTER B，等.成年人身体活动变化过程的理论建构及其测量工具的研究[J] 体育科学，2011，31（7）：37-42.

[25] 范国睿.教育生态学[M].北京：人民教育出版社，2000.

[26] 范国睿.美英教育生态学研究述评[J].华东师范大学学报，1995（2）：12.

[27] 范清惠，杨洪志，刘波.浅谈构建高校体育课教学中实施和谐课堂的方法[J].首都体育学院学报，2006，18（4）：121-122.

[28] 范玉川.网络成瘾对大学生身体活动的影响：领悟社会支持的调节[J].天津体育学院学报，2020，35（4）：423-427，459.

[29] 方黎明，郭静.体育锻炼促进了健康公平吗？——体育锻炼对中国城乡居民抑郁风险的影响[J].体育科学，2019（10）：65-74.

[30] 斐迪南·滕尼斯.共同体与社会[M].林荣远，译.北京：商务印书馆，1999：48.

[31] 冯玉娟，毛志雄，车广伟.大学生身体活动行为预测干预模型的构建：自主动机与TPB扩展模型的结合[J].北京体育大学学报，2015，38（5）：72-76.

[32] 冯增俊. 教育人类学[M]. 南京：江苏教育出版社，1993：69.

[33] 高际云. 成都市海滨小学构建"家校社一体化"跳绳校本课程现状研究[D]. 成都：成都体育学院，2018.

[34] 高平叔. 蔡元培教育论著选[M]. 北京：人民教育出版社，2017：78.

[35] 巩庆波，耿家先，程旭冒，等. 大学生体育环境感知、体育参与、体育收获相互关系的实证研究[J]. 西安体育学院学报，2021（2）：226-235.

[36] 郭娇. 数字鸿沟的演变：从网络接入到心智投入——基于疫情期间大学生在线学习的调查[J]. 华东师范大学学报（教育科学版），2021，39（7）：16-26.

[37] 国家体委政策研究室. 体育运动文件选编（1949—1981）[M]. 北京：人民体育出版社，1982：101.

[38] 国务院办公厅. 国务院办公厅关于印发体育强国建设纲要的通知[EB/OL].（2019-08-10）[2022-06-09]. http://www.gov.cn/gongbao/content/2019/content_5430499.htm.

[39] 哈贝马斯. 交往行动理论（第二卷）[M]. 洪佩郁，蔺青，译. 重庆：重庆出版社，1994：171-173.

[40] 哈贝马斯. 作为"意识形态"的技术与科学[M]. 上海：学林出版社，1999：109.

[41] 韩丹. 论体育生活化[J]. 福建体育科技，1991（3）：1-4.

[42] 杭云，苏宝华. 虚拟现实与沉浸式传播的形成[J]. 现代传播（中国传媒大学学报），2007（6）：21-24.

[43] 贺静. 不同身体练习方式对大学生睡眠质量的影响研究[D]. 上海：华东师范大学，2019.

[44] 贺寨平. 哈贝马斯的交往行为理论评述[J]. 山西师大学报（社会科学版），2000（2）：51-54.

[45] 洪兆平. 社会网络与集体行动研究综述[J]. 河海大学学报（哲学社会科学版），2015，17（3）：45-51.

[46] 胡杰，姜付高，王精朔. 体育沉浸式体验内涵特征及路径探求[C]//第十二届全国体育科学大会论文摘要汇编——体育产业分会，2022.

[47] 黄若涧，张永. 网络体育群体：互联网时代体育活动的新形式[J]. 体育成人教育学刊，2010，26（4）：1-3.

[48] 黄维，要攀攀，李凡. 助学贷款对中国第一代大学生学业发展的影响[J]. 中

国高教研究，2016（9）：77-82.

[49] 黄亚玲，邵焱颉.网络体育组织发展：虚拟与现实的挑战[J].北京体育大学学报，2015，38（11）：1-6.

[50] 季月，杜瑞军.第一代和非第一代大学生师生、同伴互动的差异分析：基于CCSEQ调查数据（2009年—2018年）的解析[J].北京教育（高教），2021（8）：81-83.

[51] 姜桂萍，李琼，王锋，等.身体表现类运动对大学生社会性发展的促进研究[J].教育学报，2012，8（6）：110-118.

[52] 蒋长好，陈婷婷.身体活动对情绪的影响及其脑机制[J].心理科学进展，2014，22（12）：1889-1898.

[53] 杰弗瑞·戈比.21世纪的休闲与休闲服务[M].昆明：云南人民出版社，2000：103.

[54] 莱夫 J，温格 E.情景学习：合法的边缘性参与[M].上海：华东师范大学出版社，2004：35.

[55] 兰德尔·柯林斯.互动仪式链[M].北京：商务印书馆，2016.

[56] 李爱群，吕万刚，漆昌柱，等.理念·方法·路径：体教融合的理论阐释与实践探讨——"体教融合：理念·方法·路径"学术研讨会述评[J].武汉体育学院学报，2020，54（7）：5-12.

[57] 李根，张晓杰，高嵘.奥林匹克价值观教育计划的多维审视[J].体育学刊，2019，26（5）：27-34.

[58] 李吉远.构建和谐生态大学与校园体育文化互动研究：以浙江农林大学为例[J].吉林体育学院学报，2011，27（6）：15-16，119.

[59] 李继宏.强弱之外：关系概念的再思考[J].社会学研究，2003（3）：42-50.

[60] 李佳薇，梁枢.青少年身体活动促进因素量表的研制与检验：基于"家校社三不脱离模型"的扎根理论构建[J].体育与科学，2020，41（1）：84-93，103.

[61] 李鹏，马力.家庭背景对学生体质健康的影响[J].淮北煤炭师范学院学报（自然科学版），2010，31（4）：73-76.

[62] 李其龙.交往教学论学派[J].外国教育资料，1989（6）：18-24，17.

[63] 李森.论课堂的生态本质、特征及功能[J].教育研究，2005（10）：55-60，79.

[64] 李先雄，阳慧敏，杨芳.校园环境对在校大学生身体活动参与度的影响研究

[J].武汉体育学院学报,2018,52(1):74-81.

[65] 李晓娜.新媒体体育信息传播对大学生体育行为的影响[D].太原:山西师范大学,2021.

[66] 李秀伟,齐健.关于创新教育课堂教学生态问题的探讨[J].创新教育,2002(3):11-14.

[67] 李有强,王瑞青,侯同童,等.走向叙事与课程:体感游戏促进青少年身体活动的学理阐释及干预动向[J].天津体育学院学报,2020,35(3):341-349.

[68] 李志厚.从生态学角度研究教学问题[J].教育理论与实践,2006,26(6):58-61.

[69] 李子明.体育与学校教育的关系[J].体育学刊,2001(2):18-19.

[70] 利普·柯尔库夫.新社会学[M].北京:社会科学文献出版社,2000:63.

[71] 刘波,王松,陈颇,等.当前体教融合的研究动态与未来展望[J].北京体育大学学报,2021,44(1):10-17.

[72] 刘海东,李娜娜.文化差异与主体认知:体教融合不可逾越的鸿沟[J].体育与科学,2020,41(5):36-42.

[73] 刘杰,李欣,王建,等.高校与中小学体育教育共同体构建研究:基于成都大学的考察[J].教育与教学研究,2020(7):74-86.

[74] 刘军宁.市场逻辑与国家观念[M].北京:三联书店出版社,1995:56.

[75] 卢君臻.教育生态环境简论[J].临沂师专学报,1998(6):59.

[76] 卢元镇.体育的本质属于生活[J].体育科研,2006(4):1-3.

[77] 鲁洁.教育:人之自我建构的实践活动[J].教育研究,1998(9):13-18.

[78] 陆根书,胡文静.师生、同伴互动与大学生能力发展:第一代与非第一代大学生的差异分析[J].高等工程教育研究,2015(5):51-58.

[79] 罗素.教育与美好生活[M].杨汉麟,译.石家庄:河北人民出版社,1999:36-37.

[80] 吕树庭,刘一隆,宋会军,等.家庭对中学生参与体育的影响[J].上海体育学院学报,1995(3):9-14.

[81] 马克思,恩格斯.马克思恩格斯全集(第3卷)[M].中央编译局,译.北京:人民出版社,1960.

[82] 马克思,恩格斯.马克思恩格斯选集(第1卷)[M].中央编译局,译.北京:人民出版社,1995.

[83] 马克思，恩格斯.马克思恩格斯文集（第1卷）[M].中央编译局，译.北京：人民出版社，2009.

[84] 马婷.数字鸿沟与技术倒刺：健身App对群众日常体育健身的媒介应用影响研究[J].科技传播，2020，12（23）：12-18.

[85] 马歆静.教育生态学研究应明确的几个问题[J].山东理工大学学报（社会科学版），1996（1）：78-79.

[86] 毛秀球.体育社会学[M].北京：人民体育出版社，1997：115.

[87] 孟繁华，张爽，王天晓.我国教育政策的范式转换[J].教育研究，2019（3）：136-144.

[88] 缪建东.生活体育：社区教育新视角[J].体育与科学，2011（2）：103-106.

[89] 倪梁康.胡塞尔选集（下）[M].上海：三联书店，1997：1087-1088.

[90] 潘光文.课堂的生态学研究[D].重庆：西南师范大学，2004.

[91] 齐格蒙特·鲍曼.流动的现代性[M].上海：三联书店出版社，2002：86.

[92] 钱娅艳，张君.不同运动参与视角下大学生情商差异研究[J].北京体育大学学报，2017，40（9）：88-95.

[93] 让·波德里亚.消费社会[M].南京：南京大学出版社，2001.

[94] 任海.聚焦生活，重塑体育文化[J].体育科学，2019（4）：3-11.

[95] 任海.身体素养：一个统领当代体育改革与发展的理念[J].体育科学，2018，38（3）：3-12.

[96] 任凯，白燕.教育生态学[M].沈阳：辽宁教育出版社，1992.

[97] 盛祥梅，王世强.新媒体背景下大学生健康素养与体育锻炼行为的相关性研究[C]//第十二届全国体育科学大会论文摘要汇编——专题报告（学校体育分会），2022：799-801.

[98] 石金亮，刘晨，闫平.健康促进视域下高校体育生活化教学新模式的构建[J].南京体育学院学报（自然科学版），2017，16（5）：106-110.

[99] 舒斯特曼，曾繁仁.身体美学：研究进展及其问题——美国学者与中国学者的对话与论辩[J].学术月刊，2007（8）：21-28.

[100] 宋军.教育生态系统中的大学体育目标实现研究[J].西北民族大学学报（自然科学版），2018，39（3）：72-77.

[101] 宋玉芳，邱丽.美好生活：新时代体育的意义与生活转向[J].山东体育学院学报，2019（2）：38-42.

[102] 苏晓榕.关注体育教学环境,提高体育教学锻炼效果[J].中国学校体育,2002(5):71-72.

[103] 孙华飞.基于VR技术的沉浸式学习在体育教学中的实践研究:以跆拳道课程为例[J].大理大学学报,2019(6):95-100.

[104] 孙民治.篮球运动高级教程[M].北京:人民体育出版社,2008:1.

[105] 孙秋峰.打造篮球文化的中国特色:中国篮球要塑中国"魂"[N].中国体育报,2005-05-31(1).

[106] 孙冉,梁文艳.第一代大学生身份是否会阻碍学生的生涯发展:基于首都大学生成长追踪调查的实证研究[J].中国高教研究,2021(5):43-49,108.

[107] 孙湛宁,龙笠.家庭体育资本的维度与作用机制:基于青少年体育参与的实证研究[J].中国青年研究,2020(8):51-56,64.

[108] 唐斌.教育学教程[M].苏州:苏州大学出版社,2007:79.

[109] 唐炎.中小学体育课堂教学的社会学分析[D].北京:北京体育大学,2005.

[110] 田汉族.交往教学论的特征及理论价值[J].教育研究,2004(2):38-42.

[111] 王彩平,刘欣然.体育存在的身体价值和意义追寻[J].北京体育大学学报,2015,38(1):31-36.

[112] 王辞晓.具身认知的理论落地:技术支持下的情境交互[J].电化教育研究,2018(7):20-26.

[113] 王德华,岳新坡.对体育课堂教学的社会环境探析[J].浙江体育科学,2004,26(1):55-59.

[114] 王富百慧,王梅,张彦峰,等.中国家庭体育锻炼行为特点及代际互动关系研究[J].体育科学,2016,36(11):31-38.

[115] 王富百慧,王元超,谭芷晔.同伴支持行为对青少年身体活动的影响研究[J].中国体育科技,2018,54(5):18-24.

[116] 王富百慧.家庭资本与教养方式:青少年身体活动的家庭阶层差异[J].体育科学,2019,39(3):48-57.

[117] 王惠敏,倪军,张宇,等.杜威体育教育价值思想、时代局限及现实镜鉴[J].北京体育大学学报,2018(7):93-101.

[118] 王军利.青少年身体活动行为的社会网络传播现象与机制研究[J].中国青年研究,2019(9):88-94.

[119] 王亮,范成文,钟丽萍.美国、英国、日本"家校社"协同育人的体育实践

特征与启示[J].体育文化导刊,2022(7):104-110.

[120] 王锐俊.沉浸体验与网络环境下的英语学习[J].现代远程教育研究,2005(6):60-63,73.

[121] 王水泉.运动文化论的源流[J].体育科学,2014(12):72-84.

[122] 王鑫,刘更生.微时代下大学生教育管理生态系统研究[J].当代青年研究,2020(1):30-36.

[123] 王月,孙葆丽.人类命运共同体视域下奥林匹克教育的三维度审视:以北京冬奥会奥林匹克教育为例[J].北京体育大学学报,2022,45(1):116-122.

[124] 王振,胡国鹏,蔡玉军,等.拖延行为对大学生体育锻炼动机的影响:自我效能感的中介效应[J].北京体育大学学报,2015,38(4):71-78.

[125] 王智慧.共识危机与自我启蒙:后疫情时代大众体育参与的价值向度[J].沈阳体育学院学报,2020(5):1-8.

[126] 文萍,覃壮才.心理学[M].桂林:广西师范大学出版社,2010:33-34.

[127] 吴鼎福,诸文蔚.教育生态学[M].南京:江苏教育出版社,2000.

[128] 吴开明.技术发展的前景:哈贝马斯与马尔库塞的辩论[J].科学技术与辩证法,2002(4):40-42,48.

[129] 吴林富.教育生态管理[M].天津:天津教育出版社,2006.

[130] 吴铭,杨剑,袁媛,等.《加拿大增加身体活动,减少久坐生活的共同愿景:让我们运动起来》的解读与启示[J].天津体育学院学报,2020(4):428-433.

[131] 吴倩.从意识沉浸到知觉沉浸:赛博人的具身阅读转向[J].编辑之友,2019(1):20-24.

[132] 吴式颖,任钟印.外国教育思想通史(第十卷)[M].长沙:湖南教育出版社,2002:142.

[133] 吴彰忠,钟亚平.数字赋能构建体育发展新格局:理论逻辑与实践基础[J].天津体育学院学报,2022,37(5):553-558.

[134] 武留信.中国健康管理与健康产业发展报告(2018)[M].北京:社会科学文献出版社,2018:3.

[135] 肖广岭.隐性知识,隐性认识和科学研究[J].自然辩证法研究,1999,15(8):18-21.

[136] 新华网.北京冬奥会冬残奥会总结表彰大会隆重举行 习近平发表重要讲

话[EB/OL].(2022-04-08)[2022-05-01].http://www.news.cn/politics/2022-04/08/c_1128543828.htm.

[137] 熊澄宇.新媒体百科全书[M].北京:清华大学出版社,2007:500.

[138] 徐伟,姚蕾,彭庆文,等.新形势下大学体育课程改革问题探讨与发展路径:"2016全国大学体育课程建设经验交流研讨会"的省思[J].北京体育大学学报,2018(5):79-86.

[139] 徐卫平,杨明金.关注体育知识弘扬体育文化:新课程理念关照下体育教学改革的尝试[J].学科教育,2004(2):45.

[140] 许燕.人格心理学[M].北京:北京师范大学出版社,2020:167.

[141] 许宗祥.中国小康社会休闲体育发展的构思[J].广州体育学院学报,2005,25(1):1-4.

[142] 薛锋.大学生运动动机与锻炼行为的关系:自我决定理论的视角[J].武汉体育学院学报,2010,44(61):44-47.

[143] 轧学超,邓红杰.首届中国生活体育大会成都举行:生活体育让城市更美好[EB/OL].(2022-11-08)[2022-12-01].https://www.sport.gov.cn/n20001280/n20001265/n20067535/c24900759/content.html.

[144] 闫静,徐双双.基于身体素养的美国"综合学校体力活动计划"推行及启示[J].武汉体育学院学报,2021(5):87-92.

[145] 闫玉峰,唐建忠,马春银,等.基于古希腊竞技赛会特质思考中国竞技体育的发展[J].体育学刊,2019,26(1):36-40.

[146] 闫长斌,郭院成.推进专业思政与课程思政耦合育人:认识、策略与着力点[J].中国大学教学,2020(10):1-7.

[147] 严亚,李公文.社会决定论视野中的新媒体与受众主体身份[J].中南大学学报(社会科学版),2013,19(5):209-212.

[148] 阳家鹏,向春玉,徐佶.家庭体育环境影响青少年锻炼行为的模型及执行路径:整合理论视角[J].南京体育学院学报(社会科学版),2017,31(3):118-123.

[149] 杨冬梅.课堂教学的生态观阐释[J].黑龙江高教研究,2006(4):75-77.

[150] 杨飒.从奥运会到体育课:以运动作为育人载体[EB/OL](2021-08-10)[2022-10-10].https://m.gmw.cn/baijia/2021-08-10/35066925.html.

[151] 杨善华.当代西方社会学理论[M].北京:北京大学出版社,1999:20.

[152] 杨珍.跨文化传播视野中体育交往的理论逻辑：兼论后奥运时代中国体育文化传播的问题视域[J].新闻界，2009（4）：86-88.

[153] 姚东.新媒体环境对大学生身体活动与运动技术习得影响的研究[J].哈尔滨体育学院学报，2020（1）：60-64.

[154] 叶浩生.身体的意义：从现象学的视角看体育运动的认识论价值[J].体育科学，2021（1）：83-88.

[155] 于海渤，邹佳辰，陈晞，等.新时代的伟大精神与中国力量：《体育与科学》"北京冬奥精神：'中国梦'的国家形象建构"学术工作坊综述[J].体育与科学，2022，43（3）：44-49.

[156] 于素梅.一体化体育课程的旨趣与建构[J].教育研究，2019（12）：51-58.

[157] 于涛.余暇体育，还是休闲体育？关于 Leisure Sport 概念和定义的批判[J].天津体育学院学报，2001，15（5）：32-35.

[158] 于文谦，王月华.《世界体育科学化的动向和我们的新使命》的启示[J].体育学刊，2009，16（12）：13-15.

[159] 余嘉云.生态化教学的理论与实践研究[D].南京：南京师范大学，2003.

[160] 余四华.教育生态学视角下的高职师资队伍建设问题初探[D].南昌：江西师范大学，2007.

[161] 郁建兴，张利萍.地方治理体系中的协同机制及其整合[J].思想战线，2013（6）：95-100.

[162] 喻国明.中国传媒业30年：发展逻辑与现实走势[J].北方论丛，2008（4）：56-61.

[163] 张焕庭.西方资产阶级教育论著选[M].北京：人民教育出版社，1979：95.

[164] 张加林，唐炎，胡月英.我国儿童青少年体育环境特征与存在问题研究[J].体育科学，2017，37（3）：15.

[165] 张磊.学校体育生活化三路向：基于哈贝马斯"生活世界"的启示[J].上海体育学院学报，2020，44（7）：59-68.

[166] 张立敏.运动领域中的印象管理[J].上海体育学院学报，2007（10）：48-50.

[167] 张连成，高淑青.身体锻炼对认知老化的延迟作用：来自脑科学的证据[J].天津体育学院学报，2014（4）：309-312.

[168] 张连成，刘洁，高淑青，等.锻炼行为促进的助推策略研究综述及启示[J].体育学刊，2021，28（3）：63-70.

[169] 张连成,王肖,高淑青.身体活动的认知效益:量效关系研究及其启示[J].体育学刊,2020,27(1):66-75.

[170] 张业安,王乐.媒介传播对青少年体力活动与体质健康的影响[J].西安体育学院学报,2018,35(2):164-172.

[171] 张业安.青少年体质健康促进的媒介责任:概念、目标及机制[J].体育科学,2018,38(6):14-26.

[172] 张枝梅,李月华.体育生活化社区评价指标体系研究[J].北京体育大学学报,2012(4):34-39.

[173] 赵立军,韩孝栋.体育本质的人文学思考[J].上海体育学院学报,2003,27(5):20-21.

[174] 浙江农林大学.学校荣获首批"浙江省绿色学校(高等学校)"称号[EB/OL].(2022-05-13)[2022-12-01].https://www.zafu.edu.cn/info/1002/101037.htm.

[175] 中国体育报.《2021年大众健身行为和消费研究报告》发布,大众体育消费意愿进一步增强[EB/OL].(2021-05-19)[2022-10-01].http://www.chinasportsdaily.cn/tyb/html/2021-05/19/content_116879_13395398.htm.

[176] 周菲.家庭背景如何影响大学生的学习经历[J].高等教育研究,2016(7):61-71.

[177] 周开发,曾玉珍.新工科的关键能力与教学模式探索[J].重庆高教研究,2017(3):22-35.

[178] 周生旺,程传银,李洪波.身体在场与生命意蕴:深度体育教学的价值诉求与实践创生[J].天津体育学院学报,2021(6):645-651.

[179] 周卫,李林.论体育教学环境的创建与优化[J].体育科学研究,2004(4):79-81.

[180] 朱凤书,吴雪萍,周成林.不同身体活动水平大学生不良行为习惯抑制能力的行为和脑电特征[J].沈阳体育学院学报,2016,35(2):76-81,111.

[181] 朱其贤.安徽省高职院院校学生体育生活化的路径研究[D].淮北:淮北师范大学,2014.

[182] 竺可桢.竺可桢全集(卷二)[M].上海:上海科学技术出版社,2004:446.

英文文献

[1] BEDDOES Z, CASTELLI D M. Comprehensive school physical activity programs in middle schools[J]. Journal of physical education recreation & dance, 2017, 88(6): 26–32.

[2] BEUNEN G, THOMIS M.Gene powered? Where to go from heritability (h2) in muscle strength and power? [J].Exercise & sport sciences reviews, 2004, 32(4): 148–154.

[3] BLAIR S N.Physical inactivity: the biggest public health problem of the 21st century [J]. British journal of sports medicine, 2009, 43(1): 1–2.

[4] BOLLEN K A, STINE R A. Bootstrapping goodness-of-fit measure in structural equation models [J].Sociological methods and research, 1992, 21(2): 205.

[5] BORIS C, STEFAN S, IDRIS G, et al. Effect of early- and adult-life socioeconomic circumstances on physical inactivity [J].Medicine and science in sports and exercise, 2018, 50(3): 476–485.

[6] BOULDING E K. National images and international systems [J]. Journal of conflict resolution, 1959, 3(2): 120–131.

[7] BOURDIEU P. Distinction [M]. London: Routledge and Kegan Paul, 1984: 466.

[8] BRONFENBRENNER U. The ecology of human development: experiments by nature and design [M]. Cambridge, MA: Harvard University Press, 1979: 119.

[9] BRYAN S T. The body and society [M]. London: Sage Publications, 1996: 52.

[10] BURNS R D, BRUSSEAU T A, HANNON J C. Effect of a comprehensive school physical activity program on school day step counts in children [J]. Journal of physical activity & health, 2015, 12(12): 1536–1542.

[11] CANO-SPERBER M, DUPUY J. Competencies for the good life and the good society [M]//RYCHEN D S E, SALGANIK L H E(eds), Defining and selecting key competencies. Berlin: Hogrefe & Huber Publishers, 2001: 67–92.

[12] CHASE J A D. Interventions to increase physical activity among older adults: a meta-analysis [J].The gerontologist, 2015, 55(4): 706–718.

[13] DANIELS B T, HUMAN A E, GALLAGHER M K, et al. Relationships between grit, physical activity, and academic success in university students: domains of physical activity matter [J].Journal of American college health, 2021(7): 1–9.

[14] DIANE B.Explaining differences in sport participation rates among young adults: evidence from the South Caucasus [J] .European physical education review, 2008, 14（3）: 283-298.

[15] DOMINICK M G, SAUNDERS P R, FRIEDMAN B D.Factors associated with provision of instrumental social support for physical activity in a foster parent population [J] .Children and youth services review, 2015, 52（5）: 1-7.

[16] DUNN A L, ANDERSEN R E, JAKICIC J M. Lifestyle physical activity interventions. History, short-and long-term effects, and recommendations [J] . American journal of preventive medicine, 1998, 15（4）: 398-412.

[17] Employment and Training Administration United States Department of Labor. Engineering competency model [EB/OL] . [2022-06-09] . https://peer.asee.org/engineering-competency-model.pdf.

[18] HOWIE E K, SCHATZ J, PATE R R. Acute effects of classroom exercise breaks on executive function and math performance: a dose-response study [J] . Research quarterly for exercise & sport, 2015, 86（3）: 217.

[19] ITO M, BAUMER S, BITTANTIM, et al. Hangingout, messing around, geeking out: kids living and learning with new media [M] . Cambridge, MA: The MIT Press, 2013: 1.

[20] KALAJA S, JAAKKOLA T, WATT A, et al. The associations between seventh grade finnish students motivational climate, perceived competence, self-determined motivation, and fundamental movement skills [J] . European physical education review, 2009, 15（3）: 315-335.

[21] KANT I, CHURTON A. Kant on education [M] . Ann Arbor, Mi: The University of Michigan Press, 1971: 180.

[22] KRISTIAN K. Digital game-based learning: towards an experiential gaming model [J] . The internet and higher education, 2005, 8（1）: 13-24.

[23] LAVE J, WENGER E. Situated learning: legitimate peripheral participation [M] . Cambridge: Cambridge University Press, 1991: 98.

[24] LAW N, WOO D, TORRE J, et al. A global framework of reference on digital literacy skills for indicator 4.4.2 [EB/OL] . [2022-06-09] . http: //uis.unesco.org/sites/default/files/documents/ip51-global-framework-reference-digital-literacy-

skills-2018-en.pdf.

[25] LAWRENCE A C. Public education [M]. New York: Basic Books, 1976: 36.

[26] LEFEBVRE H. Rhythmanalysis: space, time and everyday life [M]. London: Bloomsbury Academic, 2013: 75.

[27] LIČEN S, HORKY T, FRANDSEN K, et al. A smarter and greener Olympics: mediatization and public reception in the preparation stage of the Beijing 2022 Winter Olympics [J]. Communication & sport, 2022, 10 (5): 951-972.

[28] MÖTTELI S, SIMONE D. Egocentric social network correlates of physical activity[J]. Journal of sport and health science, 2017 (1): 1-6.

[29] MONROE E P, DANIEL D. Owing the Olympics: narratives of new China [M]. Ann Arbor, Mi: University of Michigan Press, 2008: 11.

[30] PRAHALAD C K, HAMEL G. The core competency of the corporation [J]. Harvard business review, 1990 (5-6) :79-90.

[31] RHODES R E, JANSSEN I, BREDIN S, et al. Physical activity: health impact, prevalence, correlates and interventions [J].Psychology & health, 2017, 32 (8): 1-34.

[32] RICHARD L E, MARIA E. Practical education [M]. Cambrideg: Cambridge University Press, 2012: 63.

[33] RICHARD M G, JANIS P T. Engineering design education: core competencies [C] //Industrial and Manufacturing Systems Engineering Conference Proceedings and Posters, 2012.

[34] SALOVEY P, MAYER J D. Emotional intelligence [J]. Imagination, cognition and personality, 1990, 3 (9): 185-211.

[35] SHEARER C, GOSS H R, EDWARDS L C, et al. How is physical literacy defined? A contemporary update [J]. Journal of teaching in physical education, 2018, 37 (3): 237-245.

[36] SHI M Y, ZHAI X Y, LI S Y, et al.The relationship between physical activity, mobile phone addiction, and irrational procrastination in Chinese college students[J]. International journal of environmental research and public health, 2021, 18 (10): 1-12.

[37] SONJA M, SIMONE D. Egocentric social network correlates of physical activity [J].

Journal of sport and health science, 2017（1）: 1–6.

[38] SPRY T.Critical embodiment and possibilities [C] //LINCOLN Y S, DENZIN N K. Collecting and interpreting qualitative materials 4ed. Los Angeles: Sage Publications, 2012: 213.

[39] WANG H Y. National image building and Chinese foreign policy [J]. China: an international journal, 2003, 1（1）: 59–60.

[40] YANG G, LI Y X, LIU S J, et al. Physical activity influences the mobile phone addiction among Chinese undergraduates: the moderating effect of exercise type [J]. Journal of behavioral addictions, 2021（1）: 15–17.

[41] ZHANG Y I. Associations between screen time, physical activity, and depressive symptoms during the 2019 coronavirus disease（COVID-19）outbreak among Chinese college students [J].Environmental health and preventive medicine, 2021, 26（1）: 107.

致　谢

该著作是对我多年体育教育教学实践与理论研究的总结，六轮易稿，历时两年，终于付梓出版了，总算了却一桩夙愿。

30年前，我来到长沙参加复试，顺利通过了湖南省体育高考四项素质和专项篮球测试，在众多考生中脱颖而出。彼时是我人生的关键时刻，所以至今还清晰记得：四项素质为一百米跑、五米三向折返跑、立定三级跳远和推举杠铃，专项篮球测试包括半场折回运球上篮、纵跳摸高、中距离跳投和实战比赛。从此，我和体育，特别是篮球结下了不解之缘。大学期间虽经历了人生的低谷，但有篮球的陪伴，依然度过了一段欢乐的时光。

毕业求职也是因为篮球。1995年的夏天，我入职耒阳师范学校，成为一名体育教师。这是我最大的心愿，也是我最热衷的工作，此后便成为我最热爱的事业。

之后，我加入考研大军，以屡败屡考、越挫越强的勇气，不断总结经验、请教前辈，终于在2001年如愿以偿。攻读硕士学位的3年里，积累了大量实践经验和理论成果。2004年任教于南京工程学院，一直从事体育教育教学和训练工作，并借助新媒体手段开展校园体育通识课程，传播校园体育文化。同时，将实践转化为研究，主持或参与完成省部级科研基金项目多项，发表高水平论文20余篇。

《诗经》曰："父兮生我，母兮鞠我。"一路走来，我的父母在我人生的每次抉择时，都会给予我最大的鼓励和信任，养育教育之恩我将铭记于心。

感谢一直给予我强大动力的妻子和儿子，在我受伤住院、劳累沮丧时安慰我，帮助我，让我坚持了下来，没有放弃。

新媒体时代学校体育教育生态研究

诚挚感谢南京大学中国智库研究与评价中心主任、首席专家、博士生导师李刚教授对我在学术上产生的疑惑给予指导与点拨！衷心感谢北京体育大学博士生导师、中国管理科学学会体育管理专业委员会主任委员、中国体育经济50人论坛发起人、北京冬奥会遗产报告总协调人和主要执笔人白宇飞教授的支持与厚爱。

由衷感谢南京工程学院濮励杰教授、朱晓春教授、郑锋教授和杨征宇教授的勉励与关心！感谢刘汉忠教授倾情、倾智、倾力的帮助与启发，与他合作指导学生完成了"智测天眼——运动素质智能测评系统开拓者"创业项目，并获江苏省"互联网+"大学生创新创业大赛二等奖。

深深感谢体育部的领导、同事，还有"篮球微课""体育课程思政"团队的伙伴们，在工作和写作中，他们时常帮我解决困难、指点迷津，让我感触颇深、感动不已。

再次感谢求学道路上所遇到的诸多恩师和同学，特别感谢上海体育学院新闻与传播学院院长、国家社科基金重大项目首席专家、博士生导师郑国华教授，教育部艺术学教指委委员、客家民间美术研究所所长、赣南师范大学钟福民教授，西南大学体育学院博士生导师张国栋教授和人民体育出版社主任编辑赵军老师等良师益友时常与我探讨体育科研前沿动态、开展跨学科研究等问题，让我茅塞顿开、受益匪浅。

还有我带过的第一个中师班：耒师228。三年美好时光，带学生们跑步，教他们打球，督促他们锻炼，强健他们的体魄，同时检验我所学所教的理论，在实践中刷新认知，为研究提供素材、丰富内涵。

感谢我身边所有的人，感谢一切。

陈红星